古代歷史文化 研究輯刊

十 編

王 明 蓀 主編

第 9 冊

魏晉南北朝九卿研究

劉 嘯 著

國家圖書館出版品預行編目資料

魏晉南北朝九卿研究／劉嘯 著 — 初版 — 新北市：花木蘭文
化出版社，2013〔民 102〕

目 2+256 面；19×26 公分

（古代歷史文化研究輯刊 十編；第 9 冊）

ISBN：978-986-322-337-5（精裝）

1. 官制　2. 魏晉南北朝

618　　　　　　　　　　　　　　　　　　102014369

ISBN-978-986-322-337-5

9 789863 223375

古代歷史文化研究輯刊

十 編　第九 冊　　　　　　ISBN：978-986-322-337-5

魏晉南北朝九卿研究

作　　者　劉　嘯

主　　編　王明蓀

總 編 輯　杜潔祥

出　　版　花木蘭文化出版社

發 行 所　花木蘭文化出版社

發 行 人　高小娟

聯絡地址　235 新北市中和區中安街七二號十三樓

　　　　　電話：02-2923-1455／傳真：02-2923-1452

網　　址　http://www.huamulan.tw 信箱 sut81518@gmail.com

印　　刷　普羅文化出版廣告事業

初　　版　2013 年 9 月

定　　價　十編 35 冊（精裝）新台幣 62,000 元　　版權所有‧請勿翻印

魏晉南北朝九卿研究

劉　嘯　著

作者簡介

　　劉嘯，男，1981 年生，江蘇常州人。

　　2004 年蘇州大學歷史系學士畢業。

　　2007 年華東師範大學歷史系中國古代史碩士畢業。導師牟發松教授。

　　2010 年華東師範大學歷史系中國古代史博士畢業。導師牟發松教授。

　　2008 年 4 月至 2009 年 3 月，國家公派留學基金，日本國立九州大學大學院東洋史研究室學習，指導教師川本芳昭教授。

　　2012 年 12 月，上海交通大學安泰經濟與管理學院管理科學與工程博士後出站。

　　2012 年 12 月至 2016 年 6 月，上海交通大學人文學院歷史系助理研究員。

　　2016 年 7 月起任華東師範大學歷史學系講師。

提　　要

　　官僚制度史的研究作為中國古代政治制度史中重要的研究環節，歷來都受到相當地重視。近代以來，研究中國政治制度史的著作，大多對官制有所敘述。本文所要研究的九卿制度就屬於中央官制的一部分。

　　漢與唐兩個大一統的王朝經常作為中國早期帝國的典型而被並舉，漢制與唐制也多為後代所效仿。在近代以來的研究著作中，漢制與唐制也經常是研究者用力最勤的地方。具體到中央官制，漢制被稱為「三公九卿」制，而唐制則被稱為「三省六部」制。西漢武帝中期以後，少府屬官之一的尚書權勢漸升，魏晉南北朝時期進而取代三公成宰相機構，至唐而三省鼎立，尚書省又下轄六部，完成宰相制度的三百年演變過程。在這個過程中，三公、三省、六部的形成與演變研究頗多，而對於九卿卻研究很少。漢代三公、九卿參與國政討論，唐代尚書六部與九寺諸監有下行上承之關係，九卿的權力、地位雖然發生了變化，但直到滿清，尚有太常、光祿、大理、太僕、鴻臚等寺。延續兩千年以上的這一整套機構，存在的理由就是其為事務機關。偌大的帝國總得有衙門辦事，在中央，九寺就承擔了這樣的角色。九寺變為事務機關而著之於法令，則是從唐代開始的。而在秦漢以後，唐代以前，即魏晉南北朝時期的九寺機關，其職官性質及地位如何？這就是本文研究的目的。

　　通過本文的研究，發現魏晉南北朝時期，諸卿之中，太常作為掌管禮儀的官員，廷尉作為掌管司法審判的官員，鴻臚作為掌管外交的官員變化均不太大。光祿在魏晉時期宿衛職能不斷削弱，管理宮廷雜務的職能卻不斷增強。到了南朝更變成了虛職，北朝則將光祿定位成管理外朝宴會的機構，在太官一職的處理上頗費心思。衛尉由司宮城宿衛之官變為掌器械、文物之官，究其原因，在於魏晉時期，領、護等護衛帝王的禁衛力量發展壯大，嚴重削弱了衛尉的原有職能。司農由司錢帛糧食之官變為專司糧食之官，這應當與漢魏之際的戰亂頻繁，從而首重糧食有關。而魏晉南北朝時期，朝廷仍然有大筆的錢帛出入，魏晉時期管理錢帛的機構很多都是皇帝的私庫，但這些庫藏之間統屬關係曖昧不明。及至南北朝，商品貨幣經濟的發展使錢幣的流通大為增加，這從國家的鑄幣事業中也可以看出來。所以設立一個專管錢財的機構，與大司農分職，並將零碎的財政機關置於統一的領導之下，成為當務之急，這就是南北朝時期太府創立的背景。宗正在魏晉南北朝時期只管理皇族的圖籍，並非如兩漢般對宗室有較大的權力。兩晉時期設立的宗師對於宗正的權力產生了比較大的影響。宗師就是宗室的「中正」，他對宗室的教育與選舉具有相當大的發言權，北魏道武帝在設立宗師之初就明言是仿中正制度的，目的

就在於辨宗黨、別人才。隨著中正制度的衰弱，仿中正制的宗師制到了唐代就不再看到了。太僕所掌輿馬本包括御用和國用兩個部分，南朝時期，一方面太僕不再掌車，另一方面國用與御用區分開來，北朝形式上雖然仍沿漢魏舊制，車馬均在太僕轄下，但將御用與國用區分開來則是承南朝制度。少府在諸卿之中，是皇室「家臣」色彩最濃的一個官員。西漢時期管理著帝室的財政，東漢雖然將財政權統歸司農管轄，但少府所掌仍然以宮廷事務為主。魏晉時期，將東漢文屬少府的機構劃出，而劉宋時期少府屬下尚方令從掌御用刀劍的制造到掌軍國刀劍的制造，這種突破帶動了少府突破家臣的色彩，也被隋唐所繼承。

引起九卿職能變化的原因約有三個。

首先是九卿與尚書權責不清。尚書在逐漸形成為權力中心的過程中，不可避免的要與九卿產生摩擦。在整個魏晉南北朝時期，就尚書與九卿的存廢問題有過好幾次討論，而且九卿也曾一度合併廢罷，但始終不能廢一存一，始終是兩者並存，表明二者關係亟待理清，但總的傾向仍是尚書諸官對九卿職權的侵奪。

其次是門下省與九卿的分工。漢代九卿有很濃重的家臣色彩，即除掌管國家事務之外，還掌管大量的宮廷事務。但是魏晉南北朝時期，九卿職能的一大轉變就是漸漸脫離宮廷事務的管理而轉向專管國務，即完成了其從家臣到朝臣的轉變。究其轉變的原因，很重要的一點就是門下省對於宮廷事務的管理。至隋煬帝分門下置殿內省，專管皇帝事務，可以說，對魏晉南北朝時期九卿掌管宮廷事務方面的職能做了一個總結，也使九卿家臣的色彩大為減低。

第三是時代的因素。這以魏晉南北朝時期的光祿與衛尉職能的變化最為明顯。光祿與衛尉本來都職司宮廷護衛，但到了唐代卻完全沒有了這種職能。這種轉變發生在漢魏之際。當時曹操獨攬大權，但並不敢突破大義名分，為了能使自己的官僚系統實際掌管國政，他新設了很多職官來控制權力。在這個過程中，為了保護自身的安全，建立了以親兵為主的護衛組織，後來發展成為領、護軍系統，而在許昌職司保衛漢帝的光祿、衛尉自然在曹操削弱之列。曹操新設的護衛系統為後代所繼承，剝奪了原光祿、衛尉的職能。這並不是兩卿本身發展的結果，而是人為的因素。

漢代九卿制度歷經魏晉南北朝時期到隋唐做了一個總結，原來的「三公九卿」體制變成了「三省六部」體制。唐代九卿不再參與政務的制定，退出了行政中樞的行列，變成了一個負責具體執行的事務機關。

目

次

緒　論

　　官僚制度史的研究作爲中國政治制度史研究的一部分，歷來都受到相當地重視。歷朝正史多有職官、百官等志專論一朝或幾朝職官的沿革變遷。未有表志的正史，清人萬斯同及近人多有補表補志嘉惠後學，其中補職官之缺漏及考訂職官制度的佔有很大一部分，其作大抵收入《二十五史補編》、《二十五史三編》、《二十四史訂補》等叢書中。近代以來，研究中國政治制度的著作大多對官制有所闡述，這將留待下面梳理既往研究成果時詳述。

　　一種制度的產生與發展必然要反映一個時代的要求，它應運而生，在條件發生變化時也隨之發生變化，或改頭換面，或走向滅亡。所謂條件的變化，在中國政治史上，最顯著者無過於王朝的興亡更迭，而這種興亡更迭多少包含了必然的因素。傳統上，漢與唐兩個大一統的帝國作爲中國早期帝國的典型而被並舉，我們無意去討論時代區分的問題，總之，在唐宋之際或者說從唐代中期以後，中國社會發生了與前此不同的深刻變化，這一點是無可否認的，因此將唐宋之際作爲一個斷限，無論從王朝的更迭，還是從實證的研究都是有理由的〔註1〕。後世也每每以漢唐並稱，秦漢與隋唐成爲人們揮之不去

〔註1〕比如唐長孺將其一生總結性的著作定名爲《魏晉南北朝隋唐史三論》，其副標題《中國封建社會的形成和前期的變化》就表達了這種意圖。該書起自研究漢代社會結構，終於討論唐代的變化，表明作者想從各個方面去解釋從漢到唐的發展軌跡，認爲魏晉隋唐是中國封建社會的形成期與前期（本文所引書目版本、出版社及出版年代，請統一參照文後所附主要參考文獻，下同）。日本學者內藤湖南在《概括的唐宋時代觀》一文裏更是明確提出了「唐代是中世的結束，而宋代則是近世的開始」，與之相對的是日本學者前田直典在《古代東亞的終結》一文中指出「我只是認爲，如果像京都學派所論，以秦漢爲古代的說法成立的話，則魏晉南北朝以至唐中期一段亦應是古代……要再進

的記憶，漢制與唐制也作爲早期帝國制度的代表而被人關注〔註2〕。漢制在前而唐制在後，後者不可避免有因襲損益之成分，嚴耕望先生研究地方行政制度，指出「隋唐地方行政制度爲中國史上之另一典型，其制全由秦漢型經過魏晉南北朝三百年間之演化損益而來，非出一人所特創」〔註3〕。不僅地方行政制度如此，其他一切制度均是由秦漢型經過魏晉南北朝三百年間之演化損益而來，官制自然也不能例外。官有中央與地方之分，這也是傳統官僚制劃分的一條界線。本文所研究的僅限於中央官制中的一塊——九卿制度。

傳統上，我們將漢代中央官制稱之爲「三公九卿」制，而將唐代中央官制稱之爲「三省六部」制。西漢武帝中期以後，少府屬官之一的尚書權勢漸升，至魏晉南北朝進而取代三公成宰相機構，至唐則三省鼎立，尚書省又下轄六部，完成宰相制度的三百年演變過程，嚴耕望先生在其名篇〈論唐代尚書省之職權與地位〉一文開篇即云：

> 漢代國家政令，丞相總其綱，而九卿分掌之；尚書乃皇帝之秘書機關，非行政機關。西漢之末，尚書已漸侵宰相之權。東漢魏晉以下，

一步說的話，唐末和宋以後以自耕農和佃戶耕作，相對而言，農民直至戰國時代大多是奴隸及半奴隸的農奴，中國的古代性就體現在這裏」，這也引起了歷史學研究會與京都大學之間延續多年的中國古代、中世之爭，但雙方均認爲唐代中期以後或者是唐宋之間發生了深刻的變化（以上兩文均收入劉俊文主編：《日本學者研究中國史論著選譯》第一卷《通論》，第10、147頁）。日本學者戰後至八十年代關於中國史分期的論爭參見該書第二卷《專論》所附谷川道雄主編：〈戰後日本的中國史論爭〉。另可參見牟師發松：《內藤湖南和陳寅恪的「六朝隋唐論」試析》對內藤湖南和陳寅恪六朝隋唐論的分析（刊《史學理論研究》2002年第3期）。張廣達：《內藤湖南的唐宋變革說及其影響》（刊《唐研究》第十一卷《唐宋時期的社會流動與社會秩序研究專號》，第5～56頁）。歐美的研究情況請參見崔瑞德、魯惟一主編：《劍橋中國秦漢史》「導言」中的「秦漢兩個早期帝國的特有的發展」（第27～32頁）。崔瑞德主編：《劍橋中國隋唐史》第一章《導言》中的「制度變化」、「經濟和社會的變化」（第8～32頁）。無論內藤氏也好，前田氏也好，對歐美學界關於唐宋分期的研究，或者說是古代、中世的論爭都有顯著的影響，特別是在關於東西方發展道路問題上的討論引起了歐美學界普遍的興趣，參見包弼德：《唐宋轉型的反思：以思想的變化爲主》一文裏討論東京、京都兩學派的論爭（刊劉東主編：《中國學術》第三輯，特別是第63～69頁）。

〔註2〕 嚴耕望：《中國地方行政制度史·秦漢地方行政制度》的序言部分（五）、（六）（見該書第8～14頁）。嚴文就地方行政縱論漢唐之制的異同，頗具啓發意義。

〔註3〕 《中國地方行政制度史·秦漢地方行政制度》，序言部分第8頁。

權勢益隆，既奪宰相之權，兼分九卿之職，直接參預行政。經數百
年之演變，至隋及唐初，則尚書令僕爲宰相正官，六部分曹，共行
國政，故尚書省爲宰相機關兼行政機關……然自漢季以來，尚書六
部雖侵九卿之權，參預行政，而九卿亦沿置不廢，與尚書皆承君相
之命，分行政務，故尚書六部與九卿之職權常至重複混淆，不能析
辨〔註4〕。

九卿之「沿置不廢」實爲最大的特色。漢代三公、九卿參與國政討論，唐代
尚書六部與九寺諸監有下行上承之關係。九卿的權力、地位雖然發生了變化，
但直到滿清，尚有太常、光祿、大理、太僕、鴻臚等寺〔註5〕。延續兩千年以
上的這一整套機構，存在的理由就是其爲事務機關。偌大的帝國總得有衙門
辦事，在中央，九寺就承擔了這樣的角色。九寺變爲事務機關而著之於法令，
則是從唐代開始的，這一點嚴耕望先生在上舉論文中已經有清楚而詳細的論
證，無需多說。而在秦漢以後，唐代以前，即魏晉南北朝時期的九寺機關，
其職官性質及地位如何？對之是否已經有深入詳細的研究了呢？讓我們對學
術史做一個梳理，以便獲得有關這一問題的基本概況。

一、學術史的整理

學術史的整理著眼於與魏晉南北朝九卿研究相關的已有研究成果，秦漢
九卿的研究也在搜集之列，另外關於此期中央政權體制變遷的研究成果也做
一些整理。引用時盡量採用原文，做適當的歸納。

（一）制度史、政治史的研究

1、政治制度通論

曾資生《中國政治制度史》認爲戰國時，已有少府、大田等職官名稱，
這就是後代所謂分行政務之官。秦時是否有九卿的定稱無可考，至漢則有九
卿之稱。所以到魏晉之世，習俗相沿，仍稱爲九卿或九寺。但秦漢之世，據
百官表敘官次序，實亦未有固定的九卿之制，其間也無所謂正卿、外卿之分。
該書並提出古代的朝廷、宮府實爲一體，職事相連，族長變爲君主，於是族
長的家宰僕役發展爲朝廷的官吏。秦漢時的九卿，任重權實，自魏晉以降，

〔註4〕 嚴耕望：《嚴耕望史學論文集》，第261頁。
〔註5〕 〔清〕紀昀等：《歷代職官表》卷一、二二、二七、三〇、三一、三三、三四等。

九卿職權旁落，分入尚書門下諸省，其職或置或省；歷代雖備九卿或十二卿之位，但已非昔日之舊〔註6〕。

陶希聖編校《中國政治制度史》認爲戰國時已有後代所謂分行政務之官，秦時是否已有九卿的定稱無可考，至漢則已有九卿之稱。故至魏晉之世，習俗相沿，仍稱爲九卿或九寺。又古代的朝廷，宮府一體，職事相連。因爲在國家與君權發展的過程中，古代的氏族長或大家族長的家族內部組織，實爲後此國家組織的胚胎，族長發展爲國家的君主，族長的僕役發展爲朝廷的官吏。秦漢時的九卿，任重權實，自魏晉以降，九卿職權旁落；歷代雖備九卿或十二卿之位，然已非前代之舊，但在事實上，魏晉南北朝未能省併，諸卿實職雖已轉入臺省，然名數多備〔註7〕。

張晉藩主編《中國政治制度史》認爲秦時已經初步形成三公九卿制度。漢承秦制，九卿制度得到進一步的發展與確立。秦時「九卿」具體是指哪九卿尚無可考，至漢，「九卿」之稱已屬常見。根據史籍記載，九卿制度在漢時已經確立，是沒有問題的。而其他被稱爲「九卿」或「列卿」的職官，像京兆尹等實爲京師等地首長，並非中央政府行政部門；執金吾是首都公安局長，也非中央政府行政部門，還有大長秋、將作大匠等等。後世學者往往不依據他們的職掌和所屬建置系統，只看字面稱爲九卿，就以爲是中央行政部門了，所以韋昭對劉熙十二卿之說的辯解是正確的。魏晉南北朝時期雖備九卿或十二卿之位，但權任已大不如前，不過九卿相沿已久，廢除或省併都是很困難的。而且此時期國家四分五裂，很多機關名存實亡；士族當權，又需要官位來安置，九卿機構龐大而又無事可做，正適合這些人的利益〔註8〕。

曾繁康《中國政治制度史》將中央政治制度分爲丞相制度和各部制度，其中中央各部制度之演進一章，分「秦漢時期的九卿制度」、「隋唐時期的六部制度」、「宋元明清的六部制度」三節。他認爲九卿之制因事而設，爲秦漢中樞行政組織之骨幹，各部均有獨立的職掌與眾多附屬機關，是眞正的辦事機構，而「宮府一體」，尤其爲秦漢九卿制度的一個重要特色〔註9〕。

呂思勉《中國制度史》認爲秦漢以後，眾務既統於尚書，則九卿一類之

<hr>

〔註6〕 收入《民國叢書》第四編第 20、21 冊。上引文見《中國政治制度史》第二冊，第 87～88 頁；第三冊，第 90 頁。
〔註7〕 參見該書第二冊《秦漢》，第 88～89 頁；第三冊《魏晉南北朝》，第 92 頁。
〔註8〕 參見該書第 199～200、312～313、317 頁。
〔註9〕 參見該書第 79～103 頁。

官，理應併省，但歷代皆未如此，而隋唐因之〔註10〕。

王曉峰《禮與中國傳統政治體制制度》認爲秦漢魏晉南北朝時期，與君主專制中央集權政治體制的初建相適應，許多制度還處在創立和試行過程中，中央行政體制也一直處在不斷的調整改造之中，從總體上講是向著有利於加強君主集權的方向發展。三公九卿之制早在戰國時期即開始形成，到秦漢時期得以確立。三公九卿雖然各有職掌，分工清晰，但當時職無常守的現象普遍存在，職與實際責任也有很大差別。諸如三公雖爲宰相，職無不監，但皇帝詔令可直達九卿，九卿上奏皇帝的表章也無須告訴宰相。實際上仍然是皇帝運用自己專有的最高用人權隨時調遣官吏，增減予奪其職、權。魏晉南北朝時期，除太常、廷尉、大司農、少府比較穩定外，其他諸卿常有廢置，職掌也時有變化，其地位和重要性遠不如秦漢〔註11〕。

楊鴻年、歐陽鑫合著《中國政制史》認爲秦代完成了九卿制度的建置，漢承秦制，有所損益。秦漢時期，尙書職司機要，不管行政，因此列卿便是行政機關首腦。魏晉以後，尙書掌管行政，列卿在行政系統中的地位爲尙書所奪，便不重要了。關於秦漢的九卿制，就其職掌而言，其主要特點就是多爲管理皇帝的私人事務而設，說明封建時期設官治理國家的考慮還不成熟，也是封建社會初期國家事務不多，天子及皇族事務壓倒一切的表現。這是封建社會初期官制的必然現象〔註12〕。

2、斷代政治制度史

陶希聖、沈巨塵合著《秦漢政治制度》認爲九卿是古官名。秦有卿官，沒有九卿的總名。西漢制度亦沒有九卿總名，不過行文說話多用舊名，稱爲卿者爲九卿，亦與漢初稱丞相爲三公相同，是相沿的一種習慣。丞相與御史由君主左右有學識的近臣發展而來，九卿乃由君主的僕役發展而成〔註13〕。

王育民《秦漢政治制度》認爲西漢時期，九卿皆屬丞相。到了東漢時期，三公名義上分管九卿，各管三卿，實際上九卿直接承命皇帝。九卿之職多來自皇帝僕役，具有濃厚的爲皇帝私人服務的性質。這種情況，一方面反映了秦漢政治制度的原始性，另一方面也反映了秦漢王朝的家天下本質〔註14〕。

〔註10〕見該書第十四章，第531～535頁。
〔註11〕參見該書第154～155、157頁。
〔註12〕參見該書第122～123、130頁。
〔註13〕參見該書第117頁。
〔註14〕參見該書第30頁。

沈任遠《魏晉南北朝政治制度》有「列卿」一節，只是簡述了該時期諸卿的設置狀況，在條列官名之後附列諸多屬官，未有深入探討〔註15〕。

白鋼主編、孟祥才著《中國政治制度通史・秦漢卷》指出秦漢時期既不存在一個貫穿始終的三公制度，也不存在一個整齊劃一的九卿制度。九卿只是人們習慣上的說法，不過諸卿也確實是一個高級官僚層的名稱。他們的地位有點類似於後世的內閣部長〔註16〕。

同上主編、黃惠賢著《中國政治制度通史・魏晉南北朝卷》指出魏晉以來，九卿卑落，職權多專歸尚書，中央機構堆床疊屋。兩晉時期雖然有過種種精簡機構的議論，但當時三省制尚未形成，尚書省還不是真正的宰相機構，缺乏取代丞相九卿制，形成尚書九卿制的條件〔註17〕。

3、斷代史及通史中的相關研究

市村瓚次郎《東洋史統》卷一，研究的是上古至南北朝的歷史，其論東漢制度，則謂九寺九卿的名稱大抵依前漢而分屬於三公；論西晉，則謂九寺與御史臺的職掌、名稱與漢無異而省略說明；論北魏，則謂魏的職官組織至孝文帝職員令的發佈而完成，即三師、三公、二大以外，置尚書省和中書省，更設太常、光祿等九寺；論隋，則謂隋初，文帝參酌漢魏以來制度，中央設五省、二臺、十一寺為統治機關，並謂秦漢九寺外加上國子、將作二寺是為十一寺〔註18〕。

西嶋定生《秦漢帝國》將西漢初年的中央機構分為中央政府的國家統治機關和皇帝的家政機關。治粟內史和廷尉屬於前者，郎中令、衛尉、中尉、少府、太僕、將作少府、詹事、宗正、奉常屬於後者。這裏幾乎包含了後世稱之為卿的所有官職〔註19〕。

陳長琦《兩晉南朝政治史稿》對於此一時期九卿的變化，稱之為「蛻化」。該文指出秦漢時期的九卿，是環繞君主、國家的最高行政部門，而漢代逐步

〔註15〕參見該書第84～106頁。
〔註16〕參見該書第四章第二節、第四節。
〔註17〕參見該書第四章第三節。
〔註18〕參見中世篇（上）第六章第二節《後漢の內治政策》（甲）官職の名稱及び組織の復舊，第533頁；中世篇（中）第一章第二節《晉初の文化と內部の狀況》「晉の國家組織と封建制度」，第695頁；同前篇第四章第一節《後魏の內政》「孝文帝の政治」，第774～775頁；同前篇第七章第二節《隋初の內治、外交と南北統一》「統治機關の改正」，第836～837頁。
〔註19〕《中國の歷史2》，第92～93頁。

完善起來的尚書制度，到魏晉時期成爲國家行政總署，與九卿重疊。因此，九卿職能的蛻化，並不是九卿自身職能的轉化，而是國家組織的結構性變化引起的〔註20〕。

徐復觀《兩漢思想史》認爲西漢有九卿之名而不拘於九卿之數，而漢承秦制，則可推知秦無九卿之說，凡謂秦有九卿之說，皆出自後人傅會。三公九卿之名，在西漢頗爲流行，但在綏和元年以前，皆只是象徵性的使用，而未嘗作爲官制的標準。成、哀之後，乃漸趨向現實官制上的使用，至東漢始在官制上完全確定。而過去種種西漢九卿、十二卿、十三卿之說，皆不如《漢書・百官公卿表》之說更近於事實〔註21〕。

松丸道雄等主編《世界歷史大系・中國史 1・先史──後漢》論前漢官制，指出三公以下，有被稱爲寺而負責具體事務的高官，他們就是被後世稱爲「九卿」或「十二卿」的官員，不過在漢代其數目應該尚未確定，因此作者稱之爲「諸卿」。諸卿的職掌分爲兩類，第一類是作爲統治全國的行政官，這類官員包括治粟內史、廷尉、典客、典屬國；第二類是爲皇帝個人及其一族服務的官職，這類官員中最重要的是少府，還有郎中令、衛尉、太僕、宗正、奉常、將作少府（地位低於前述諸卿），這些是常置官員。這實際上是上述西嶋氏觀點的延續〔註22〕。

同上主編《中國史 2・三國──唐》在《三國の社會經濟》一節中指出，三國時期，雖然漢代以來的三公九卿擁有眾多部門，但實際的政治體制是以尚書、中書爲中心展開的，像這樣的政治體制，以後基本爲兩晉南北朝所繼承，而且，侍中、中書的作用不斷增強，尚書雖然作爲行政部門的作用不斷增強，其權力則趨向弱化；在《隋代前期の政治──文帝期》一節中指出，隋文帝廢除依《周禮》的北周中央官制，以繼承漢魏傳統的北齊官制爲藍本，以中央集權爲目標進行了大的變革，尚書、門下、內史（唐代的中書）三省是爲最高機關，尚書省六部下置擔當實際行政的九寺，九寺是原來漢代最高的中央官廳，其地位漸漸低落而變爲處於六部之下的實務處理機關，唐代的三省、六部二十四司、九寺等所謂中央官制在開皇令時已經差不多齊備了〔註23〕。

〔註20〕參見該書第六章第一節，第 270～275 頁。
〔註21〕參見該書第一卷之《漢代一人專制政治下的官制演變》篇，第 122～127 頁。
〔註22〕本章由太田幸男執筆。
〔註23〕《三國の社會經濟》由關尾史郎、中村圭爾執筆。《隋代前期の政治──文帝期》由愛宕元執筆。該書關於唐代九卿爲六部之下的實務處理機關當本自嚴

內藤湖南在《中國史通論》中討論漢代官制時，認為前漢官制大抵上依秦制，到了後漢時期，混合採用了王莽和前漢的制度，但大部採自王莽。而且漢初官制並未像《周禮》一般劃分為六部，只是逐步在增加一些必要的官廳。王莽改制後，才根據官的大小產生相互統屬的制度〔註24〕。

（二）職官制度史的研究

和田清編著《支那官制發達史》認為相對於九卿的說法，秦漢有十二卿恐怕是事實，隨著儒家影響的加大，到後漢時方才有九卿分屬三公，即太常、光祿勳、衛尉屬太尉；太僕、廷尉、大鴻臚屬司徒；宗正、大司農、少府屬司空。至魏晉南朝，中央除三省以外，還有太常、光祿勳、衛尉、廷尉、大司農、少府、將作大匠、大鴻臚、太僕等官廳，這些是兩漢時代中央諸卿的延續，三省成立以後許可權縮小，變化很多，其中如將作大匠、大鴻臚、太僕變成了有事方置，即不常置的官員。而隋唐時期，九寺系統龐大，九寺與門下、中書、尚書三省的並置，不僅使官制繁雜，而且職責上重複〔註25〕。

聶崇岐《中國歷代官制簡述》認為秦的中央行政機構有十幾個，重要者九，所以後來有「九卿」之稱，秦九卿中，除了廷尉、治粟內史和典客外，職務多是屬皇帝私人方面，很少涉及國政。漢延秦制，名稱多有更改，諸卿職務多有增減，而自尚書臺發展後，卿的職務不但被奪，地位也越來越差。諸卿職權，不僅受六部剝削，有的更由於新機構的設置而被分割〔註26〕。

余行邁《中國古代官制》指出漢武帝時期，由於皇帝越過丞相，直接委任九卿分別主管各項郡國重務，由此而出現在政治上所起作用往往超出其本身職權範圍之外的情況，這是漢代政治制度上一個顯著的特點。但直至秦漢，大多數卿官，就其常職而言，仍不失作為天子親近僕從之性質，正因與天子親近，所以才能「更進用事」。秦漢諸卿之中其實只有少數幾個是直接承擔屬於國事範圍的職責的，而大多數基本上都在宮廷內部以侍應皇帝、服侍皇室，與國事很少直接關係。秦漢以後，各代也有卿官，但其名與實多有

　　　　耕望之說。
〔註24〕原載《內藤湖南全集》第十卷《支那上古史》，第220頁。該書由夏應元監譯成中文，第208頁。
〔註25〕參見該書第二章第三節，本章由櫻井芳朗執筆，第47～48頁；第三章第三節，第93頁，第五章第三節，第150～151頁，第三、第五章由濱口重國執筆。
〔註26〕收入《宋史叢考》，第214～217頁。

變動，其職權逐漸為六部尚書和其他一些增設的機構所分割與取代，因而其地位與作用也遠不如漢代那麼重要〔註27〕。

　　樓勁、劉光華合著《中國古代文官制度》認為秦漢帝國的中央行政機關，一般是由若干個協助皇帝通盤處理國務的公，十餘個在此之下分別負責各類專門事務的卿和一些直屬於皇帝的其他部門組成的。這種建制狀態，至少在表面上與西周王畿中以師、保、六卿為骨架的狀態完全相同；同時，帝國的中央官僚也在很多方面保留了天子家臣的性質，尤其是諸卿及其所屬機構，其中大量的都只涉及皇帝的私人事務，或職責限於京師的事務〔註28〕。

　　陳茂同《中國歷代職官沿革史》論秦代中樞體制，認為丞相以下的中央高級官吏就是卿。從其職務和性質上可分成為皇帝服務和管理國務兩類。西漢中央政府在皇帝之下，內分三公、九卿、列卿、宮官四大部分。其中三公地位最高、九卿次之、列卿又次之、宮官則是皇帝御用的家奴。西漢時期，九卿為宮廷服務的性質還是非常突出的。東漢九卿同於西漢，分隸三公，不過機構裁併、屬官精簡則異於前，而且東漢中央職權實際掌握在尚書臺手中。由於尚書機構繁密和權力擴大，九卿職權多被侵奪，兩晉時期僅有空名，失去存在價值。到隋代則統稱諸寺、諸監，都是中央的具體事務機關。由於各寺、監長官都得親自處理事務，所以往往選派懂得該方面事務或有專長的人擔當，但隋設六曹尚書，所以寺卿的權力比秦漢九卿為輕〔註29〕。

　　吳宗國主編《中國古代官僚政治制度研究》，閻步克執筆之秦漢部分，認為丞相之下，諸卿分工承擔各種具體政務。後人雖有九卿之說，但秦漢王朝並沒有明確的規定，諸卿也不止九員。各卿的官署顯示出了清晰的科層結構。到東漢時期，三公的分工及三公府內諸曹的分工，比起漢初丞相諸曹的分工，甚至比諸卿的分工都有了不少的進步〔註30〕。

　　卜憲群《秦漢官僚制度》提出了關於九卿制度一系列有疑問的問題，進而分析九卿的起源、九卿制度的理論與成立、九卿與官僚制的關係、九卿與皇權中樞的關係。他認為九卿的設置雖然有家國不分的特點，但不能說除少數幾個卿外，其餘的卿官都是為皇室家事服務的。他們的職掌大都與國家政

〔註27〕參見該書第 7～8、12 頁。
〔註28〕參見該書第 38～39 頁。
〔註29〕參見該書第 67、87、135～137、184、234 頁。
〔註30〕參見該書第 30～31 頁。

治、行政事務有關，包含著後世中央政府組織機構化發展所必需的若干因素，而且秦漢時期，九卿與皇權關係密切，無須經過中樞而直接與皇權聯繫，甚至參與中樞、節制中樞〔註31〕。

安作璋、熊鐵基合著《秦漢官制史稿》提出西漢時九卿和三公一樣，爲習慣上的稱呼，並非固定官制，中二千石就是諸卿，不止九個，也沒有等級之分。東漢三公成爲定制，雖名義上分部九卿，而且每公轄三卿。但從劉熙十二卿的說法看，似乎也沒有成爲定制。因此，該書在論述時採用「諸卿」名篇〔註32〕。

陳仲安、王素合著《漢唐職官制度研究》認爲君主建立三省制度，本意是要以此取代三公九卿制度。但自魏晉以後，三省逐步建立，三公九卿的殘餘卻仍長期存在。九卿與尚書各曹對口並列，成爲執行政令、綜理事務之機構。雖然對尚書與九卿的關係有過種種議論，但並未理清兩者的關係，兩者的關係直至唐代才基本理順〔註33〕。

（三）有關九卿制度的總體研究

和田清《秦漢十二卿考》否定傳統的說法，認爲西漢有十二卿，而非九卿。因劉熙爲漢末博通之士，所作《釋名》十二卿之說必非無據，且《漢書‧百官公卿表》所載是諸卿並列，並未特別標出九卿一目；韋昭所作《辨釋名》所稱漢正卿九之說，乃囿於後世成見。且蕭梁時列卿十二，此必非劉熙所能知。漢沿秦制，秦頗尊「六」這個數字，十二卿或是六卿之倍加。不過由於西漢末儒家思想在政治上漸趨顯著，方才依儒家經典《禮記》三公九卿之文，變十二爲九〔註34〕。

伊藤德男《前漢の九卿について》一文，對過去西漢的九卿說和上述十二卿說重新加以檢討，並引津田左右吉——九卿只是習慣用語，其範圍不明，數字也不限於九——的說法，認爲津田氏所說最爲合理，伊藤氏鑒於上述論點未有論證，所以試作此文。其研究的結果是，九卿只是位九卿的意思，與位上卿、位特進屬於同一用法，九卿不外是表示朝位的名稱罷了。以特定的九官擔任九卿的制度，是在王莽新政時，以三孤卿和六卿合併，在形式上成

〔註31〕參見該書第 119～142 頁。
〔註32〕參見該書第一編第二章。
〔註33〕參見該書第 63、65～66、91～92 頁。
〔註34〕刊《加藤博士還曆記念東洋史集說》，第 945～952 頁。

立了九卿，而九卿的完備則要到東漢時代〔註35〕。

　　蔡興海《秦代九卿制度考》則信秦有九卿之制，曰奉常、郎中令、衛尉、太僕、廷尉、典客、宗正、治粟內史、少府九官。該文詳考九卿淵源流變，謂秦代九卿諸職，直接間接因襲前代者多，但也有自創之處。諸職官之中，或因實際之需要，風俗之演變，而有官位之升降，蓋因時制宜。秦統一後，不論其為因為創，皆係重新統一名稱，劃定職掌，實為一套整齊有序，自成體系的大一統新制，而開兩漢之局，且有歷代所不能易者〔註36〕。

　　勞榦《秦漢九卿考》認為在西漢時，凡中二千石皆是卿，實無中二千石與卿之分，至東漢，九卿與中二千石才釐然有別〔註37〕。

　　另外，關於九卿中各個具體卿官，學界已經有的研究成果將在下文「九卿分論」中提到，這裏不再一一羅列。

二、問題的提出

　　由以上的整理可以看出，關於魏晉南北朝時期九卿的詳細研究很少。學者們所關注的焦點大都集中在漢代。一是關於漢代九卿的數目問題，是九位、十二位，還是有更多；二是漢代九卿究竟處於一個怎樣的地位。雖然眾說紛紜，但大都認為到東漢時，九卿無論數量還是職掌都相對固定，輕易不再變更。但是對於魏晉南北朝時期的九卿制度大多一筆帶過，或者僅就歷代正史《百官志》對其職掌稍加敘述，研究很少。然後一下就到了唐代九卿，規模齊整，對應尚書六部，實在讓人有唐代對漢代九卿曾有大幅度改造的感覺。比照東漢與唐兩朝正史的百官志，就會發現九卿變化很大，有的機構沒有了，有的機構轉移了。實際上這種變化並非出自唐朝的獨創，而應該發生在魏晉南北朝時期，如果對這個時期的九卿制度不瞭解，看唐代九卿就會覺得突兀。研究這個時期九卿的職掌、地位及其變化是本文的第一個出發點，也是重點。

　　自西漢武帝時，尚書漸漸得勢，遂有內朝與外朝之別，尚書執政內朝而多干涉外朝事務，與九卿之職掌時有重疊，由此省併之議起，或謂廢尚書而

〔註35〕刊《東方學論集》第一，第105～119頁。關於王莽時期諸官的改名及其職掌，參見饒宗頤：《新莽職官考》，收入氏著：《饒宗頤史學論著選》，卿官部分見該書第182～186頁。

〔註36〕刊《大陸雜誌史學叢書》第二輯第一冊《三代秦漢魏晉史研究論集》，第261～271頁。

〔註37〕收入《勞榦學術論文集甲編》，第861～866頁。

存九卿，或謂廢九卿而獨任尙書，除東晉桓溫一度省併廢罷九卿之外，歷朝雖有權置之事，但九卿終未裁撤。至唐，尙書執政而九卿主事，下行上承之關係成。然未聞漢代尙書與九卿之間有此種關係，諸家皆指魏晉南北朝爲尙書、九卿權責混亂時期。但一種制度之形成，非一、二人之特創，隋文帝、唐太宗雖一代英主，全無憑藉而獨創新制，恐無是理。此必由於魏晉南北朝時期權責相傾，滋生繁亂，朝野上下覺理清關係之必要，遂董理其事，至隋爲一總結，而爲唐所繼承。對此時期九卿與尙書關係做一概括分析，對某些尙書與九卿的關係做些梳理，不求解決全部問題，勾勒出兩者關係發展的大致狀況，這是本文的第二個出發點。

秦漢九卿，前人研究指出其大部爲皇帝私臣，爲皇室服務。歷經魏晉南北朝四百年的發展，至唐，九卿既然與尙書六部有下行上承之關係，而尙書六部爲朝臣而非家臣甚明，是九卿至唐脫去濃厚皇帝家臣性質，一變而爲朝臣。當然，並非與皇室毫不相干，而是說作爲一個系統，其由大半「私」的性質而變爲大半「公」的性質〔註38〕，怎樣從具體研究中整理出這一演變過程，這是本文寫作的第三個出發點。

依照上述三個問題，緒論、結語之外，本文擬將論文分成九卿分論、九卿綜論兩大部分。九卿分論對每一卿單獨研究，前人已經有所涉及的從略，避免重複勞動，而著重寫自己的一得之見，所以，每節或有詳略，或有兩卿合併於一節，這全視有無新的見解而定；九卿綜論專門討論九卿作爲一個系統在官僚體系內的地位與作用問題，涉及到九卿的定位問題，並對九卿系統由「私」到「公」、由「家」而「國」的轉變作一些探索，同時試從九卿角度對「從魏晉到隋唐」這一課題提出自己的看法。結語則總括全文研究所得。

〔註38〕 嚴耕望在《唐代文化約論》一文中指出：「綜觀唐代行政制度，規模宏闊而組織精嚴。就中宰相制度與地方制度是否優於漢制，今難論定，然尙書六部優於漢之九卿，則斷無可疑。蓋漢之九卿惟廷尉大司農純爲政府大臣，其餘皆皇室之宮官或兼治國事而已；宮府一體，殊富封建遺風。至唐之六部分掌國家大政，於皇帝私事毫無關涉，此無疑是中國政府之顯著進步。而六部又提綱挈領，掌其政令，除最重要之行政外，凡百事務皆下九卿諸監實地處理而自爲之節制，是以政策之研討能精審，事務之推行能貫徹，此又唐制精密處，非漢制疏闊所能及也」（收入《大陸雜誌史學叢書》第一輯第四冊《秦漢史及中古史前期研究論集》，第 199 頁）。漢之九卿多掌皇室私務，而唐代六部分掌國政，與皇室事務無涉，則其下之九卿雖不能說與皇室事務無關，但必已經大部轉入國政軌道。

三、本書所研究的九卿的範圍

　　漢代有所謂「三公九卿」的說法，但正如上面所提到的那樣，九卿在西漢並不一定特指九個職官，而很可能是九個以上。這個名稱實際上指的是中二千石以下到比二千石官吏的朝位，日本學者大庭脩就指出「不應拘泥於九或者十二這一特定的數目，而應該認爲它是對丞相、御史大夫以下設立的分掌實際職務的機構長官的總稱」〔註39〕。的確，西漢時期，所謂「三公九卿」體制說到底只是一種儒家理論，並沒有比較嚴格地規定具體哪九個職官是九卿。不過，王莽的復古改制卻第一次實現了三公下轄九卿的制度，而且爲東漢所繼承〔註40〕。《續漢書志》的《百官志》也明確將太常、光祿勳、衛尉、太僕、廷尉、大鴻臚、宗正、大司農、少府這九個職官稱爲卿，同時指出太常、光祿勳、衛尉是太尉所部；太僕、廷尉、大鴻臚是司徒所部；宗正、大司農、少府是司空所部〔註41〕。也就是說，東漢的確按照儒家理論中三公九卿的說法，至少在形式上完成了三公下轄九卿的部署，雖然這實際上並沒有多大意義。但是，這的確爲本文提供了一個框架，因爲要討論魏晉南北朝的九卿制度，必須從兩漢九卿制度特別是東漢制度說起，而東漢規定了九卿的具體所指，那麼，我們的研究也就確定在這九卿之上，理論上，東漢九卿只有九個，不是十二個，我們沒有必要對所有中央與九卿品秩相當的官員都進行討論，因爲史書既然以上述九官爲九卿，而不是以其他官員爲九卿，就說明有其必然性。《通典・職官七・總論諸卿》：

> 魏九卿與漢同。（九卿名數與漢同。）晉以太常等九卿（即漢九卿。）
> 兼將作大匠、太后三卿、大長秋皆爲列卿，各置丞、功曹、主簿、
> 五官等員。太康四年，增九卿禮秩。宋、齊及梁初，皆因舊制。梁
> 武帝天監七年，以太常爲太常卿，加置宗正卿，以大司農爲司農卿，
> 三卿是爲春卿。加置太府卿，以少府爲少府卿，加置太僕卿，三卿
> 是爲夏卿。以衛尉爲衛尉卿，廷尉爲廷尉卿，將作大匠爲大匠卿，

〔註39〕九卿實際上是指的一種朝位的觀點由日本學者伊藤德男提出，大庭脩贊成這種觀點，見氏撰、林劍鳴等譯：《秦漢法制史研究》第一篇第二章第三節「一、所謂「九卿」的基本性質」，第23頁。

〔註40〕參見卜憲群：《秦漢官僚制度》第四章「二　九卿理論與九卿制的形成」，第126～127頁。

〔註41〕《續漢書志》二五、二六。附於今本《後漢書》後，本文參考的正史、《資治通鑑》均繫中華書局點校本，下同。

三卿是爲秋卿。以光祿勳爲光祿卿，大鴻臚爲鴻臚卿，都水使者爲大舟卿，三卿是爲冬卿。凡十二卿，皆置丞及功曹、主簿。後魏又以太常、光祿勳、衛尉謂之三卿。太僕、廷尉、大鴻臚、宗正、大司農、少府爲六卿，各有少卿。（太和十五年，初置少卿，官掌同大卿。）北齊以太常、光祿、衛尉、宗正、太僕、大理、鴻臚、司農、太府是爲九寺，置卿、少卿、丞各一人，各有功曹、五官、主簿、錄事等員。隋九寺與北齊同，煬帝降光祿以下八寺卿階品於太常，而少卿各加置二人。大唐九寺與北齊同，卿各一人，少卿各二人，丞以下有差。龍朔二年，改九寺之名，凡卿皆加正，（若太常卿爲奉常正卿，他皆如此。）後各復舊〔註42〕。

是魏晉南北朝之九卿與漢多同，其中晉加置將作大匠、太后三卿、大長秋而成列卿，梁武帝創十二卿之制，都是在原九卿的基礎上增加了一些官員。北魏則仍漢代之舊，北齊以太府取代少府，隋唐則上承北齊制度，以太常、光祿、衛尉、宗正、太僕、大理、鴻臚、司農、太府爲九寺，唐制與漢制相比，官名上來講，僅是用太府取代了少府，這在本文討論太府、少府時將有所論列，所以，儘管魏晉南北朝時期九卿範圍有所變化，但大致仍是在東漢九卿的範圍之內，也就是說九卿是一個名稱相對固定的範疇，所以本文仍以漢代九卿在魏晉南北朝時期的演變爲討論對象。

〔註42〕《通典》卷二五，第690～691頁，括號內爲杜佑原注。

第一章 九卿分論一：太常、衛尉

從第一章至第四章凡四章，是本論文的九卿分論部分，分別對諸卿進行考論。需要首先說明的是，每章討論兩個或者三個卿，主要是考慮到章與章之間篇幅的相對平衡，而不是因爲放入某一章的幾個卿之間有著邏輯關係。

從緒論裏列舉的諸多前輩研究可以看出，對於九卿中每個卿的研究是很不充分的，也是不平衡的。每個卿的職掌是什麼，它的屬官有哪些，這些屬官的職掌又是什麼，在從漢末到唐初，即整個魏晉南北朝四百多年的時間裏，九卿及其屬官究竟發生了哪些變化，使得漢代九卿制一變而爲唐代九卿制？這必須要對每一個卿進行分析，對其屬官的變化加以分析，從而看出卿官機構、職掌及地位的演變路徑。

第一節　太常

太常是九卿之一，自秦漢以來，一直是高級官員。《續漢書志·百官》：

> 太常，卿一人，中二千石。本注曰：掌禮儀祭祀。每祭祀，先奏其禮儀；及行事，常贊天子。每選試博士，奏其能否。大射、養老、大喪，皆奏其禮儀。每月前晦，察行陵廟〔註1〕。

據孫毓棠先生概括，漢代太常的職掌大致可以分爲三方面：一是禮儀祭祀，二是廟寢園陵，三是考試及博士〔註2〕。其實，應當說只有兩個方面的內容，

〔註1〕《續漢書志》卷二五《百官二》，第3571頁。
〔註2〕 孫毓棠：《漢代的太常》，收入《孫毓棠學術論文集》，第257頁。按：此稿並沒有寫完，只寫了漢代太常的禮儀及廟寢園陵職掌，關於考試及博士職掌沒

一是主職「掌禮儀祭祀」，廟寢園陵的管理亦屬於祭祀範疇〔註3〕；二掌屬下
博士的考課。本節對於太常的討論從三國開始，故先列東漢太常之職掌，以
觀三國時期該系統的演變。

一、魏晉時期：人選與職掌

清人洪飴孫的《三國職官表》是有關三國職官系統最為完備的研究資料
〔註4〕，本節多所依據，並參以其他史料進行研究。

（一）曹魏

《洪表》云：

> 魏：太常卿一人，中二千石，第三品。掌禮儀祭祀，及行事，掌贊
> 天子，大射、養老、大喪，皆奏其禮儀。每月朔晦，察行陵廟，并
> 選試博士，查其能否。建安二十一年，魏國初置奉常。黃初元年改
> 為太常〔註5〕。

建安十八年（213年）五月，漢獻帝冊命曹操為魏公，令「魏國置丞相已
下群卿百僚，皆如漢初諸侯王之制。」〔註6〕《漢書・百官公卿表》：

> 諸侯王高帝初置，金璽盭綬，掌治其國。有太傅輔王，內史治國民，
> 中尉掌武職，丞相統眾官，群卿大夫都官如漢朝〔註7〕。

同年七月，「始建魏社稷宗廟」〔註8〕。有了社稷宗廟，當然要有人主祭
祀。建安二十一年（216年），曹操進位魏王。《三國志・魏書・武帝紀》注引
《魏書》曰：

> 始置奉常宗正官〔註9〕。

這應當是曹魏有太常（奉常）的開始，但當時在名義上，它是屬於魏王

有論述。

〔註3〕 後漢先帝陵各有六百石廟陵令一人，掌望、朔的時節祭祀，太常只是每月前
　　　　晦，察行陵廟，即視察檢查而已，不主持陵廟的日常祭祀活動。

〔註4〕 〔清〕洪飴孫：《三國職官表》，收入〔宋〕熊方等撰、劉祐仁點校：《後漢書
　　　　三國志補表三十種》。行文之中有時省稱「洪《表》」。

〔註5〕 《三國職官表》，第1319頁。上引史料，除「第三品」係用《唐六典》注外，
　　　　其餘率取《續漢書志》，

〔註6〕 《三國志》卷一，第39頁。

〔註7〕 《漢書》卷一九上，第741頁。

〔註8〕 《三國志》卷一，第42頁。

〔註9〕 《三國志》卷一，第49頁。

國的。黃初元年（220 年）曹丕代漢，十一月，即改「奉常爲太常」〔註10〕，員一人，秩中二千石。洪氏以魏太常官爲「第三品」，係引用《唐六典》〔註11〕，《通典》所列魏官品表同。據祝總斌先生的研究，認爲《通典》所列的魏官品表「絕非曹魏前期制度」，並考證這個官品表「不得早於咸熙元年（264 年）」〔註12〕。熊德基先生、閻步克先生也得出類似的結論〔註13〕。所以，謹愼的說，曹魏太常官品第三，當是魏末之事，在魏王朝絕大部分時間裏，標示太常官品等級的仍然是「中二千石」。

現依據洪氏《三國職官表》所考曹魏太常〔註14〕，按其排列順序，製【曹魏太常表】，目的在於考察曹魏太常任職時的資歷以及該官在職官序列及遷轉中的地位。

曹魏太常表

姓　名	任太常前官職	任太常時爵位	任太常後官職	任太常時間	資料出處
邢貞	中尉	高平侯		邢貞在魏王國時期爲中尉。黃初二年冊封孫權爲吳王時任太常，未見其直接由中尉轉官太常的記載	《三國志・魏書・程昱傳》，14/429〔註15〕；《三國志・吳書・孫權傳》，47/1122。
邢顒	司隸校尉	關內侯		終於太常	《三國志・魏書・邢顒傳》，12/383。
董昭	侍中	成都鄉侯	光祿大夫、給事中		《三國志・魏書・董昭傳》，14/441-442。
桓階	侍中	安樂鄉侯		終於太常	《三國志・魏書・三少帝紀》，4/120。

〔註10〕《三國志》卷二，第 76 頁。
〔註11〕另參見《通典》卷三六《魏官品》，第 991 頁。
〔註12〕祝總斌：《兩漢魏晉南北朝宰相制度研究》，第 147－148 頁。
〔註13〕熊德基：《九品中正制考實》，認爲《通典》中《魏官置九品》這個表「實際上只是在魏末晉國正擬代魏之前，爲新王朝建立制度過程中的現象，曹魏時並未實行」（收入氏著：《六朝史考實》，第 212 頁）。閻步克：《〈魏官品〉產生時間考》，也認爲「就現有材料看，《魏官品》似是魏後期，很可能就是魏末產生的制度」（收入《閻步克自選集》，第 95 頁）。同樣的觀點還表現在閻步克：《品位與職位》第五章第一節《〈魏官品〉的問世時間》，認爲「祝總斌先生對《魏官品》創制時間的判斷，確鑿無誤」，第 238 頁。
〔註14〕《三國職官表》，第 1319－1320 頁，魏王國時期的奉常不列入。
〔註15〕斜線前爲卷數，後爲頁數，如 14/429 表示卷一四，第 429 頁，下同。

韓暨	司金都尉	南鄉亭侯	司徒		《三國志·魏書·韓暨傳》，24/677-678。
趙咨				官位最高至太常	《三國志·魏·司馬朗傳》，15/469。
和洽	光祿勳	西陵鄉侯		終於太常	《三國志·魏書·和洽傳》，23/657；同書《明帝紀》注引《獻帝傳》，3/102。
常林	大司農	高陽鄉侯	光祿大夫	任太常的同時似乎也擔任光祿勳〔註16〕	《三國志·魏書·常林傳》，23/660。
高柔	廷尉	延壽亭侯	司空		《三國志·魏書·高柔傳》，24/690。
王肅	侍中	蘭陵侯	河南尹〔註17〕、中領軍	王肅兩次擔任太常，第一次坐宗廟事免，第二次徙官中領軍，加散騎常侍	《三國志·魏書·王肅傳》，13/418-419；同書《三少帝紀》注引《魏書》，3/129。
夏侯玄	大鴻臚			太常任上謀反伏誅	《三國志·魏書·夏侯玄傳》，9/298-299。
任晏（昊）					《三國志·魏書·三少帝紀》注引《魏書》，4/129；《廿二史考異·齊王芳紀》〔註18〕「少府臣褒」條，15/360。
王祥	司隸校尉	萬歲亭侯	司空		《晉書·王祥傳》，33/988。
陳泰〔註19〕	尚書僕射			未見由尚書僕射直接轉官太常的記載	《三國志·魏書·陳泰傳》注引干寶《晉紀》，

〔註16〕 本傳言「徙光祿勳太常」。

〔註17〕 任河南尹時曾經兼任太常，《三國志·王肅傳》「嘉平六年，持節兼太常，奉法駕，迎高貴鄉公於元城。」奉旨出使本是太常原有職掌，何況還是迎立新皇帝。考《晉書》卷一四《地理志上》，元城屬司州陽平郡（第417頁），河南郡爲司州首府，且是帝都所在，故以京師長官兼太常迎駕。

〔註18〕 〔清〕錢大昕撰，陳文和主編，孫開萍等點校：《嘉定錢大昕全集》第二冊《廿二史考異》（上），錢氏謂「《晉書·任愷傳》『父昊，魏太常』，此奏有太常晏，晏、昊字形相似，疑即其人也」，第360頁。

〔註19〕 《三國志》卷二二《陳泰傳》，裴注引《晉紀》後云：「臣松之案本傳，泰不爲太常，未詳干寶所由知之。」（第642頁）裴松之並無其他的證據推翻干寶所記陳泰爲太常的記載，且干寶爲晉人，所著《晉紀》稱泰爲太常，當有據，所以洪飴孫《表》仍將泰錄入。

					22/642；《晉書・文帝紀》，2/36。
（？）嘉（史失其姓）					《三國志・蜀書・後主傳》，33/901。
諸葛緒	雍州刺史			未見由雍州刺史直接轉官太常的記載	《三國志・魏書・三少帝紀》，4/149；《晉書・后妃上》，31/950。
夏侯和	相國左司馬			未見由相國左司馬直接轉官太常的記載	《三國志・魏書・三少帝紀》，4/151；同書《夏侯淵傳》注引《世語》，9/273。
羊耽				官位最高至太常	《三國志・魏書・辛毗傳》注引《世語》，25/699；《晉書・羊琇傳》，93/2410。
鄭袤	光祿勳、宗正	廣昌亭侯	光祿大夫		《晉書・鄭袤傳》，44/1250。
傅嘏	守尚書僕射	陽鄉侯		死後追贈太常	《三國志・魏書・傅嘏傳》，21/627。

洪氏所考曹魏太常二十人〔註20〕，其中桓階與傅嘏有點特殊。《三國志・魏書・桓階傳》：

　　　後階疾篤，遣使者即拜太常，薨，帝為之流涕，諡曰貞侯〔註21〕。

同書《傅嘏傳》：

　　　是歲薨（正元二年），時年四十七，追贈太常，諡曰元侯〔註22〕。

　　桓階拜太常並未實際任職，只是魏文帝給他的榮譽；傅嘏更是死後追贈，一天也沒有當過太常。實際拜官並到任的計有十八人。

　　上列諸人中，擔任太常時擁有爵位的有十一人之多〔註23〕，其中邢顒是關內侯，其他均是列侯。《宋書・百官志上》：

〔註20〕據《晉書》卷一九《禮志上》，魏明帝時期尚有行太常宗正曹恪（第601頁）。但《宋書》卷一六《禮志三》記曹恪此時任官為行太廟宗正（第444頁）。因兩書關於此事均記有「行太傅太常韓暨」，故曹恪時不當再為行太常，《晉書》記載恐有誤。

〔註21〕《三國志》卷二二，第632頁。

〔註22〕《三國志》卷二一，第627頁。

〔註23〕桓階與傅嘏也是列侯，雖然二人並未實際任職太常，但可以從側面反映任太常者多為列侯。另外八人未必均無爵位，很有可能是史書失載。

太常……前漢常以列侯忠孝敬慎者居之，後漢不必列侯也〔註24〕。曹魏顯然延續漢代制度，雖然不必皆是列侯，但究以列侯居太常者爲多。

邢顒、趙咨、和洽、羊耽任官最高即是太常；董昭、常林、鄭袤後任光祿大夫；韓暨任司徒；高柔、王祥任司空；王肅在第二次出任太常後轉官中領軍〔註25〕。光祿大夫，《晉書·職官志》：

> 魏氏已來，轉復優重，不復以爲使命之官。其諸公告老者，皆家拜此位；及在朝顯職，復用加之〔註26〕。

中領軍，《宋書·百官志下》：

> 文帝即魏王位，魏始置領軍，主五校、中壘、武衛三營〔註27〕。

司徒、司空更是三公之官，加上上述桓階、傅嘏生榮死哀時給予太常官銜，其高官性質並無變化，而且陞遷至位極人臣的「三公」，也可以轉官中領軍這樣親近的官職〔註28〕，更可以轉爲「優重」的光祿大夫而榮退。

曹魏太常的職掌是沿襲漢代之舊，總的來說是以禮儀祭祀爲主，下面分類討論。

1、掌宗廟祭祀

《三國志·魏書·明帝紀》：

> 初，洛陽宗廟未成，神主在鄴廟。十一月，廟始成，使太常韓暨持節迎高皇帝、太皇帝、武帝、文帝神主於鄴，十二月己丑至，奉安神主於廟〔註29〕。

2、奉旨出使與冊拜

《三國志·魏書·三少帝紀》注引《魏略》：

> （嘉平六年）景王乃更召群臣，以皇太后令示之，乃定迎高貴鄉公。是時太常已發二日，待璽綬於溫〔註30〕。

〔註24〕《宋書》卷三八，第1228頁。

〔註25〕王肅第一次出任太常，史稱「坐宗廟事免」，實際當是其反對曹爽專權，見本傳。

〔註26〕《晉書》卷二四，第728頁。

〔註27〕《宋書》卷四〇，第1247頁。

〔註28〕中領軍是職掌中軍禁衛的重要官職，詳細的研究可參見張金龍：《魏晉南北朝禁衛武官制度研究》第四章《曹魏禁衛武官制度》「一、領軍將軍（中領軍）」，研究了王肅擔任中領軍時的情況，第110頁。

〔註29〕《三國志》卷三，第96～97頁。

〔註30〕《三國志》卷四，第131頁。

同書同卷注引《魏書》：

> （嘉平六年）使中護軍望、兼太常河南尹肅〔註31〕持節，與少府裘、
> 尚書亮、侍中表等奉法駕，迎公於元城〔註32〕。

同書《文帝紀》：

> （黃初二年）秋八月，孫權遣使奉章，并遣于禁等還。丁巳，使太
> 常邢貞持節拜權爲大將軍，封吳王，加九錫〔註33〕。

同書《三少帝紀》引孔衍《漢魏春秋》：

> （嘉平元年）詔使太常王肅冊命太傅爲丞相，增邑萬戶，群臣奏事
> 不得稱名，如漢霍光故事〔註34〕。

太常的奉使與出拜同樣是具有禮儀性質的。因太常職掌宗廟，故自然由他來迎立新皇帝。太常冊拜諸侯王及太傅，一則可以示「普天之下，莫非王土」；二則可以使被冊拜者感到朝廷鄭重其事。太常本是列卿，能由其出面冊拜的恐怕只有三公、諸侯王。

3、參與重大決策，並就決策施行其相應權力

《三國志・魏書・三少帝紀》注引《魏書》：

> （景王）於是乃與群臣共爲奏永寧宮曰：「守尚書令太尉長社侯臣
> 孚、大將軍武陽侯臣師、司徒萬歲亭侯臣柔、司空文陽亭侯臣沖、
> 行征西安東將軍新城侯臣昭、光祿大夫關內侯臣邕、太常臣晏……
> 等稽首言（下略）」〔註35〕

同書《陳泰傳》注引干寶《晉紀》：

> 高貴鄉公之殺，司馬文王會朝臣謀其故。太常陳泰不至，使其舅荀
> 顗召之〔註36〕。

司馬昭在刺殺高貴鄉公之後，之所以要招太常陳泰商量，一方面是想怎樣善後；另一方面，因爲宗廟乃天子祭祀祖先的場所，象徵著皇室與國家，廢立

〔註31〕 當時尚有太常任昊，而所以以王肅持節行太常事，正是表明此事原本應由太常來做，但在職太常可能另有要事在身，於是只好差遣適合之人並加行此官。如果是這樣，則應事後即罷。

〔註32〕 《三國志》卷四，第131頁。

〔註33〕 《三國志》卷二，第78頁。

〔註34〕 《三國志》卷四，第123頁。

〔註35〕 《三國志》卷四，第129頁。

〔註36〕 《三國志》卷二二，第642頁。

皇帝這類大事，必然是要對祖先和天下有個交代。司馬師廢齊王芳是依「漢霍光故事」〔註37〕，據《漢書·霍光傳》：

（田）延年曰：「伊尹相殷，廢太甲以安宗廟，後世稱其忠。將軍若能行此，亦漢之伊尹也。」……田延年前，離席按劍，曰：「先帝屬將軍以幼孤，寄將軍以天下，以將軍忠賢能安劉氏也。今群下鼎沸，社稷將傾，且漢之傳謚常爲孝者，以長有天下，令宗廟血食也。如令漢家絕祀，將軍雖死，何面目見先帝於地下乎？」〔註38〕

這裏的「安宗廟」、「令宗廟血食」一方面是具有象徵意義的說法，即確保漢祚穩固，另一方面則因大統廢立，勢必有祭告宗廟之儀，而直接負責宗廟的大臣就是太常。告慰宗廟儀式通常由太常主持，是宣告家、國重新作出了重大選擇，藉以確立這種選擇的合法性。不過陳泰不是很合作。

4、其他禮儀

《三國志·魏書·明帝紀》注引《獻帝傳》：

帝變服，率群臣哭之，使使持節行司徒太常和洽弔祭，又使持節行大司空大司農崔林監護喪事〔註39〕。

同書《三少帝紀》：

（正始二年二月）帝初通《論語》，使太常以太牢祭孔子於辟雍，以顏淵配。

（正始五年五月）講《尚書》經通，使太常以太牢祀孔子於辟雍，以顏淵配。

（正始七年十二月）講《禮記》通，使太常以太牢祀孔子於辟雍，以顏淵配〔註40〕。

禮儀祭祀是太常最主要的職掌，弔謁前朝皇帝自然非他莫屬。又太常職掌「選試博士，奏其能否」，即學禮的範疇，孔子則是萬世師表，凡學，必釋奠於先聖先師，以示天子的尊師重道〔註41〕。

〔註37〕《三國志》卷四《三少帝紀》注引《魏書》，第130頁。
〔註38〕《漢書》卷六八，第2937－2938頁。
〔註39〕《三國志》卷三，第102頁。
〔註40〕《三國志》卷四，第119－121頁。
〔註41〕〔元〕馬端臨：《文獻通考》卷四三《學校四·祠祭襃贈先聖先師》，第403頁。呂思勉：《呂思勉讀史札記》三七八《漢興三雍太學》，第732頁；七三六《孔子廟》，第1394頁。張一兵：《明堂制度研究》，第二章《明堂名義考》

（二）蜀漢

洪《表》以爲蜀漢太常「建安二十四年先主爲漢中王時置，後因之。可考者五人」〔註42〕。

這五位太常分別是：賴恭，《三國志·蜀書·先主傳》：

> （建安二十四年秋）群下上先主爲漢中王，表於漢帝曰：「……鎮遠將軍臣賴恭。」

> （建安二十五年）太傅許靖、安漢將軍麋竺、軍師將軍諸葛亮、太常賴恭、光祿勳黃柱、少府王謀等上言〔註43〕。

同書《楊戲傳》載其《季漢輔臣贊》：

> 王元泰名謀，漢嘉人也。有容止操行。劉璋時，爲巴郡太守，還爲州治中從事。先主定益州，領牧，以爲別駕。先主爲漢中王，用荊楚宿士零陵賴恭爲太常，南陽黃柱爲光祿勳，謀爲少府；建興初，賜爵關內侯，後代賴恭爲太常。恭、柱、謀皆失其行事，故不爲傳〔註44〕。

可知賴恭以鎮遠將軍遷太常，當在建安二十四年（219年），洪氏以建安二十四年先主爲漢中王時已經有太常的論斷由此而來，蜀漢建興中爲王謀所代。

王謀，從上引史料可知，他是由少府轉官太常。但他與賴恭「皆失其行事」，所以沒有專傳。

杜瓊，《三國志·蜀書·杜瓊傳》：

> 後主踐阼，拜諫議大夫，遷左中郎將、大鴻臚、太常〔註45〕。

則其當由大鴻臚轉官太常。

鐔承，《三國志·蜀書·孟光傳》：

> 延熙九年秋，大赦，光於眾中責大將軍費禕……光之指摘痛癢，多如是類，故執政重臣，心不能悅，爵位不登；每直言無所迴避，爲代所嫌。太常廣漢鐔承、光祿勳河東裴俊等，年資皆在光後，而登據上列，處光之右，蓋以此也〔註46〕。

可知鐔承任太常當在後主延熙中。

第二節《「辟雍」名義考》「五、『辟雍』功能考」，第91頁。

〔註42〕《三國職官表》，第1321頁。
〔註43〕《三國志》卷三二，第884、888頁。
〔註44〕《三國志》卷四五，第1082頁。
〔註45〕《三國志》卷四二，第1021頁。
〔註46〕《三國志》卷四二，第1023－1024頁。

張峻，《三國志・蜀書・後主傳》注引王隱《蜀記》：

> 禪又遣太常張峻、益州別駕汝超受節度，遣太僕蔣顯有命敕姜維。

又引《晉諸公贊曰》：

> 劉禪乘騾車詣艾，不具亡國之禮〔註47〕。

張峻是蜀國最後一任太常，他的任務應當是安排投降儀式，但國破家亡，倉促之間使劉禪不具「亡國之禮」，不免為人非議。君主已降，宗廟不復血食。

　　蜀國有關太常的史料較魏國遠少，遷任太常的官職有鎮遠將軍、少府、大鴻臚。鎮遠將軍為蜀國獨有，官位等級不詳；少府、大鴻臚同為列卿，但太常地位應當更高，《太平御覽・職官部》「太常卿」條引《漢官解詁》：

> 太常，社稷郊祀，事重職尊，故在九卿之首〔註48〕。

這是漢制，蜀漢以正統自舉，固當沿襲，太常得以列入諸多重臣中一齊向劉備勸進，亦可見其地位之高。

（三）孫吳

　　魏文帝黃初元年（220年），使太常邢貞冊拜孫權為吳王，《三國志・吳書・顧雍傳》：

> 權為吳王，累遷大理奉常，領尚書令，封陽遂鄉侯。
>
> 是歲（黃武四年），改為太常，進封醴陵侯，代孫邵為丞相，平尚書事〔註49〕。

故洪《表》記吳太常有云：「建安二十五年，權為吳王，置奉常。黃武四年改為太常。」〔註50〕確切地說，當時吳國奉曹魏為正朔，當云黃初元年置奉常。依據《三國職官表》所考孫吳太常，製【孫吳太常表】，以考察太常的人選。

孫吳太常表

姓　名	任太常以前官職	任太常時爵位	任太常同時及以後所任官職	任太常時間及其他	資料出處
顧雍	由左司馬累遷奉常	陽遂鄉侯醴陵侯	丞相，平尚書事	累遷大理奉常，領尚書令由奉常改為太常	《三國志・吳書・顧雍傳》，52/1225-1226。

〔註47〕《三國志》卷三三，第901頁。
〔註48〕〔宋〕李昉等編：《太平御覽》卷二二八，第1085頁上。
〔註49〕《三國志》卷五二，第1225－1226頁。
〔註50〕《三國職官表》，第1321頁。

陳化	犍爲太守		遷太常時兼尚書令		《三國志·吳書·吳主傳》注引《吳書》，47/1132。
張彌			使持節守太常，乃因事特加	青龍元年，出使公孫淵被殺	《三國志·吳書·吳主傳》，47/1138。
潘濬	少府	劉陽侯		終於太常	《三國志·吳書·潘濬傳》，61/1397。
顧譚	選曹尚書		拜太常時平尚書事	爲全寄父子構會，廢徙交州	《三國志·吳書·顧雍傳》，52/1230。
傅常				以使持節守太常的身份冊拜陸遜爲丞相	《三國志·吳書·陸遜傳》，58/1353。
滕胤	會稽太守		太常加衛將軍	受孫權遺詔，以太常輔政	《三國志·吳書·滕胤傳》，64/1443。
全尚	城門校尉	永平侯	太常加衛將軍，領尚書事	孫亮全皇后之父，代滕胤爲太常	《三國志·吳書·妃嬪傳》，50/1200。
濮陽興	會稽太守	外黃侯	太常加衛將軍，平軍國事，後遷丞相		《三國志·吳書·濮陽興傳》，64/1451。
姚信				撰《昕天論》	《三國志·吳書·吳主五子傳》，59/1371。《晉書·天文志上》，11/280。
周處				兼領太常	《三國志·吳書·三嗣主傳》，48/1171。
張夔			入晉爲廬江太守		《三國志·吳書·三嗣主傳》，48/1176；《晉書·陶侃傳》，66/1768。
徐整				撰《三五曆記》、《通曆》、《雜曆》	《隋書·經籍志》，52/916，933，975；《隋書經籍志考證》〔註51〕3/5085；《舊唐書》46/1996；《史記》27/1291。

〔註51〕〔清〕姚振宗：《隋書經籍志考證》，收入《二十五史補編》第四冊。

孫吳太常不同於曹魏、劉蜀的地方，在於有五位拜太常的同時，或領尚書令（顧雍、陳化）；或平、領尚書事（顧譚、全尚）；或平軍國事（濮陽興）。《晉書·職官志》：

> 錄尚書，案漢武時，左右曹諸吏分平尚書奏事，知樞要者始領尚書事。……後漢章帝以太傅趙憙、太尉牟融並錄尚書事。尚書有錄名，蓋自憙、融始，亦西京領尚書之任，猶唐虞大麓之職也。……自魏晉以後，亦公卿權重者爲之〔註52〕。

《宋書·百官志》「尚書」條：

> 漢武帝世，使左右曹諸吏分平尚書奏事。昭帝即位，霍光領尚書事；成帝初，王鳳錄尚書事。漢東京每帝即位，輒置太傅，錄尚書事，薨輒省〔註53〕。

要而言之，領、平尚書事即是當朝輔政。頗疑滕胤受遺詔輔政，可能也加領尚書事的職銜。同時，滕胤、全尚、濮陽興都有衛將軍的官銜。《宋書·百官志上》：

> 衛將軍，一人。漢文帝元年，始用宋昌爲衛將軍。三號位亞三司。漢章帝建初三年，始使車騎將軍馬防班同三司。班同三司自此始也〔註54〕。

衛將軍地位幾與三司（司徒、司空、司馬）相齊，是武官中最高層的幾類將軍之一。這些官職都與太常同時拜受，應當是有原因的。自漢武帝以霍光爲大司馬、大將軍居內與丞相居外同時輔政，朝廷開始出現內、外朝。尚書系統自漢武帝以來，發展到三國時期，已經握有頗大權力。雖然在孫吳「由於丞相等外朝大臣握有頗大權力，致使尚書迅速發展受到限制」〔註55〕，但尚書作爲政本是改變不了的事實。顧雍任奉常時，即領尚書令，後以丞相身份「平尚書事」，是孫吳當之無愧的「首輔」。其他以太常兼領尚書事，同樣也是職關內外，因爲太常作爲列卿，必然要參加外廷朝議；兼領尚書事，則可參與內廷決策。而衛將軍則是從武力方面保證這些人的權力。太常作爲其中的一環，因其職掌宗廟，所以地位神聖，同時，它又是外朝官，所以承擔議政的職責。

〔註52〕《晉書》卷二四，第729－730頁。
〔註53〕《宋書》卷三九，第1234頁。
〔註54〕《宋書》卷三九，第1224頁。
〔註55〕《兩漢魏晉南北朝宰相制度研究》，第150頁。

孫吳太常職掌略同於曹魏，如張彌奉旨出拜公孫淵〔註56〕，姚信迎神主〔註57〕，周處祭祀名山〔註58〕，張夔以太常奉印綬向晉請降等〔註59〕。

（四）兩晉時期

兩晉時期太常系統基本沿襲後漢成規，並沒有太大的變化。《晉書·職官志》：

> 太常，有博士、協律校尉員，又統太學諸博士、祭酒及太史、太廟、太樂、鼓吹、陵等令，太史又別置靈臺丞〔註60〕。

關於晉代太常職掌及其人選問題，《職官志》並未明言，詳細的記載見《晉書·簡文帝紀》：

> 建元元年夏五月癸丑，康帝詔曰：「太常職奉天地，兼掌宗廟，其爲任也，可謂重矣。是以古今選建，未嘗不妙簡時望，兼之儒雅。會稽王叔履尚清虛，志道無倦，優遊上列，諷議朝肆。其領太常本官如故。」〔註61〕

由此可知，太常掌天地宗廟，需妙簡時望、兼有儒雅之士方能當選。位任號重而權寄實輕，故可以「優遊上列」。考其執掌，多同於三國。

1、守護宗廟

《晉書·成帝紀》：

> （咸和三年二月）司徒王導、右光祿大夫陸曄、荀崧等衛帝於太極殿，太常孔愉守宗廟。

同書《孔愉傳》：

> 及蘇峻反，愉朝服守宗廟〔註62〕。

太常職掌宗廟，孔愉身爲太常，在蘇峻之亂時，能正朝服、守宗廟，雖是其職能範圍，但臨危不亂，可謂盡忠。

2、制定並施行禮儀

《晉書·禮志上》：

〔註56〕《三國志》卷四七《吳主傳》，第1138頁。
〔註57〕《三國志》卷五九《吳主五子傳》，第1371頁。
〔註58〕《三國志》卷四八《三嗣主傳》，第1171頁。
〔註59〕《三國志》卷四八《三嗣主傳》，第1176頁。
〔註60〕《晉書》卷二四，第735－736頁。
〔註61〕《晉書》卷九，第219～220頁。
〔註62〕《晉書》卷七，第172頁；卷七八，第2052頁。

中原覆沒，虞之《決疑注》，是其遺事也。逮於江左，僕射習協、太常荀崧補緝舊文，光祿大夫蔡謨又踵修其事云〔註63〕。

同書《華表傳附華恒傳》：

尋拜太常，議立郊祀。尚書習協、國子祭酒杜彝議，須還洛乃修郊祀。恒議，漢獻帝居許，即便郊祭，宜於此修立。司徒荀組、驃騎將軍王導同恒議，遂定郊祀。尋以疾求解，詔曰：「太常職主宗廟，蒸嘗敬重，而華恒所疾，不堪親奉職事。夫子稱『吾不與祭，如不祭』，況宗伯之任職所司邪！今轉恒爲廷尉。」頃之，加特進〔註64〕。

制定並施行禮儀是太常的本職工作，上舉兩例，一爲太常荀崧補輯中朝摯虞的《決疑注》，這是對相關禮儀的討論與制定工作〔註65〕；一爲議立郊祀，郊祀爲大禮，故禮志所載特詳〔註66〕，而議禮之事特繁，華恒因身體不佳，所以不能親自參加郊祀討論〔註67〕。除此之外，考《晉書·禮志》，與太常有關的禮儀事件還有：皇帝祭祀，掌贊天子；宗廟神主的安排；服制問題；喪葬問題；議立謚號等〔註68〕。

3、奉旨出使及冊拜

《晉書·禮志下》：

武帝泰始十年，將聘拜三夫人、九嬪。有司奏：「禮，皇后聘以穀珪，無妾媵禮贊之制。」詔曰：「拜授可依魏氏故事。」於是臨軒，使使持節兼太常拜三夫人，兼御史中丞拜九嬪〔註69〕。

同書《王敦傳》：

（敦）既入石頭，擁兵不朝……帝脫戎衣，著朝服，顧而言曰：「欲得我處，但當早道，我自還琅邪，何至困百姓如此！」敦收周顗、戴若思害之。以敦爲丞相、江州牧，進爵武昌郡公，邑萬戶，使太

〔註63〕《晉書》卷一九，第582頁。
〔註64〕《晉書》卷四四，第1262－1263頁。
〔註65〕《晉書》卷二一，第660、665、666頁。
〔註66〕《晉書》卷一九，第584、585、586頁。
〔註67〕後華恒又領太常，見《晉書》卷四四《華表傳附華恒傳》，第1263頁。
〔註68〕《晉書》卷一九，第603～604頁；卷一九，第605頁；卷二一，第649～650，652頁；卷二○，第627～628、638、642頁；卷二○，第630頁；卷二○，第643頁；卷二一，第658頁。
〔註69〕《晉書》卷二一，第670頁。

常荀崧就拜，又加羽葆鼓吹，並僞讓不受〔註70〕。

同書《安帝紀》：

（隆安二年九月）於是遣太常殷茂喻仲堪及玄，玄等走於尋陽〔註71〕。

太常奉旨冊拜妃嬪，一則是禮儀範圍，二則是隆重其事，這和三國時期由太常出面冊拜諸侯王及三公意思相同，無需多論。可注意的是王敦叛亂，晉元帝已有退避琅邪的打算，朝廷遣太常拜敦爲丞相，似有深意。太常以宗廟之重，存與廢皆在王敦一念之間，觀其擅殺周伯仁可知。荀崧的出使無疑爲王敦導演，不過王敦的這次叛亂，「以反對劉隗、刁協爲名，得到士族的普遍支持」，但是「司馬氏皇權也不容任何一姓士族擅自廢棄」〔註72〕，所以選擇了「僞讓不受」，其實透露給荀崧的信息是自己並無取晉而代之的意思。後桓玄、殷仲堪聯合舉兵，回應王恭，以討司馬道子，當時朝廷並無絕對把握能勝出，只是在劉牢之的臨時倒向朝廷，才迫使桓、殷二人退兵，可見當時朝廷的虛弱，太常殷茂的出使，實際也希望殷仲堪與桓玄能像王敦一樣給予保證，不過五年後桓玄終究還是一度簒奪了晉祚。

4、學禮

《晉書·禮志上》：

摯虞以爲：「……太學之設，義重太常，故祭於太學，是崇聖而從重也。」〔註73〕

同書《禮志下》：

武帝泰始六年十二月，帝臨辟雍，行鄉飲酒之禮。詔曰：「禮儀之廢久矣，乃今復講肆舊典。」賜太常絹百匹，丞、博士及學生牛酒。

咸寧三年，惠帝元康九年，復行其禮〔註74〕。

曹魏齊王芳時期，頻繁派遣太常祭祀孔子，時入晉世，遂有太學的管理應當作爲太常重點工作的議論，晉武帝親自於辟雍行鄉飲酒禮，作爲主管部門的太常自然不能等閒視之。

太常既然掌管如此多的事務，雖然無權，卻實在不是一件輕鬆的差事。

〔註70〕《晉書》卷九八，第 2559－2560 頁。
〔註71〕《晉書》卷一○，第 251 頁。
〔註72〕田餘慶：《東晉門閥政治》，第 282 頁。
〔註73〕《晉書》卷一九，第 600 頁，據校勘記【一六】，《通典》於「太學之設」作「太學之祀」，這裏似作「祀」字爲妥。
〔註74〕《晉書》卷二一，第 670 頁。

《晉書・刑法志》：

> 至惠帝之世，政出群下，每有疑獄，各立私情，刑法不定，獄訟繁滋。尚書裴頠表陳之曰：「……去元康四年，大風之後，廟闕屋瓦有數枚傾落，免太常苟寓。」

同表又稱：

> 今年（元康九年）八月，陵上荊一枝圍七寸二分者被斫，司徒太常，奔走道路，雖知事小，而案劾難測，搔擾驅馳，各競免負，於今太常禁止未解〔註75〕。

太常因宗廟被大風刮落幾枚屋瓦，竟被免職；僅因帝陵樹木被砍，至被關押。固然是由於宗廟至重，卻也可看出為太常者之不易。

二、南北朝時期：望重而權輕

（一）南朝時期

南朝太常職掌同於前代，所以《宋書・百官志上》只需追述其淵源以及秦漢時的職掌即可，《南齊書・百官志》索性就省去了這些說明〔註76〕。有關南朝太常本身的一些描述，見於《唐六典》和《隋書》。

《唐六典・太常寺》「太常寺：卿一人，正三品」條注曰：

> 宋太常用尚書，亦轉為尚書，如遷選曹尚書、領、護等。齊因之。梁天監七年，象四時，置十二卿，太常、宗正、司農為春卿。太常位視金紫光祿大夫，班第十四。陳因梁〔註77〕。

《隋書・百官志上》：

> 諸卿，梁初猶依宋、齊，皆無卿名。天監七年，以太常為太常卿，加置宗正卿，以大司農為司農卿，三卿是為春卿。……而太常視金紫光祿大夫……中領、護軍，吏部尚書，太子詹事，金紫光祿大夫，

〔註75〕《晉書》卷三〇，第933～935頁。裴頠表中，前有「去八年」語，惠帝諸年號之中，只有元康年號使用超過八年，所以表中稱「今年」，當是指元康九年（299年）。按《資治通鑑》亦繫於元康九年，第2630頁。

〔註76〕《宋書》卷三八，第1228頁；《南齊書》卷一六，第315頁。

〔註77〕《唐六典》卷一四，第394頁。《通典》卷二五《職官七》略同，僅上引「宋太常用尚書，亦轉為尚書，如遷選曹尚書、領、護等」一句中的「如」字作「好」字，參見本卷校勘記【一五】，第714頁。按：此處用「如」字似較妥。

太常卿，爲十四班。

陳承梁，皆循其制官……其餘並遵梁制，爲十八班，而官有清濁。
自十二班以上並詔授，表啓不稱姓。……其所制品秩，今列之
云。……太常、宗正、太府、衛尉、司農、少府、廷尉、光祿、大
匠、太僕、鴻臚、太舟等卿……品並第三。〔註78〕。

上引《唐六典》記載南朝宋太常的遷轉途徑，謂其「用尚書，亦轉爲尚書」，
我們可以找到這樣的例證。

《宋書‧褚叔度傳附褚秀之傳》：

恭帝即位，爲祠部尚書、本州大中正。高祖受命，徙爲太常。元嘉
元年卒官，時年四十七〔註79〕。

同書《鄭鮮之傳》：

高祖踐阼，遷太常，都官尚書〔註80〕。

同書《王玄謨傳》：

後爲金紫光祿大夫，領太常。及建明堂，以本官領起部尚書，又領
北選〔註81〕。

可見太常與尚書之間可以互相遷轉，其實，不僅宋如此，齊、梁、陳也存在
這種情況。《南齊書‧高帝十二王‧武陵昭王》：

轉散騎常侍，太常卿。又爲中書令，遷祠部尚書，常侍並如故〔註82〕。

《梁書‧張充傳》：

高祖霸府開，以充爲大司馬諮議參軍，遷梁王國郎中令、祠部尚書、
領屯騎校尉，轉冠軍將軍、司徒左長史。天監初，除太常卿。尋遷
吏部尚書，居選稱爲平允〔註83〕。

《陳書‧袁敬傳》：

尋遷左民尚書，轉都官尚書，領豫州大中正。累遷太常卿、散騎常
侍、金紫光祿大夫，加特進〔註84〕。

〔註78〕《隋書》卷二六，第 724、730、741、742 頁。
〔註79〕《宋書》卷五二，第 1502～1503 頁。
〔註80〕《宋書》卷六四，第 1698 頁。
〔註81〕《宋書》卷七六，第 1975 頁。
〔註82〕《南齊書》卷三五，第 625 頁。
〔註83〕《梁書》卷二一，第 330 頁。
〔註84〕《陳書》卷一七，第 239 頁。

尙書臺在西晉時已經是宰相機構〔註85〕，雖然尙書不一定是宰相，但太常遷為尙書，特別是遷為吏部尙書，確是一種陞遷。由以上史料所見，除了吏部尙書，還有起部尙書、都官尙書、祠部尙書等〔註86〕。

太常雖然自尙書參掌機務以來，職務趨於清，權力近乎閒，但清而不失其要重。《初學記》引《梁陸倕為王光祿轉太常讓表》：

> 昔者楚德方盛，叔敖濯衣。漢道克昌，王陽結綬。故拜命無辭，受
> 爵不讓。況宗卿清重，歷選所難。漢晉已降，莫非素範。辭爵則桓
> 郁、張奮；讓封則丁鴻、劉愷。潘尼之文雅純深，華表之從容退嘿。
> 自此迄茲，風流繼軌。以臣況之，曾無等級〔註87〕。

不僅任官者「莫非素範」，而且還常常被用來當做死後的贈官〔註88〕，可見位望隆重。雖然如此，但是事務頗多。《南齊書·張瓌傳》：

> （永明）十年，轉太常。自陳衰疾，願從閒養，明年，轉散騎常侍、
> 光祿大夫〔註89〕。

《南史·張永附張瓌傳》：

> 後拜太常，自謂閒職，輒歸家。武帝曰：「卿輩未富貴，謂人不與；
> 既富貴，那復欲委去。」瓌曰：「陛下御臣等若養馬，無事就閒廄，
> 有事復牽來。」帝猶怒，遂以為散騎常侍、光祿大夫〔註90〕。

從同一個人不無矛盾的記載可以看出在張瓌心目中，太常誠然是閒職，卻仍不能「閒養」。這大概因為太常沒有權力，所以是閒職；又因為太常事務煩雜，所以不能「閒養」。而齊武帝對張瓌的不滿，是因為他不滿足擔任太常的高官厚祿，也並沒有否認太常為沒有多大權力的「閒職」。

有關南朝太常的議禮職能，考《宋書·禮志》、《南齊書·禮志》和《隋書·禮儀志》，包括：參定禮儀〔註91〕；議定服制〔註92〕；祭祀時掌贊天子

〔註85〕 《兩漢魏晉南北朝宰相制度研究》，第 167－168 頁。
〔註86〕 參見本節「祠部尙書與太常系統的關係」目。
〔註87〕 〔唐〕徐堅等：《初學記》卷一二，第 302 頁。
〔註88〕 此例頗多，如宋都陽哀王劉休業、齊的褚炫、梁的任昉、陳的蔡景歷，餘不備舉。
〔註89〕 《南齊書》卷二四，第 454 頁。
〔註90〕 《南史》卷三一，第 814 頁。
〔註91〕 《宋書》卷一六，第 465－466 頁；《南齊書》卷一〇，第 163 頁；《隋書》卷一三，第 290、360 頁。
〔註92〕 《宋書》卷一六，第 463 頁。

〔註93〕；奉旨出使及冊拜〔註94〕。同於兩晉時期。

（二）北朝時期

陳寅恪先生在《隋唐制度淵源略論稿‧職官》中特別指出在探討隋唐職官淵源時應當注意的二事：

> 但有二事，實爲隋唐制度淵源系統之所繫，甚爲重要，而往往爲論史者所忽視或誤解，則不得不詳爲考辨，蓋所以證實本書之主旨也。其第一事即宇文泰所以令蘇綽、盧辯等摹仿周官之故及其制度實非普遍於全體，而僅限於中央文官制度一部分。第二事即唐代職官乃承附北魏太和、高齊、楊隋之系統，而宇文氏之官制除極少數外，原非所因襲〔註95〕。

陳先生指出的這二事也是在討論太常這一職官時必須注意的，即北魏太和、高齊之制一脈相承，成一系統；宇文周雖然模仿周官，但只限於中央文官之一部，而太常恰好就在這一部分被模仿的文官之列，但也只是更改名稱，其職掌當延續漢魏之舊。《魏書‧官氏志》：

> 自太祖至高祖初，其內外百官屢有減置，或事出當時，不爲常目……太和中高祖詔群僚議定百官，著於令……太常……右從第一品下……少卿……右第三品上……二十三年，高祖復次職令，及帝崩，世宗初班行之，以爲永制……太常……右第三品……太常（少卿）……右第四品〔註96〕。

《隋書‧百官志中》：

> 後齊制官，多循後魏……太常、光祿、衛尉、宗正、太僕、大理、鴻臚、司農、太府，是爲九寺。置卿、少卿、丞各一人。各有功曹、五官、主簿、錄事等員。
>
> 太常，掌陵廟群祀、禮樂儀制，天文術數衣冠之屬〔註97〕。

《唐六典‧太常寺》「太常寺：卿一人，正三品；少卿二人，正四品上」條注曰：

〔註93〕《宋書》卷一六，第427頁；《隋書》卷七，第127頁。
〔註94〕《隋書》卷九，第178頁。
〔註95〕陳寅恪：《隋唐制度淵源略論稿》，第91頁。
〔註96〕《魏書》卷一○三，第2976－2978、2980、2993、2995、2996頁。
〔註97〕《隋書》卷二七，第751、755頁。

後魏太常……後周爲大宗伯〔註98〕……《周禮》有小宗伯中大夫二人。
秦、漢無聞。後魏太和十五年，初置少卿官，太常少卿一人，第三品
上；至二十二年，降爲正四品上。北齊因之。後周爲小宗伯〔註99〕。

綜合上引史料，北朝太常職掌邦國禮儀祭祀，但凡術數、方技、儀制之屬，
無不綜攬，此與漢魏太常職掌並無不同。

太常品秩頗高，望重而權寄甚輕，充任此職爲一時之美選。《魏故使持節
儀同三司都督相州諸軍事車騎大將軍相州刺史元公墓誌銘》：

轉除太常卿，常侍如故。蒞之撫誨，禮樂翔穆，瑤響遐著，聲聞海
嶽〔註100〕。

《齊故特進驃騎大將軍開府儀同三司廣州刺史濟陰郡開國公贈朔肆恒三州諸
軍事朔州刺史尚書右僕射泉城王劉王墓誌》：

除太常卿。在戎與祀，兼而有焉〔註101〕。

《魏故使持節大將軍太尉公中山王之墓誌銘》：

以秩宗儒棘，問禮所憑，徙太常少卿〔註102〕。

可見太常官任之清，但並非實權掌握者，《北齊書・赫連子悅傳》：

後以本官兼吏部。子悅在官，唯以清勤自守，既無學術，又闕風儀，
人倫清鑒，去之彌遠，一旦居銓衡之首，大招物議。由是除太常卿，
卒〔註103〕。

這位赫連子悅我們可以找到他的墓誌，《齊故侍中車騎大將軍開府儀同三司左
僕射吏部尚書太常卿食貝丘縣幹赫連公墓誌》稱：

遂詔公兼吏部尚書。公激濁揚清，搜奇簡異，草萊必進，管庫無遺。
武平二年除太常卿〔註104〕。

〔註98〕《通典》卷二五《職官七・太常卿》「後周建六官，置大宗伯卿一人」條注曰：
「掌邦禮，以佐皇帝和邦國。」第693頁；另可參見王仲犖：《北周六典》卷
四《春官府第九》「大宗伯卿」條，第155頁。

〔註99〕《唐六典》卷六，第394頁。

〔註100〕趙超：《漢魏南北朝墓誌彙編》，第235頁。

〔註101〕《漢魏南北朝墓誌彙編》，第446頁。

〔註102〕《漢魏南北朝墓誌彙編》，第169頁。

〔註103〕《北齊書》卷四〇，第530頁。按：校勘記【一】謂：「文字也與《北史》不
同……或《北齊書》此卷已亡，後人以《高氏小史》補。」（第533頁）因此
不用《北史》之文。

〔註104〕《漢魏南北朝墓誌彙編》，第462頁。

據本傳則此公既無學術，又無風儀，特別是無「人倫清鑒」，才被罷免吏部尚書；據墓誌則似乎他兼吏部尚書之時，頗能注意人才，選拔任用。事實如何，並不重要，重要的是，吏部尚書爲諸尚書中第一要職，位高權重，爲了罷去其權，而又不失體面，轉爲望重的太常卿，不失爲一種妥善的處置方式。但是太常無權，並不代表太常無事，檢視一下《魏書・禮志》即可見太常議禮之煩瑣。僅舉一例，《魏書・劉芳傳》：

> 轉太常卿。芳以所置五郊及日月之位，去城里數於禮有違，又靈星、周公之祀，不應隸太常，乃上疏曰：「……竊惟太常所司郊廟神祇，自有常限，無宜臨時斟酌以意，若遂爾妄營，則不免淫祀。二祠在太常，在洛陽，於國一也，然貴在審本。」……詔曰：「所上乃有明據，但先朝置立已久，且可從舊。」〔註105〕

劉芳爲一代儒宗，其所以見知於魏孝文者，固然由於「魏孝文及其嗣主者，乃以北朝正欲摹仿南朝之典章文物」、「適逢其會，故能拔起俘囚，致身通顯」〔註106〕。然觀其論議，實深明禮制之人，其議「太常所司郊廟神祇，自有常限」即是表明漢魏太常所司郊廟神祇之祭，按舊制各有處所，各有所隸，不應隨便更改靈星、周公之祭「恒隸郡縣」的舊規。且北魏以異民族入主中原，其本身所有之祭祀系統與中原不同，本族應還有其他祭祀〔註107〕。故高祖孝文帝以「先朝置立已久，且可從舊」爲由，將劉芳建議擱置。而漢魏舊制禮事至煩〔註108〕，再加上拓跋魏原有之祀典，其繁忙程度極可能超過漢代。

除議禮之外，北朝太常其他職能也仍然延續漢魏之舊，《魏書・李順傳》：

> 沮渠蒙遜以河西內附，世祖欲精簡行人，崔浩曰：「……宜令清德重臣奉詔褒慰，尚書李順即其人也。」世祖曰：「順納言大臣，固不宜先爲此使。若蒙遜身執玉帛而朝於朕，復何以加之？」浩曰：「邢貞使吳，亦魏之太常。苟事是宜，無嫌於重。爾日之行，豈吳王入覲也。」世祖從之，以順爲太常，策拜蒙遜爲太傅、涼王。使還，拜使持節、都督秦雍梁益四州諸軍事、寧西將軍、開府、長安鎮都大

〔註105〕《魏書》卷五五，第1222－1225頁。
〔註106〕《隋唐制度淵源略論稿》，第12頁。
〔註107〕參見康樂：《從西郊到南郊——拓跋魏的「國家祭典」與孝文帝的「禮制改革」》，收入王健文主編：《臺灣學者中國史研究論叢・政治與權力》。
〔註108〕參見孫毓棠：《漢代的太常》，收入《孫毓棠學術論文集》，第257頁。其中論漢代太常一年殆無休日，可見其事務煩瑣。

將，進爵高平公。……延和初，復使涼州。……至庭中，而蒙遜箕坐隱几，無動起之狀。……將握節而出。蒙遜使定歸追順於庭曰：「太常既雅恕衰疾，傳云朝廷有不拜之詔，是以敢自安耳。若太常曰：『爾拜爾愆，而不祗命。』斯乃小臣之罪矣。」順益怒曰……蒙遜曰：「太常規之以古烈，懼之以天威，敢不翹悚，敬聽休命。」〔註109〕

此段記載太常出使之職甚詳，太常本有奉旨出使及冊拜的職掌，以李順為太常，雖是臨時特加之職，但在曹魏時王肅行太常以迎高貴鄉公即是先例。因太常本身品秩很高，能由其親自冊拜的人一般地位更高，非諸侯王即三公〔註110〕。不僅在京議禮，有時還要奉使絕域，實在不是什麼清閒之官，故《隋書・崔仲方傳》：

> 進位大將軍，拜民部尚書，尋轉禮部尚書。後三載，坐事免。尋為國子祭酒，轉太常卿。朝廷以其衰老，出拜上郡太守〔註111〕。

此雖是隋代之例，亦可見衰老之人不適宜擔任太常，因其事務繁忙。

三、屬官的演變

東漢太常屬官包括：太常丞、太史令、博士祭酒、太祝令、太宰令、大予樂令、高廟令、世祖廟令、先帝陵園令以及食官令〔註112〕。總的來說，魏晉南北朝時期的太常屬官因是負責具體事務的職官，這些具體的事務是皇室以及國家常規的行政工作，所以大抵延漢之舊，變化不大。茲分述如下。

〔註109〕 《魏書》卷三六，第830－831頁。
〔註110〕 《魏書》卷四七《盧玄附盧度世傳》：「興安中，兼太常卿，立保太后父遼西獻王廟，加鎮遠將軍，進爵為侯。」（第1046頁）。又《魏故充華盧氏墓誌銘》：「曾祖度世，字子遷，散騎常侍太常卿使持節鎮遠將軍濟州刺史固安惠侯。」（見《漢魏南北朝墓誌彙編》，第128頁）；另外，《魏書》卷五六《鄭羲傳》：「文明太后為父燕宣王立廟於長安，初成，以羲兼太常卿，假滎陽侯，具官屬，詣長安拜廟，刊石建碑於廟門。還，以使功，仍賜侯爵，加給事中。」（第1239頁）。又《兗州刺史滎陽文公鄭羲下碑》：「先（空兩格）時假公太常卿滎陽侯詣長安拜燕宣王廟，還解太常。」（見《八瓊室金石補正》卷一四《北魏三》，收入國家圖書館善本金石組編：《先秦秦漢魏晉南北朝石刻文獻全編》，第124頁）。此兩例可見太常奉旨出拜的對象不一定要是活著的人，為太后之父立廟，自然是要太常親行，而且這種冊拜都具有臨時性質，事罷則解，除了鄭重其事以外，亦可見太常出拜的對象地位都很高。
〔註111〕 《隋書》卷六○，第1450頁。
〔註112〕 《續漢書志》二五《百官二》，第3571－3574頁。

（一）三國兩晉南朝

1、太常丞、主簿、錄事

《唐六典・太常寺》「丞二人」條：

> （唐制）丞二人，從五品上；（秦有奉常丞，漢因之，比千石。魏、
> 晉、宋置一人。《宋百官春秋》：「太常丞視尚書郎，銅印、黃綬，
> 一梁冠，品第七，掌舉陵廟非法。」齊因之。梁班第五。《梁選簿》：
> 「太常丞舊用員外郎，遷尚書郎。天監七年，改視尚書郎。」陳
> 因之。後魏太常丞五品下，太和二十二年，降爲七品上〔註113〕。
> 北齊從六品下。）……（唐制）主簿二人，從七品上；（《漢官儀
> 鹵簿篇》：「太常駕四馬，主簿前車八乘，有鈴下、侍閤、辟車、
> 騎吏、伍伯等員。」梁天監七年，十二卿各置主簿一人，遷爲五
> 官、功曹；又位不登十八班者別爲七班，太常主簿班第四。《梁選
> 簿》：「太常主簿視二衛主簿。」陳因之。後魏不見。北齊太常寺
> 有功曹、五官、主簿等。）……（唐制）錄事二人，從九品上。（《晉
> 令》：「太常置主簿、錄事。」北齊亦置之。）……（唐制）丞掌
> 判寺事。凡大享太廟，則修七祀於太廟西門之內；若祫享，則兼
> 修配享功臣之禮。主簿掌印，勾檢稽失，省署抄目。錄事掌受事
> 發辰〔註114〕。

這條史料很好地說明了**魏晉南北朝**時期太常丞、錄事、主簿的沿革與執掌。
先來看丞官。太常丞當即是副太常〔註115〕，所以可以總署曹事。南朝太常丞
職掌「舉陵廟非法」，遷尚書郎，而且多遷與禮儀有關的儀曹、祠部郎。《宋
書・恩倖・徐爰傳》：

> 時世祖將即大位，軍府造次，不曉朝章，爰素諳其事，既至，莫不
> 喜說，以兼太常丞，撰立儀注。孝建初，補尚書水部郎，轉爲殿中
> 郎，兼右丞〔註116〕。

《南齊書・良政・虞愿傳》：

> 明帝立，以愿儒吏學涉，兼蕃國舊恩，意遇甚厚。除太常丞，尚書

〔註113〕據《唐六典》本卷校勘記【三〇】，引《魏書・官氏志》，依太和後制，當作
　　　　從六品下，第418頁。
〔註114〕《唐六典》卷一四，第395頁。括弧內爲原注。
〔註115〕孫毓棠：《漢代的太常》，收入《孫毓棠學術論文集》，第260頁。
〔註116〕《宋書》卷九四，第2307頁。

祠部郎，通直散騎侍郎，領五郡中正，祠部郎如故〔註117〕。

《陳書・蔡徵傳》：

> 隋文帝聞其敏贍，召見顧問，言輒會旨，然累年不調，久之，除太
> 常丞。歷尚書民部儀曹郎，轉給事郎〔註118〕。

《陳書・儒林・沈德威傳》：

> 遷太常丞，兼五禮學士，尋爲尚書儀曹郎，後爲祠部郎〔註119〕。

太常多遷祠部尙書〔註120〕，太常丞則多遷儀曹、祠部郎。而在此時期，太常丞參與討論禮儀之事甚多〔註121〕。這似乎說明了在主掌禮儀的職官上的專業性趨向，即職掌禮儀職官之間的互相遷轉。而且也是由諸卿系統升任尙書系統，但我們仍然不能斷定他們有一一對應的關係，因爲上舉徐爰的例子說明太常丞還可以補尙書水部郎，這是一項技術性的職官〔註122〕，而非禮儀性的。

太常主簿據《唐六典》所引《漢官儀鹵簿篇》，是掌管出行事宜的。《晉書・輿服志》所引《中朝大駕鹵簿》：

> 次太常，駕駟，中道，戟吏六人。太常外部掾居左，五官掾、功曹
> 史居右，並駕一。次光祿引從，中道。太常主簿、主記居左，衛尉
> 引從居右，並駕一〔註123〕。

可見，自漢以來，歷三國至魏晉，太常主簿掌管出行時陪同左右的基本職務並未變化，然而據《唐六典》，依唐制，太常主簿「掌印，勾檢稽失」，與漢制不同，可能在南北朝時期發生了一些變化，但是現在還不清楚。

太常錄事據唐制，是掌受事發辰的。但太常主簿的職掌在南北朝時期發生了變化，故此一時期太常錄事的職掌不能用唐制比附，具體就不是很清楚了。

2、協律都尉

協律都尉爲精通音律之人方可擔任，因其職任以音樂爲主，所以自漢至

〔註117〕《南齊書》卷五三，第915頁。
〔註118〕《陳書》卷二九，第393頁。
〔註119〕《陳書》卷三三，第442頁。
〔註120〕詳見本節「祠部尚書的設立與太常系統的關係」目。
〔註121〕如關於婚禮儀式的討論，見《宋書》卷一四，第341頁。議立郊祀，見《宋書》卷一四，第346頁；《南齊書》卷九，第123頁；《隋書》卷六，第110頁。喪服儀制，見《宋書》卷一五，第396頁；《南齊書》卷一〇，第163頁。
〔註122〕《唐六典》卷七《尚書工部・水部郎中》，第225頁。
〔註123〕《晉書》卷二五，第757頁。

唐並無變化〔註124〕。僅就相關史料，略述如下。《晉書・職官志》：

> 協律校尉，漢協律都尉之職也，魏杜夔爲之。及晉，改爲協律校尉〔註125〕。

《唐六典・太常寺》「協律郎」條：

> 協律郎掌和六律、六呂，以辨四時之氣，八風五音之節〔註126〕。

古代樂律有十二，陰陽各六，陽爲律，陰爲呂〔註127〕。協律都尉之「和六律、六呂」，其實就是要調和陰陽，以順應「氣、節」，即順應天道。禮樂爲代表王朝正統的重要一環，《中庸》：

> 非天子，不議禮，不制度，不考文。今天下車同軌，書同文，行同倫。雖有其位，苟無其德，不敢作禮樂焉；雖有其德，苟無其位，亦不敢作禮樂焉〔註128〕。

換言之，能制禮作樂者，就是德位兼備，就是正統。洪《表》考曹魏協律都尉有杜夔，《三國志・杜夔傳》：

> 以知音爲雅樂郎……太祖以夔爲軍謀祭酒，參太樂事，因令創制雅樂。夔善鍾律，聰思過人，絲竹八音，靡所不能，惟歌舞非所長。時散郎鄧靜、尹齊善詠雅樂，歌師尹胡能歌宗廟郊祀之曲，舞師馮肅、服養曉知先代諸舞，夔總統研精，遠考諸經，近采故事，教習講肄，備作樂器，紹復先代古樂，皆自夔始也。黃初中，爲太樂令、協律都尉〔註129〕。

由此傳我們可以知道，協律都尉是一種技術性的官職，它需要專門的人才，杜夔是這方面的專家，一般的儒生恐怕難以勝任。

3、太史令

《續漢書志・百官二》：「太史令一人，六百石，本注曰……凡國祭祀、喪、娶之事，掌奏良日及時節禁忌」條，惠棟《後漢書補注》曰：

> 葛洪云，王者立太史之官，分（封）拜置立，有事宗廟，郊祀天地，皆則（擇）良辰。鄭玄云，太史主報式，以知天時處吉凶〔註130〕。

〔註124〕《唐六典》卷一四《太常寺》「協律郎二人」條，第398頁。
〔註125〕《晉書》卷二四，第736頁。
〔註126〕《唐六典》卷一四，第398頁。
〔註127〕《漢書》卷二一上《律曆志上》：「律十有二，陽六爲律，陰六爲呂。」第958頁。
〔註128〕〔宋〕朱熹：《四書章句集注・中庸集注》，第36頁。
〔註129〕《三國志》卷二九，第806頁。
〔註130〕〔清〕惠棟：《後漢書補注》卷二四，第530頁下，收入徐蜀選編：《二十四

洪氏考曹魏太史令三人。《宋書・符瑞志上》：

> （延康元年）故太史令王昱以爲漢家衰亡之極〔註131〕。

《三國志・諸葛亮傳》注引《亮集》：

> 是歲（建興元年），魏司徒華歆、司空王朗、尚書令陳群、太史令許
> 芝、謁者僕射諸葛璋各有書與亮，陳天命人事，欲使舉國稱藩〔註132〕。

《三國志・高堂隆傳》注引《魏略》：

> 太史上漢曆不及天時，因更推步弦望朔晦，爲太和曆。帝以隆學問優
> 深，於天文又精，乃詔使隆與尚書郎楊偉、太史待詔駱祿參共推校。

又曰：

> 遷侍中，猶領太史令〔註133〕。

太史令也是需要專門人才才能但任。觀上引三段史料，都是關於星相、曆法。太史令許芝有資格和司徒、司空、尚書令一齊寫信給諸葛亮，並不是因爲其地位高，而是因爲太史令職掌「天命」，他的言語代表「天道」，欲令敵國畏天而舉國稱藩。

另外，太史令還職掌時事及相應的圖書、上計簿，《北堂書鈔》卷五五《太史令三十二》「記時事」條：

> 環濟《要略》曰：「太史令，取善記述者，使記時事，天下圖書計最
> 典籍皆副焉，秩六百石」〔註134〕

時事（天時人事）記錄，從來就是太史令的本職，漢魏承襲不變。孫吳的韋昭即是在太史令任上撰寫《吳書》的〔註135〕。

又《宋書・百官志上》：

> 太史令，一人。丞一人。掌三辰時日祥瑞妖災，歲終則奏新曆。太
> 史，三代舊官，周世掌建邦之六典，正歲年，以序事頒朔於邦國。
> 又有馮相氏，掌天文次序；保章氏，掌天文。今之太史，則并周之

史訂補》第4冊。王明：《抱朴子內篇校釋》卷一七《登涉》：「王者立太史之官，封拜置立，有事宗廟，郊祀天地，皆擇良辰。」（第301頁），文字與惠棟所引不同，依《校釋》更正。

〔註131〕《宋書》卷二七，第778頁。
〔註132〕《三國志》卷三五，第918頁。
〔註133〕《三國志》卷二五，第709頁。
〔註134〕〔唐〕虞世南編撰：《北堂書鈔》，收入董治安主編：《唐代四大類書》，第210頁上。又見惠棟：《後漢書補注》，第530頁下。
〔註135〕《三國志》卷六五，第1461頁。

太史、馮相、保章三職也〔註136〕。

《南齊書・百官志》、《隋書・百官志上》敘述梁、陳之制都沒有特別說明，可能因爲基本上沒有變化〔註137〕。《宋書・律曆志中》：

> 宋太祖頗好曆數，太子率更令何承天私撰新法。元嘉二十年，上表曰：「……伏願以臣所上《元嘉法》下史官考其疏密。若謬有可採，庶或補正闕謬，以備萬分。」詔曰：「何承天所陳，殊有理據。可付外詳之。」太史令錢樂之、兼丞嚴粲奏曰……員外散騎郎皮延宗又難承天……承天乃改新法依舊術，不復每月定大小餘，如延宗所難，太史所上〔註138〕。

考《宋書・百官志下》：

> （太子）率更令，一人。主宮殿門户及賞罰事，職如光祿勳、衛尉〔註139〕。

則太子率更令沒有權力修改曆法，所以何承天只能私撰，上表之後還要請求「下史官考其疏密」，史官即太史令，因爲太史令「掌建邦之六典，正歲年，以序事頒朔於邦國」。果然太史令和太史丞依理駁正，何承天也必須修改新法，如「太史所上」。立曆是非常專業的學問，看《律曆志》就能明白，此絕非一般學人所能爲。只有像太史令這樣的專業人才才能修訂和頒行律曆，何承天得到宋太祖的支持，得以推行他的新曆，可以說是個例外〔註140〕。

4、其他屬官〔註141〕

（1）三國時期

〔註136〕　《宋書》卷三九，第 1229 頁。

〔註137〕　《隋書》卷二六《百官志上》記梁代太史令別有靈臺丞，第 724 頁。

〔註138〕　《宋書》卷一二，第 260－264 頁。

〔註139〕　《宋書》卷四〇，第 1253 頁。

〔註140〕　《宋書》卷一三《律曆志下》：大明六年，南徐州刺史祖沖之上表駁正何承天所上《元嘉曆》。史載「世祖下之有司，使內外博議，時人少解曆數，竟無異同之辯。唯太子旅賁中郎將戴法興議，以爲……時法興爲世祖所寵，天下畏其權，既立異議，論者皆附之。唯中書舍人巢尚之是沖之之術，執據宜用。上愛奇慕古，欲用沖之新法，時大明八年也。故須明年改元，因此改曆。未及施用，而宮車晏駕也。」（第 304、317 頁）。按：祖沖之和何承天一樣，都是著名的數學家。至宋孝武帝大明年間，使內外博議祖沖之所駁正何承天的曆法，「時人少解曆數，竟無異同之辯」。可見曆學的專門。

〔註141〕　因太常丞、錄事、主簿、太史令、協律都尉史料較多，故分別論述，其餘屬官史料較少，故一併討論。

A、太廟令

曹魏太廟是以曹操爲太祖，明帝時期的太常韓暨即持節迎神主於鄴。蜀漢以正統自居，故其所立爲高廟，祭祀漢高祖劉邦〔註142〕，吳亦有太廟。

B、太祝令

三國太祝令無考，當同於漢代，《後漢書集解》「太祝令一人，六百石。」條，集解引惠棟曰：

> 《論衡》曰：太史、太祝，職在文書，無典民之用〔註143〕。

《續漢書志‧百官二》：

> 太祝令一人……本注曰：凡國祭祀，掌讀祝，及迎送神〔註144〕。

太祝職在神鬼巫祝，故無典民之用，然歷代皇帝多信神鬼之事，其職故不可廢。有太祝令丞，當是太祝令之副。

蜀、吳無考。

C、太樂令

魏太樂令，即東漢大予樂令，《續漢書志‧百官二》：

> 本注曰：掌伎樂。凡國祭祀，掌請奏樂，及大饗用樂，掌其陳序〔註145〕。

曹魏可考者僅杜夔一人，《三國志‧杜夔傳》：

> 黃初中，爲太樂令、協律都尉〔註146〕。

太樂令與協律都尉都職在音樂，大概協律都尉職在音樂制作，而太樂令則偏重國樂的施行。

有丞一人，曹魏可考三位太樂丞：邵登、張泰、桑馥，都是杜夔弟子〔註147〕。可證前文論述協律都尉乃專門人才，重在師徒傳授，非一般儒生所能充當的官職。

蜀、吳無考。

〔註142〕《三國職官表》注引《華陽國志》，第1328頁。

〔註143〕《後漢書集解》，第1313頁下。參見黃暉：《論衡校釋》卷一三《別通篇》：「或曰：『通人之官，蘭臺令史，比夫太史、太祝，職在文書，無典民之用，不可施設。』」，第603～604頁。

〔註144〕《續漢書志》二五，第3572頁。

〔註145〕《續漢書志》二五，第3573頁。

〔註146〕《三國志》卷二九，第806頁。

〔註147〕《三國志》卷二九，第806頁。

D、諸陵園邑令

諸書不載，洪氏據《後漢書‧獻帝紀》載青龍二年葬於禪陵，置園邑令丞，推測魏諸陵當如是，甚確。又考蜀昭烈帝葬惠陵，後主敬哀皇后葬南陵，皆應如漢制置令丞。據孫皓改葬其父孫和於明陵，知孫吳也如此。有丞一人。

（2）南朝時期

南朝因之，且有新創，現依據《宋書》卷三九《百官志上》、《南齊書》卷一六《百官志》、《隋書》卷二六《百官志上》製【南朝太常屬官表】：

南朝太常屬官表

宋	齊	梁	陳
太廟令、丞	太廟令、丞	二廟令、丞	
明堂令、丞	明堂令、丞	明堂令、丞	
太祝令、丞	太祝令、丞	太祝令、丞	
太樂令、丞	太樂令、丞	太樂令、丞（協律校尉、總章校尉監、掌故、樂正）清商署丞〔註148〕	陳承梁，皆循其制官
		又有鼓吹令、丞〔註149〕	
諸陵令	諸陵令	諸陵令（監）〔註150〕	
乘黃令		乘黃令、丞	
		典客館令、丞	
		北館令、丞	
	廩犧令、丞	廩犧令、丞	

其中太廟、明堂、太祝、太樂、諸陵舊屬太常，新增乘黃、廩犧、典客館、北館。

A、乘黃令

《宋書‧百官志上》：「掌乘輿車及安車諸馬」〔註151〕。考同書同卷：「太僕，掌輿馬。周穆王所置，秦因之。周官則校人掌馬，巾車掌車，及置太僕，兼其任也。晉江左或置或省，宋以來不置。郊祀則權置太僕執轡，事畢即省」

〔註148〕《唐六典》卷一四，第398、402頁。
〔註149〕《唐六典》卷一四，第406頁。
〔註150〕後改令爲監，見《隋書》卷二六，第724頁。
〔註151〕《宋書》卷三九，第1229頁。

〔註152〕。可知，由於自宋以來不置太僕，置乘黃令以統車馬。

B、廩犧令

《漢書・百官公卿表上》「左內史更名左馮翊，屬官有廩犧令丞尉」條注引顏師古曰：

> 廩主藏穀，犧主養牲，皆所以供祭祀也〔註153〕。

《續漢書志・百官》「右屬大司農」條本注：

> 又有廩犧令，六百石，掌祭祀犧牲鴈鶩之屬〔註154〕。

《唐六典・太常寺》「廩犧署：令一人，從八品下」條原注：

> 《齊職儀》：「令，品第七，秩四百石，銅印、墨綬，進賢一梁冠，絳朝服。今用三品勳位。」梁太常卿統廩犧令、丞，為三品勳位。陳因之〔註155〕。

可知廩犧令本來掌管藏穀養牲以供祭祀之用，而太常主管禮儀祭祀，故劃歸其管轄。

C、典客館、北館

《唐六典・鴻臚寺》「典客署：令一人、丞一人，從七品下」條：

> 宋永初中，分置南、北客館令、丞。齊有客館令。梁有典客館令、丞，在七班之下，為三品勳位。陳因之。

同書記唐制曰：

> 典客令掌……東夷、西戎、南蠻、北狄歸化在蕃者之名數；丞為之貳。凡朝貢、宴享、送迎預焉，皆辨其等位而供其職事。凡酋渠首領朝見者，則館而以禮供之〔註156〕。

其時南、北雙方均設有典客館以待四方之客。

（二）北朝

北魏以異民族入主中原，前期制度胡漢雜糅，無法詳考，不過自孝文遷都以後，追求漢魏舊制，從太常屬官也可以看出這一傾向。北齊延北魏之制，北周雖極力模仿周禮，然「陽附周禮經典制度之文，陰適關隴胡漢現狀之實

〔註152〕《宋書》卷三九，第1233頁。有關乘黃令的職掌變遷，參見「太僕」節。
〔註153〕《漢書》卷一九上，第736頁。
〔註154〕《續漢書志》二六，第3590頁。
〔註155〕《唐六典》卷一四，第414頁。
〔註156〕《唐六典》卷一八，第506頁。

而已」〔註157〕。因其特殊，故總列於此，製【北朝太常屬官表】。

下列北朝太常屬官，其執掌多同前代。北魏太和前、後令只以官品排列職官，未見統屬關係，故不能詳斷某官屬太常，只依前、後朝之制度略作推論，當有遺漏或錯屬。北齊太常屬官，見《隋書》卷二七《百官志中》。北周中央職官之一部因仿《周禮》設置（太常就在其中），並尚書與卿監職任爲一，故很難劃分清楚，姑此闕疑，以待教於方家。

北朝太常屬官表

北　魏〔註158〕	北　齊〔註159〕	北　周
功曹、五官、主簿、錄事等員。		北周大宗伯卿實兼綜祠部尚書與太常卿之職掌。據王仲犖先生考證，如司宗中大夫，司宗原即禮部；典祠中大夫即祠部郎；內史上大夫更是中書令之職（分別參見王仲犖：《北周六典》第164、169、174頁，僅舉數例，可知此機構之龐雜。）按：北周春官府雖置大宗伯卿一人，而且仿《周官》建制，然大宗伯是否能總掌春官府實屬問題，上舉內史上大夫即隋唐中書令之職，是否歸屬大宗伯卿管轄無法遽斷，存疑。
太常少卿	太常少卿	
太常丞	太常丞	
太常博士	（太常）博士	
國子祭酒，應當統屬以下三官： 國子助教 國子博士 太學博士	北齊國子寺單列，但國子寺直至隋開皇十三年方始獨立，此時當還是文屬性質，可參見《隋書・白官志中》27/757。	
協律郎	協律郎	
治禮郎	八書博士	
太祝令	諸陵令	
從第八品上階有諸署令，注曰：千石以上者。 太常本屬兩千石官，因此太常諸署當包括在內。《魏書・官氏志》，113/3001。	太廟，兼領郊祠掌五郊群神事。崇虛掌五嶽四瀆神祀，在京及諸州道士簿帳等事。二局	
	太樂，兼領清商部丞，掌清商音樂等事。鼓吹兼領黃戶局丞，掌供樂人衣服。	
	衣冠令、丞	

〔註157〕《隋唐制度淵源略論稿・職官》，第101頁。

〔註158〕北魏太和前令雖對官制進行了釐定，但仍有錯亂，如太史博士兩出（一第六品中，一從第七品下）。且太和前、後令均未言某官屬太常，現僅以前後朝官制推之，當有缺漏或錯屬者。本表北魏部分以太和後令爲準。

〔註159〕《隋書》卷二七，第754頁。

	鼓吹令、丞
	太祝令、丞
	太史兼領靈臺、掌天文觀候。太卜掌諸卜筮。二局。
	太醫令、丞
	廩犧令、丞
	太宰令、丞

四、國子學的演變對於太常教育職能的影響

（一）國子學之並立於太學與獨立於太學

《唐六典・國子監》「國子監：祭酒一人，從三品」條注：

> 《漢官儀》云：「漢置博士祭酒一人，秩六百石。」後漢以博士聰明有威重者一人爲祭酒。韋昭《辨釋名》曰：「祭酒者，凡宴饗必尊長老，以酒祭先，故曰祭酒。」徐廣曰：「古人具饌，則賓中長者舉酒祭地，示有先也。」魏因之[註159]。

《通典・職官典》「國子監」條：

> 又漢置博士，至東京，凡十四人，而聰明有威重者一人爲祭酒，謂之博士祭酒，蓋本曰僕射，中興轉爲祭酒。魏因之[註160]。

太學博士祭酒即是太學博士的長官，必須聰明有威重。三國沿用漢制，唯一可考者是孫吳博士祭酒韋昭[註161]，韋昭是三國時著名的史學家，其才學足以勝任此職。太學內負責教授的是諸位太學博士，《宋書・百官志上》：

> 魏及晉西朝置十九人[註162]

洪《表》，認爲十九人之數，是慢慢補齊的，並不是曹魏初始就有十九人。考魏之太學博士教授諸經，計有：《易》，施、孟、梁丘、京氏；《尚書》，歐陽、大小夏侯；《詩》，魯、齊、韓；《禮》，大、小戴；《公羊》，嚴、顏。即後漢所設十四博士。黃初五年（224 年），又置《春秋穀梁》博士及王朗《易傳》、王肅《尚書》、《詩》、《論語》、《三禮》、《左氏解》並列學官[註163]。

[註159] 《唐六典》卷二一，第 557 頁。
[註160] 《通典》卷二七，第 763 頁。
[註161] 《三國志》卷六五，第 1462 頁。
[註162] 《宋書》卷三九，第 1228 頁。
[註163] 《三國職官表》，第 1323－1324 頁。

清代楊晨《三國會要・職官上》「五經博士，魏十九人」條：「洪《表》所列諸人，本書多但稱博士，未能定爲太學；惟甘露元年《紀》稱《易》博士淳于俊，則是太學仍分經，其馬照當是《書》博士也。」〔註164〕楊晨所言甚是，因魏文帝創制太常博士，洪氏所考諸博士未必屬於太學。且曹魏博士仍然分經教授。《藝文類聚・設官部二・博士》引：

> 應劭《漢官儀》曰：博士，秦官也。博者，通博古今；士者，辯於然否〔註165〕。

《續漢書志・百官志》載博士職掌：

> 掌教弟子。國有疑事，掌承問對〔註166〕。

《三國志・明帝紀》：

> （太和）四年春二月壬午，詔曰：「世之質文，隨教而變。兵亂以來，經學廢絕，後生進趣，不由典謨。豈訓導未洽，將進用者不以德顯乎？其郎吏學通一經，才任牧民，博士課試，擢其高第者，亟用；其浮華不務道本者，皆罷退之。」〔註167〕

博士主要任務是講授經義，遇國家疑難之事，因其博通古今，故備皇帝顧問。曹魏博士還負責測試郎吏，當然丰要以經義問答。此亦沿用漢代舊規。

兩晉在學術文化上最大的變化，在於國子學與太學兩立。《晉書・武帝紀》：

> （咸寧二年夏五月）立國子學〔註168〕。

《晉書・職官志》：

> 及咸寧四年，武帝初立國子學，定置國子祭酒、博士各一人，助教十五人，以教生徒〔註169〕。

《南齊書・禮志上》：

> 建武四年正月，詔立學。永泰元年，東昏侯即位，尚書符依永明舊事廢學。領國子助教曹思文上表曰：「……據臣所見，今之國學，即古之太學。晉初太學生三千人，既多猥雜，惠帝時欲辯其涇渭，故

〔註164〕〔清〕楊晨：《三國會要》卷九，第141頁。
〔註165〕〔唐〕歐陽詢：《藝文類聚》卷四六，第830頁。
〔註166〕《續漢書志》二五，第3571頁。
〔註167〕《三國志》卷三，第97頁。
〔註168〕《晉書》卷三，第66頁。
〔註169〕《晉書》卷二四，第736頁。

元康三年始立國子學。」〔註 170〕

呂思勉先生據以上三段史料，認爲「蓋屋宇起於咸寧二年，教官定於四年，生徒入學之法，實至元康三年而後定也」〔註 171〕。然據余嘉錫先生《晉辟雍碑考證》一文對於碑陰題名中散騎常侍博士祭酒潁川庾純謀甫條的研究，知晉立國子學，實在咸寧二年，故當依據武帝紀〔註 172〕。

南朝太常下屬國子學主要由國子博士和太學博士組成，專門從事禮儀和教育工作。關於南朝設立國子學的具體沿革，可參見呂思勉先生《兩晉南北朝史》第二二章《晉南北朝學術》和柳詒徵先生《南朝太學考》〔註 173〕兩篇長文。此處不擬贅述。所可注意者，兩晉時期國子學本屬太學，自晉開始，太學衰微，不成系統，但兩學並存。至唐，遂依國子之名而有國子監。南朝國子學時廢時置，極其不穩定〔註 174〕。廢國子學時，宋建玄、儒、文、史四學〔註 175〕；南齊立總明館，也分玄、儒、文、史四科教授〔註 176〕。梁武踐阼，在國子學內設五館以教授五經〔註 177〕。至陳，有皇太子釋奠太學之事〔註 178〕。

北朝值得注意的是，教育系統即漢代太常博士系統（五經博士，非曹魏新設太常博士）、南朝名之爲國子學者，北朝始名之曰國子寺，與太常寺處於幾乎同等的地位〔註 179〕，實爲最大變化。較之南朝教育系統之極不穩定，自

〔註 170〕《南齊書》卷九，第 144～145 頁。

〔註 171〕《兩晉南北朝史》第二三章「晉南北朝學術」第一節「學術」，第 1194 頁。

〔註 172〕碑文收入《先秦秦漢魏晉南北朝石刻文獻全編・希古樓金石萃編》卷九，碑名「晉皇帝三臨辟雍皇太子再蒞盛德頌」，第 459 頁。余嘉錫的考證收入《余嘉錫文史論集》，第 140 頁。他認爲「當從《宋書》在咸寧二年，《晉書》及《南齊書》皆誤」。其實，《晉書》之《職官志》誤，《武帝紀》不誤，當是偶失翻檢。

〔註 173〕呂思勉：《兩晉南北朝史》，第 1193 頁。柳曾符、柳定生選編：《柳詒徵史學論文續集》，第 352 頁。

〔註 174〕陳群：《南朝國子學考略》，載《北京電子科技學院學報》，第 12 卷第三期，2004 年 9 月。

〔註 175〕《宋書》卷九三《隱逸・雷次宗傳》，第 2293－2294 頁。

〔註 176〕《南齊書》卷一六《百官志》，第 315 頁。

〔註 177〕《隋書》卷二六《百官上》，第 724 頁；《梁書》卷四八《儒林傳・序》，第 661～662 頁。

〔註 178〕《陳書》卷五《宣帝紀》，第 80 頁。

〔註 179〕北魏國子祭酒起初是第四品上，太和二十二年新令，反增爲從第三品。而太常則從初期的從第一品下降爲第三品。官品上僅差一階，且官品要高於太常寺的副長官太常少卿。無論從機構的建制上，還是從官品的統屬上，在北魏的職官系統中，太常寺都不適合再統領國子學。

有其優勝之處。史載國子學在北齊升爲國子寺（詳下），今考《北史》卷四二
《常爽傳附常景傳》：「時明帝行講學之禮於國子寺，司徒崔光執經，敕景與
董紹、張徹、馮元興、王延業、鄭伯猷等俱爲錄義。」則北魏已有國子寺之
名。按《魏書·常景傳》已佚，係後人以《北史》補，未知魏收原書即作「國
子寺」，抑或李延壽修《北史》以後起之制比附北魏，時至今日，已難以遽斷
〔註180〕，然國子學至北齊升格爲國子寺，則史載甚明。《隋書·百官志中》：

> （北齊）國子寺，掌訓教胄子。祭酒一人，亦置功曹、五官、主簿、
> 錄事員。領博士五人，助教十人，學生七十二人。太學博士十人，
> 助教二十人，太學生二百人。四門學博士二十人，助教二十人，學
> 生三百人〔註181〕。

《隋書·百官志下》記述隋代國寺特意注明：

> 元隸太常〔註182〕。

《唐六典·國子監》「國子監：祭酒一人，從三品」條原注曰：

> 北齊改爲國子寺，祭酒一人，從三品。後周闕。隋初，國子寺祭酒
> 隸太常，從三品〔註183〕。

記述此次變革最爲詳盡的是《通典·職官九·國子監》：

> 陳、後魏亦曰國子祭酒。其初定中原，先立太學，置五經博士。北
> 齊國子寺有祭酒一人。隋開皇十三年，國子寺罷隸太常。（注曰：凡
> 國學諸官，自漢以下，並屬太常，至隋始革之）〔註184〕。

可知國子學雖然在北齊升格爲國子寺，但是直至隋初，國子寺仍隸屬太常寺，
在形式上仍然延續著晉代舊制。隋開皇十三年（593 年），國子寺無論形式上，
還是實質上，都正式脫離太常寺的管轄，在職官上自成系統。高明士先生認爲：

〔註180〕據《魏書》卷四一《源賀傳附源懷傳》：「（正始）三年六月卒，年六十三。詔
　　　　給東園秘器、朝服一具、衣一襲、錢二十萬、布七百匹、蠟三百斤，贈司徒、
　　　　冀州刺史。兼吏部尚書盧昶奏：『太常寺議諡曰，懷體尚寬柔，器操平正，依
　　　　諡法，柔直考終曰『靖』，宜諡靖公。司徒府議，懷作牧陝西，民餘惠化，入
　　　　總端貳，朝列歸仁，依諡法，布德執義曰『穆』，宜諡穆公。二諡不同。』詔
　　　　曰：『府、寺所執，並不克允，愛民好與曰『惠』，可諡惠公。』」可知北魏已
　　　　有太常寺之名，且世宗詔書明稱「府、寺」，「府」指司徒府，「寺」即太常寺，
　　　　則北魏確有太常寺之名當無疑問。
〔註181〕《隋書》卷二七，第 757 頁。
〔註182〕《隋書》卷二八，第 777 頁。
〔註183〕《唐六典》卷二一，第 557 頁。
〔註184〕《通典》卷二七，第 764 頁。

學校脫離太常而獨立後，教育與宗教自此二分。……從此學校另行建立廟學制度，構成東方獨特的教育系統。漢以來，學校教育事務均歸太常掌管，行政系統亦隸屬於太常。北齊在太常之下創立國子寺，並建立國子寺的行政官署，是學校脫離太常的第一步。到隋文帝開皇十三年正式將國子寺罷隸太常，這是學校脫離太常的第二步〔註185〕。

唐代因隋代之舊，遂有國子監之設〔註186〕，可以說這種變化起於北魏，成於隋，而爲唐所承，祭祀禮儀屬太常，學校教育屬國子學，此爲隋唐職官上承北魏、高齊之一證。

（二）國子學與太學地位的演變

晉設國子，人爲將教育系統一分爲二。至於太學、國學的不同，《南齊書‧禮志上》：

> 太學之與國學，斯是晉世殊其士庶，異其貴賤耳。然貴賤士庶，皆須教成，故國學太學兩存之也，非有太子故立也〔註187〕。

太學之於國學，在別士庶，太學可說是非門閥教育，而國學則是門閥士族教育。然高門子弟多是不學無術之人，故《宋書‧禮志一》：

> （孝武帝太原七年，尚書謝石上書興復國學）烈宗納其言。其年，選公卿二千石子弟爲生，增造廟屋一百五十五間。而品課無章，士君子恥與其列。國子祭酒殷茂言之曰：「……自大晉中興，肇基江左，崇明學校，修建庠序，公卿子弟，並入國學。……自學建彌年，而功無可名。憚業避役，就存者無幾，或假託親疾，眞僞難知，聲實渾亂，莫此之甚。臣聞舊制，國子生皆冠族華胄，比列皇儲。而中者混雜蘭艾，遂令人情恥之。」〔註188〕

可見入選國學者之猥濫，更有甚者，據《晉書‧儒林徐邈傳》：

> 帝謂邈曰：「雖未敕以師禮相待，然不以博士相遇也。」古之帝王，

〔註185〕高明士：《東亞教育圈形成史論》第一章第三節「一、學校脫離太常而獨立」，第75頁。
〔註186〕《隋書》卷二八《百官志下》載「煬帝即位，多所改革。……國子學爲國子監」，第793頁。《唐六典》卷二一《國子監》「國子監：祭酒一人，從三品」條注曰：「大業三年，改爲國子監……皇朝因之」，第557頁。
〔註187〕《南齊書》卷九，第145頁。
〔註188〕《宋書》卷一四，第365頁。

受經必敬，自魏晉以來，多使微人教授，號爲博士，不復尊以爲師，
故帝有云〔註189〕。

當時連帝師都輕於選授，一般國學的授課經師更是可想而知。是以不爲人所
重，以至生徒對待博士，不「以師禮相待」。《宋書・百官志上》：

博士，班固云，秦官。……魏及晉西朝置十九人，江左初減爲九人，
皆不知掌何經。元帝末，增《儀禮》、《春秋公羊》博士各一人，合
爲十一人。後又增爲十六人，不復分掌五經，而謂之太學博士也。
秩六百石。

國子祭酒一人，國子博士二人，國子助教十人。《周易》、《尚書》、《毛
詩》、《禮記》、《周官》、《儀禮》、《春秋左氏傳》、《公羊》、《穀梁》
各爲一經，《論語》、《孝經》爲一經，合十經。助教分掌。國子，周
舊名，周有師氏之職，即今國子祭酒也。晉初復置國子學，以教生
徒，而隸屬太學焉。晉初助教十五人，江左以來，損其員〔註190〕。

太學博士不復分掌五經，蓋不復事教授〔註191〕，可見太學衰落，以至於太學
博士具體的職掌都不清楚。國子學雖然從屬太學，但國子博士分掌諸經明確。
雖然國子博士爲人所輕，但較之太學博士仍然要好得多。《晉書・荀崧傳》：

（荀崧）乃上疏曰：「自喪亂以來，儒學尤寡，今處學則闕朝廷之秀，
仕朝則廢儒學之俊。昔咸寧、太康、永嘉之中，侍中、常侍、黃門
通洽古今、行爲世表者，領國子博士。一則應對殿堂，奉酬顧問；
二則參訓國子，以弘儒訓；三則祠、儀二曹及太常之職，以得質疑。」
〔註192〕

可見國子博士職掌全同太學博士，其職掌一爲供朝廷顧問，二爲經學教授，
三是在太常和尙書祠、儀二曹討論禮儀時以備顧問。其教育的對象僅限於「國
子生」。國子學的設立，是與當時門閥社會辨別士庶的要求相一致的，因爲貴
族子弟均入國子。雖然有太學、國子兩大教育機構，但師不授經，徒不求學，
自然聲望和地位每況愈下。

〔註189〕《晉書》卷九一，第2358頁。並可參見周一良：《魏晉南北朝史札記》之〈北
　　　　齊書札記〉「博士」條，第417頁；唐長孺：《魏晉南北朝史論拾遺》之《讀
　　　　史釋詞》「博士」條，第276－279頁。
〔註190〕《宋書》卷三九，第1228頁。
〔註191〕《兩晉南北朝史》，第1195頁。
〔註192〕《晉書》卷七五，第1977頁。

下逮南朝，柳詒徵先生謂：

> 南朝國學，時有興廢，而典學官師，相承設置，不以廢學而罷其官。蓋講學之外，兼司議禮，祭酒、博士之類，不患無所事也。漢、魏只有太學，自西晉以來，有國子及太學，號爲「兩學」。實則國子屬於太學，祭酒亦止一人。惟博士有所謂太學博士、國子博士，故博士分爲二省。太學博士沿舊制，故其員多；國子博士爲新制，故其員少。至助教則視置學增損，亦由國子不學，則助教不須廣設也〔註193〕。

柳氏所謂「不以廢學而罷其官」甚確，因其「兼司議禮」，這項工作繁重，所以「不患無所事也」。而議太學、國子兩博士之員數，尚有可補充者，《南齊書·禮志上》：

> （建武四年正月，詔立學。領國子助教曹思文上表）據臣所見，今之國學，即古之太學。晉初太學生三千人，既多猥雜，惠帝時欲辯其涇渭，故元康三年始立國子學，官品第五以上得入國學。天子去太學入國學，以行禮也。太子去太學入國學，以齒讓也。太學之與國學，斯是晉世殊其士庶，異其貴賤耳。然貴賤士庶，皆須教成，故國學太學兩存之也，非有太子故立也〔註194〕。

《梁書·儒林傳·序》：

> 魏正始以後，仍尚玄虛之學，爲儒者蓋寡。時荀顗、摯虞之徒，雖刪定新禮，改官職，未能易俗移風。自是中原橫潰，衣冠殄盡，江左草創，日不暇給，以迄於宋、齊，國學時或開置，而勸課未博，建之不及十年，蓋取文具，廢之多歷世祀，其棄也忽諸。鄉里莫或開館，公卿罕通經術，朝廷大儒，獨學而弗肯養眾，後生孤陋，擁經而無所講習，三德六藝，其廢久矣〔註195〕。

《隋書·百官志上》述梁制：

> 天監四年，置五經博士各一人。舊國子學生，限以貴賤，帝欲招來後進，五館生皆引寒門俊才，不限人數〔註196〕。

〔註193〕柳詒徵：《南朝太學考》，收入《柳詒徵史學論文續集》，第371頁。
〔註194〕《南齊書》卷九，第145頁。
〔註195〕《梁書》卷四八，第661頁。
〔註196〕《隋書》卷二六，第724頁。

由上所引，知南朝傳授區分貴賤，然而貴游子弟，究屬少數，故國子博士員少；士庶學人，無疑數倍貴遊，故太學博士員多。又因「國子不學」，遂成國學屢屢廢置之一大原因。陳寅恪先生嘗論河隴一隅所以能保存漢代中原之學術，乃是「公立學校之淪廢，學術之中心移於家族，太學博士之傳授變爲家人父子之世業，所謂南北朝之家學者是也。又學術之傳授既移於家族，則京邑與學術之關係不似前此之重要。〔註197〕」南朝私家傳授之盛，呂思勉先生論之已詳〔註198〕，加之「朝廷大儒，獨學而弗肯養眾」，遂致不昌，此又是國學屢屢廢置之另一原因。

北朝雖然自北齊始，國子寺實際上已經單獨成爲一個機構，但形式上仍屬於太常寺的管轄。呂思勉先生《兩晉南北朝史》第二三章《晉南北朝學術・學校》一節備列國子、太學等立學大概〔註199〕。大概北魏建國，雖竭力摹仿中原制度，但學校時廢時置，或者僅是備員；北齊則「國學博士，徒有虛名而已」〔註200〕。錢竹汀謂「魏、晉以後，經學莫盛於北方，鄭康成《易》、《書》、《詩》、《三禮》，惟河北諸儒篤信而固守之……隋世河間、信都二劉，兼通南北學，唐初諸儒，多出二劉之門，由是撰定《正義》」〔註201〕。此正可見學術存於私門，國學不昌的一個表現。此時，博士之稱已經泛化，村學究也可稱爲「博士」。已非《漢官儀》所謂「博者，博通今古；士者，辨於然否」〔註202〕。此種頹風，至唐始振〔註203〕。

五、祠部尚書的設立與太常系統的關係

（一）祠部尚書的設立及其職掌

此期對於太常系統影響最大的變動當是東晉設立祠部尚書。本來，「自丞相之權，移於三省，而九卿亦寢失其職矣」〔註204〕，後漢光武帝「改常侍曹

〔註197〕《隋唐制度淵源略論稿》，第23頁。
〔註198〕《兩晉南北朝史》，第1199、1205－1208頁。
〔註199〕《兩晉南北朝史》，第1203頁。另可參見呂思勉：《呂思勉讀史札記》丙帙《魏晉南北朝》【五四九】「國子太學」條，第992頁。
〔註200〕《北齊書》卷四四《儒林傳・序》，第582頁。
〔註201〕《廿二史考異》卷三一《北齊書考異・儒林傳》，第690頁。
〔註202〕《後漢書集解》，第1313頁下。
〔註203〕《新唐書》卷四四《選舉志上》，第1159－1160頁。
〔註204〕《兩晉南北朝史》第二二章《晉南北朝政治制度》，第三節「官制」，第1101頁。

為吏部曹，主選舉祠祀事」〔註205〕，已經有尚書機構介入太常職能範圍，但漢末，又改吏部為選部，專掌選舉事〔註206〕。祠祀之事當然要另找專人管理。

《晉書・職官志》：

> 及渡江，有吏部、祠部、五兵、左民、度支五尚書。祠部尚書常與右僕射通職，不恒置，以右僕射攝之，若右僕射闕，則以祠部尚書攝知右事〔註207〕。

《隋書・百官志上》：

> 尚書掌出納王命，敷奏萬機。令總統之。僕射副令，又與尚書分領諸曹。令闕，則左僕射為主。其祠部尚書多不置，以右僕射主之。若左、右僕射並闕，則置尚書僕射，以掌左事，置祠部尚書，以掌右事。然則尚書僕射、祠部尚書不恒置矣〔註208〕。

《唐六典・尚書禮部》「禮部尚書一人，正三品」條注曰：

> 東晉始置祠部尚書，常與右僕射通職，若右僕射闕，則以祠部尚書知右事。宋、齊、梁、陳皆號祠部尚書。後魏稱儀曹尚書。北齊亦為祠部尚書，掌祠祭、醫藥、死喪、贈賻等事。後周依《周官》，置春官府大宗伯卿一人。隋更為禮部尚書，皇朝因之〔註209〕。

又曰：

> 禮部尚書、侍郎之職，掌天下禮儀、祠祭、燕饗、貢舉之政令〔註210〕。

《通典・職官五・禮部尚書》：

> 及晉江左，有祠部尚書，掌廟祧之禮。常與右僕射通職，不常置，以右僕射攝之〔註211〕。

通觀上引諸條史料，可知東晉始置祠部尚書，即隋以後的禮部尚書。可以很清楚地看到，這些職能幾乎與太常相重疊，即在禮儀、祠祀等方面是重複的。據上引《通典》，祠部所掌為「廟祧之禮」，即宗廟禮儀。至唐，遂掌天下禮儀、祠祭、燕饗、貢舉之政令。又據《周禮》，兩者都源於春官大宗伯一職〔註212〕，

〔註205〕《宋書》卷三九，第1235頁。《晉書》卷二四《職官志》，第731頁。
〔註206〕《唐六典》卷二，第26頁。《通典》卷二三，第629頁。
〔註207〕《晉書》卷二四，第731頁。
〔註208〕《隋書》卷二六，第721頁。
〔註209〕《唐六典》卷四，第108頁。
〔註210〕《唐六典》卷四，第108頁。
〔註211〕《通典》卷二三，第638頁。
〔註212〕《唐六典》卷四，第108頁；卷一四，第394頁。

故北周依《周禮》改官，只設大宗伯卿一人，與魏晉以來之職官不同。但是在東晉，祠部尚書不常置，缺則以尚書右僕射兼領；反過來卻很可見祠部尚書的重要地位，即祠部尚書在尚書右僕射缺時，可以兼領，這是其它尚書沒有的職能。南朝因之。北魏尚書系統龐雜，至太和以後，始確定六部尚書統領諸部郎中的格局〔註213〕。北魏前期與太常有關係者，據嚴耕望先生所考，有儀曹尚書，職主制儀、導儀諸禮儀事；祠部尚書（又稱神部尚書），職主禮樂，尤重祠祀；禮部尚書，疑爲儀曹尚書或祠部尚書之異稱；樂部尚書〔註214〕。且北魏有內外朝之設，「神部與祠部，選部與吏部，都很可能是內外朝之間相對應的部門，而不是一個部有兩個名稱。如祠部專司歷朝通行的祀典禮樂，屬外朝；神部則負責拓跋族自己傳統的祭祀活動，屬內朝。」〔註215〕北魏之儀曹尚書並綜祠部尚書，嚴耕望先生推測其可能與南朝一樣，常與右僕射通職〔註216〕，如其推測不誤，則祠部尚書與尚書右僕射通職爲東晉舊制，此北魏仿魏晉制度之一證。下設儀曹郎中、祠部郎中、左主客郎中、右主客郎中〔註217〕；北齊沿北魏之舊，設祠部尚書，分掌祠部、主客、虞曹、屯田、起部五曹，無尚書仍以右僕射攝〔註218〕。北周依《周官》，置大宗伯卿一人，統領原祠部尚書、太常之事〔註219〕。

（二）祠部尚書與太常的關係

上述祠部尚書所掌幾與太常重疊，據祝總斌先生的研究，西晉時的尚書臺已經是宰相機構，「尚書經常佐助皇帝對文書作出反應，形成決定，交諸卿和地方長官執行的結果，便削弱了他們像漢代那樣依據律令、詔書獨立處理政務之權。」〔註220〕即所謂「尚書制斷，諸卿奉成」〔註221〕。在兩晉時期，可以找到這樣的例子。《晉書・禮志中》：

〔註213〕參見嚴耕望：《北魏尚書制度考》，收入《中央研究院歷史語言研究所集刊》第18冊。尤其是其中「北魏尚書組織演變表」，第255－258頁。
〔註214〕《北魏尚書制度考》，《史語所集刊》第18冊，第294－296頁。
〔註215〕嚴耀中：《北魏前期政治制度》，第64頁。後又舉太和十五年神部尚書移廟之事以爲佐證，文繁不錄。
〔註216〕《北魏尚書制度考》，《史語所集刊》第18冊，第294頁。
〔註217〕另外可能還有虞曹郎中、屯田郎中、起部郎中，諸曹郎中之職掌，參見《北魏尚書制度考》，第258、316－318、341－343頁。要之，此部以掌禮儀爲主。
〔註218〕《隋書》卷二七《百官志中》，第753頁。
〔註219〕《唐六典》卷四《尚書禮部》，第108頁，另可參見王仲犖《北周六典》相關部份。
〔註220〕《兩漢魏晉南北朝宰相制度研究》，第167－168頁。
〔註221〕《晉書》卷四六，第1303頁。

太康元年，東平王楙上言，相王昌父毖，本居長沙，有妻息，漢末使入中國，值吳叛，仕魏爲黃門郎，與前妻息死生隔絕，更娶昌母。今江表一統，昌聞前母久喪，言疾求平議。……尚書八座以爲：「……生及母存，自應如禮以名服三年。輒正定爲文，章下太常報楙奉行。」〔註222〕

《晉書・樂志下》：

永嘉之亂，海内分崩，伶官樂器，皆沒於劉、石。江左初立宗廟，尚書下太常祭祀所用樂名〔註223〕。

以上均是尚書臺依據相關規定要求太常議禮和提供樂名。具體到祠部尚書與太常的關係，史料很少，《晉書・蔡謨傳》：

（蘇）峻平，復爲侍中，遷五兵尚書，領琅邪王師。……轉掌吏部。……冬蒸，謨領祠部，主者忘設明帝位，與太常張泉俱免，白衣領職。頃之，遷太常，領秘書監，以疾不堪親職，上疏自解，不聽〔註224〕。

祭祀忘設明帝之位，所以領祠部的蔡謨〔註225〕與太常俱免官。據此，我們不能斷定祠部尚書與太常之間是否存在一一對應的關係，即關於雙方職掌範圍内的事，是否由祠部尚書依據皇帝的意思形成詔令，然後交由太常去執行。但是可以印證上舉史料有關祠部尚書職掌的確與太常重合，由此，省併官僚機構的議論遂起〔註226〕。具體到太常，《太平御覽・職官部一・總敘官》引《桓溫集略・表》：

愚謂門下三省，秘書、著作通可減半。古以九卿綜事，不專尚書，故重九棘也。今事歸内臺，則九卿爲虛設之位。唯太常、廷尉職不可闕，其諸員外散官及軍府參佐，職無所掌者，皆併。若車駕、郊廟、籍田之屬，凡諸大事於禮宜置者，臨事權兼，事訖則罷〔註227〕。

〔註222〕《晉書》卷二〇，第635～638頁。
〔註223〕《晉書》卷二三，第697頁。據《唐六典》卷一四「太樂署」條注：「至晉元帝，并太樂於鼓吹。」（第402頁）；同書同卷「鼓吹署」條注：「（晉）元帝省太樂，并于鼓吹；哀帝又省鼓吹，而存太樂。」（第406頁）。可能此時太樂已經省併，故尚書直接下太常詢問所用樂名。
〔註224〕《晉書》卷七七，第2034～2035頁。
〔註225〕當時蔡謨似以吏部尚書領祠部，而沒有專任的祠部尚書。
〔註226〕參見本書綜論部份對尚書與九卿關係的探討。
〔註227〕《太平御覽》卷二〇三，第979頁下－980頁上。

《晉書·王廙傳附王彪之傳》亦載彪上議省官：

> 今內外百官，較而計之，故應有并省者矣。六卿之任，太常望雅而
> 職重，然其所司，義高務約。宗正所統蓋尠，可以并太常。」〔註228〕

桓溫的建議，以九卿爲虛職，但太常職不可缺，因爲其並非如散官及軍府參佐等是「職無所掌者」；王彪之亦以「太常望雅而職重」，建議併宗正於太常〔註229〕。當時衆說紛紜，莫衷一是。雖然併省官僚機構成爲當時一致意見，但具體到尙書與諸卿的關係上，似乎還沒有定論。

南朝時期，太常常與諸尙書互爲遷轉，特別是祠部尙書，由於其職掌與太常有很大重疊，故此期祠部尙書與太常的互相遷轉特別多。如前文所舉宋褚秀之、南齊武陵昭王、梁代張充都是實例。另外如《南齊書·張緒傳》：

> 遷爲祠部尙書，復領中正，遷太常，加散騎常侍，尋領始安王師〔註230〕。

我想這可能由於他們職能相近，所以雙方的長官更容易熟悉對方事務的緣故。我們尙未找到南朝祠部尙書下令，而由太常系統執行的例子，所以雖然雙方職掌相近，但是關係仍然不明確。

北朝史文並無明言祠部尙書與太常之關係者，考唐代之制，《唐六典·尙書禮部》：

> 禮部尙書、侍郎之職，掌天下禮儀、祠祭、燕饗、貢舉之政令〔註231〕。

明言禮部尙書職掌「政令」，而非事務。不過，尙書與太常的關係可以借助零星的史料做一些推測。《魏書·劉芳傳》：

> 轉太常卿……先是，高祖於代都詔中書監高閭、太常少卿陸琇并公
> 孫崇等十餘人修理金石及八音之器。後崇爲太樂令，乃上請尙書僕
> 射高肇，更共營理。世宗詔芳共主之。芳表以禮樂事大，不容輕決，
> 自非博延公卿，廣集儒彥，討論得失，研窮是非，則無以垂之萬葉，
> 爲不朽之式〔註232〕。

公孫崇爲太樂令，職屬太常寺。而這次修理金石、樂器，公孫崇徑直越過頂頭上司太常卿，直接上書尙書僕射高肇。而時任太常卿的劉芳要得到世宗的明詔方能參與其事。太常職司禮樂，似乎不應如此。考《北史·外戚·

〔註228〕《晉書》卷七六，第 2008 頁。
〔註229〕宗正確實一度省併於太常，見《晉書》卷二四，第 737 頁。。
〔註230〕《南齊書》卷三三，第 600 頁。
〔註231〕《唐六典》卷四，第 108 頁。
〔註232〕《魏書》卷五五，第 1225 頁。

高肇傳》：

> 未幾，肇為尚書右僕射、冀州大中正，尚宣武姑高平公主，遷尚書
> 令〔註233〕。

《劉芳傳》所言高肇時任官尚書僕射準確地說應當是尚書右僕射，上引嚴耕望先生論文推測北魏祠部尚書可能與尚書右僕射通職〔註234〕，如果所測不誤，那麼，此次修理金石、樂器為涉及禮樂政令之大事〔註235〕，公孫崇上表主管禮樂政令討論的祠部尚書（此時為尚書右僕射）〔註236〕，而不是太常卿劉芳，是否說明此時的太常卿已經不能主管政令的制定，只有得到皇帝的特許，才能夠討論大政方針這一事實呢？而且，在北朝我們還可以找到尚書下符的例子。《魏書‧禮志四》：

> （神龜元年）十一月，侍中、國子祭酒、儀同三司崔光上言：「被臺
> 祠部曹符，文昭皇太后改葬，議至尊、皇太后、群臣服制輕重。……
> 又太常博士鄭六議云……」〔註237〕

「臺」即尚書臺，此次上言的崔光，實職是侍中、國子祭酒，根據參與討論的內容是禮儀問題，可知他是以國子祭酒的身份發言的。國子寺直到隋開皇十三年（593年）方始獨立，此時仍隸屬太常。兩晉時期我們只見到尚書臺下符要求太常執行的例子，而未見祠部尚書直接與太常系統發生關係。依據上引史料，我們可以說北魏時期已經具體到祠部下符，太常的下屬國子祭酒參與討論，而且太常寺屬下的另一屬員太常博士也參與了這次討論。這是尚書祠部下符，太常寺遵照執行之一例。唐代禮部尚書職掌政令、太常執行這種模式在北魏已經初現端倪。不過史例太少，無法作出更為詳確的判斷。

北朝尚書祠部系統與太常寺系統也常互為遷轉。《北齊書‧趙起傳》：

> （河清）三年，又加祠部尚書、開府。天統初，轉太常卿，食琅邪

〔註233〕《北史》卷八○，第2684頁。《魏書》卷八三上《外戚‧高肇傳》以《北史》本卷補，參見《魏書》此卷校勘記【一】。

〔註234〕但也有尚書右僕射與祠部尚書同設的例子，如太和二十三年，宗弁以本官兼祠部尚書，見《魏書》卷六三，第1415頁；而當時的尚書右僕射是元澄，見《二十五史補編》第四冊，第4506頁。

〔註235〕參見《魏書》卷一○九《樂志》。按：國之大事，在祀與戎。而制禮作樂為天子之事，而其下具體負責者則為太常，此亦見太常的重要性。

〔註236〕高肇任右僕射時是否有祠部尚書，不詳，但，尚書右僕射統管尚書省事務，自可管理祠部尚書轄下之事，且兩者常為通職。

〔註237〕《魏書》卷一○八之四，第2808頁。

郡幹〔註238〕。

蓋祠部、太常同掌禮樂，彼此熟悉對方職能，故互任最爲方便。且太常任職祠部爲高升，祠部改任太常亦不失體面，正可見職官設置的合理之處。

自東晉設立祠部尚書開始，南朝、北朝都可以看到這一職官的記載（無則以尚書右僕射兼任），其執掌爲禮儀祭祀，故常常可以看到有關這一方面的集議時，祠部尚書、祠部郎、太常卿、太常博士、國子博士、太學博士等一系列人員均參加討論。集議表示無上下級的關係〔註239〕，各抒己見，解決問題。從兩晉時期的尚書臺下符太常到北朝的祠部尚書下符太常寺，其關係越來越明朗，即對應關係在一天天形成之中，我們知道，唐代尚書與諸卿之間是政務官與事務官的關係〔註240〕，綜觀魏晉南北朝時期祠部尚書與太常之間諸多事蹟，我們可以說這種政務官和事務官的關係發端於這個時期。尚書省統轄諸務，其本身爲政務機構，下屬諸卿監系統卻是事務機構，尚書省的分曹辦事本來就是要提高行政效率，所以其分化出有關國家行政的專職尚書是必然的，這種分化至唐水到渠成，各部尚書與卿監間遂成上下統屬之關係。伴隨著這種分化的是尚書省自漢以來成爲權力中心，至唐成爲行政中心，總括諸務，諸卿則權力漸失，成具體辦事機關。再從太常一系看，綜觀這段近四百年的歷史，這種關係是從東晉的以諸卿對一省（尚書省）負責，到北朝的諸卿漸與尚書省內諸部尚書產生一一對應關係。但是在魏晉南北朝時期這種對應關係不應誇大，雖然祠部尚書與太常職務幾乎完全重疊，但也沒有定制由祠部直接分管太常，這種更爲明確直接的行政方式，直到唐代方告完成。

六、小結

從三國以迄南北朝，太常系統比較穩定，因其本身似乎不是權力核心機關，三國太常職掌較兩漢無太大變化，以宗廟禮儀爲主。其官職地位頗高，

〔註238〕《北齊書》卷二五，第362～363頁。

〔註239〕討論中雖無關官職之高低，但有主持者。《魏書》卷五五《劉芳傳》「遷中書令，祭酒如故。出除安東將軍、青州刺史。……還朝，議定律令。芳斟酌古今，爲大議之主，其中損益，多芳意也。世宗以朝儀多闕，其一切諸議，悉委芳修正。於是朝廷吉凶大事皆就諮訪焉。」（第1222頁）。劉芳自青州刺史任還朝議定律令，未言其職務，但「一切諸議」，均由劉芳裁正。

〔註240〕嚴耕望：《論唐代尚書省之職權與地位》，收入《嚴耕望史學論文集》，第263～264頁。

一般任太常之人有機會升至官員的最高層，如司空、丞相；不然就以太常終官，孫吳太常則多領尚書事，有利於輔政。兩晉時期，就太常內部而言，在於設立國子學這一新的教育門類；外部而言，東晉正式設立祠部尚書，都對太常產生了一些影響，南北朝時期也正是圍繞這些部門和職能產生變化。

第二節　衛尉

衛尉，秦官，西漢「掌宮門衛屯兵」，東漢沿襲不變〔註241〕。何茲全先生在研究魏晉的中軍時，對兩漢的宿衛軍力有扼要的概括：

> 漢初的中央禁兵，有南北二軍，擔負京城及宮殿的拱守與宿衛責任。南軍領於衛尉，是宮殿內的宿衛兵；北軍領於中尉，是京城的拱衛兵。宮殿宿衛，於衛尉所領的南軍以外，尚有殿中諸郎。……郎中令所領的就是宿衛殿中的諸郎。漢初諸郎的數額不多，地位不重要。至武帝時改郎中令爲光祿勳，擴大郎中令所領諸郎的數額，使其居則掌宿衛宮殿門戶，出則充車騎。郎衛與南軍之兵衛的分工是：郎衛掌宮內的諸宮殿門戶，南軍衛士則掌管宮門的屯衛，及宮中的徼循。……後漢中衛兵的組織，大體如前漢〔註242〕。

是漢代中央禁兵以京城地域劃分，宮城之外、京城之內歸中尉；宮門屯衛歸衛尉；宮殿門戶則歸光祿勳，三者權責明確。東漢衛尉下屬諸官：公車司馬令、南宮衛士令、北宮衛士令、左右都候、宮掖門司馬，分管宮門屯衛與徼循事。自漢末分崩，群雄並起，曹操先眾人一步，迎漢獻帝都許昌，「挾天子以令諸侯」。操既以權臣當國，勢必盡奪獻帝實權，而衛尉所掌爲拱衛天子之武裝，自在削弱之列。

一、魏晉：宿衛職能的削弱

建安二十二年（217年），曹操封魏王，魏王國內置衛尉官〔註243〕。在此之前，護衛曹操的主要是名爲「虎豹騎」的親兵，而且，魏王國置衛尉以後，甚至曹丕代漢之後，其宿衛軍仍然是直接繼承曹操征戰時期的護衛系統，包

〔註241〕《漢書》卷一九上《百官公卿表上》，第 728 頁。《續漢書志》二五《百官二》，第 3579 頁。
〔註242〕何茲全：《魏晉的中軍》，收入氏著：《讀史集》，第 242～244 頁。
〔註243〕《三國志》卷一《魏書‧武帝紀》注引《魏書》，第 49 頁。

括中領軍、武衛將軍、中護軍等〔註244〕。洪飴孫考漢晉史籍，復原曹魏衛尉系統，其屬官仍爲東漢之舊〔註245〕，但據張金龍先生研究，「曹魏衛尉中可以確知或基本上能推斷其年齡者，大多在六七十歲乃至八十歲」〔註246〕，年齡如此之大，雖不能說完全沒有宿衛之責，但宿衛之職能必大幅度降低，而晉也以左、右二衛擔任宿衛職能〔註247〕，與衛尉無關。是衛尉之職能，在魏晉時期大變。《晉書·職官志》：

> 衛尉，統武庫、公車、衛士、諸冶等令，左右都候，南北東西督冶
> 掾。及渡江，省衛尉〔註248〕。

公車、衛士、左右都候等是漢代舊名，只是習慣上的沿用。武庫令，東漢屬執金吾，主兵器儲藏〔註249〕。晉初罷執金吾〔註250〕，方隸衛尉，職能不變。新增諸冶令（包括南北東西督冶掾）。《宋書·百官志上》：

> 衛尉……晉江右掌冶鑄，領冶令三十九，戶五千三百五十。冶皆在
> 江北，而江南唯有梅根及冶塘二冶，皆屬揚州，不屬衛尉〔註251〕。

則晉衛尉統江北諸冶。諸冶所掌爲銅鐵冶鑄之事，分散各地，《唐六典·少府監》「諸冶監：監各一人，正七品下」條注：

> 《晉令》：「諸冶官庫各置都監一人。」〔註252〕

是晉諸冶設有官庫，以便收藏銅鐵。因此，晉衛尉主要職掌在武器之管理與銅鐵之冶鑄，與漢不同。

二、南朝：採漢晉制度

晉自過江，不置衛尉。一則由於魏、西晉以來，衛尉已失護衛宮城之職能；二則由於東晉偏安江南，而西晉衛尉新增之掌諸冶，本只掌江北諸冶，江南諸冶歸揚州，所以，衛尉之省無關邦國重務。新劃入之武庫令也由尚書庫部接管。劉宋則與東晉不同，重置衛尉，《宋書·百官志上》：

〔註244〕《讀史集》，第244～246頁。
〔註245〕《三國職官表》，《後漢書三國志補表三十種》，第1360～1363頁。
〔註246〕張金龍：《魏晉南北朝禁衛武官制度研究》，第136頁。
〔註247〕《讀史集》，第248～255頁。
〔註248〕《晉書》卷二四，第736頁。
〔註249〕《續漢書志》二七，第3606頁。
〔註250〕《宋書》卷三九《百官志上》，第1238頁。
〔註251〕《宋書》卷三九，第1230頁。
〔註252〕《唐六典》卷二二，第577頁。

衛尉，江左不置，宋世祖孝建元年復置。舊一丞，世祖增置一丞〔註253〕。

而且，宋之衛尉職掌也與魏晉不同，而是部分繼承了東漢舊制，《宋書・南郡王義宣傳》：

> 義宣并領湘州，轉恢（義宣子）侍中，領衛尉。晉氏過江，不置城門校尉及衛尉官，世祖欲重城禁，故復置衛尉卿。衛尉之置，自恢始也〔註254〕。

孝武帝復置衛尉，是爲了「重城禁」，也就是恢復了衛尉掌管宮城防務的部分職能。同時，劉宋之衛尉下似不領署，武庫令仍然歸尚書庫部掌管，而諸冶則劃入少府治下〔註255〕。齊沿宋制，《南齊書・百官志》：

> 衛尉。府置丞一人。掌宮城管籥。……宮城諸卻敵樓上本施鼓，持夜者以應更唱，太祖以鼓多驚眠，改以鐵磬云〔註256〕。

是南齊衛尉確不領署，所掌爲宮城管籥，即掌宮城門戶，這與漢代職掌相同。而且，南齊衛尉頗爲重要，《南齊書・謝朓傳》：

> 東昏失德，江祏欲立江夏王寶玄，末更回惑，與弟祀密謂朓曰：「江夏年少輕脫，不堪負荷神器，不可復行廢立。始安年長入纂，不乖物望。非以此要富貴，政是求安國家耳。」遙光又遣親人劉渢密致意於朓，欲以爲肺腑。朓自以受恩高宗，非渢所言，不肯答。少日，遙光以朓兼知衛尉事，朓懼見引，即以祏等謀告左興盛〔註257〕。

《梁書・張稷傳》：

> 永元末，徵爲侍中，宿衛宮城。義師至，兼衛尉江淹出奔。稷兼衛尉，副王瑩都督城內諸軍事。時東昏淫虐，義師圍城已久，城內思亡而莫有先發。北徐州刺史王珍國就稷謀之，乃使直閣張齊害東昏于含德殿〔註258〕。

事涉東昏，謝朓以不願背叛被殺，而張稷則一舉成功。所可注意者，欲殺東昏，蕭遙光必以謝朓兼知衛尉事，張稷也因原衛尉江淹出奔而兼任衛尉，因

〔註253〕《宋書》卷三九，第1230頁。
〔註254〕《宋書》卷六八，第1808頁。
〔註255〕《宋書》卷三九《百官志上》，第1232、1238頁。
〔註256〕《南齊書》卷一六，第317頁。
〔註257〕《南齊書》卷四七，第827頁。
〔註258〕《梁書》卷一六，第271頁。

衛尉職掌宮門宿衛等事，所以兼任衛尉就具有了接近人主的條件，方可行弒逆之事。

蕭梁又與宋齊不同，《隋書・百官志上》：

> 衛尉卿，位視侍中，掌宮門屯兵。卿每月、丞每旬行宮徼，糾察不法。統武庫令、公車司馬令〔註259〕。

很明顯，梁制一方面繼承宋齊，上承兩漢舊制，衛尉職掌宮門宿衛之事；另一方面，又採西晉制度，將武庫令、公車司馬令仍劃歸衛尉管理。《唐六典・衛尉寺》「衛尉寺：卿一人，從三品」條注曰：

> 梁天監七年置十二卿，衛尉與廷尉、大匠為秋卿……兼統武庫令〔註260〕。

這裏說梁衛尉兼統武庫是對的，《隋書・百官志上》：

> （尚書）庫部領南、北武庫二署令丞〔註261〕。

庫部之統武庫令是宋齊舊制，衛尉之統武庫令是晉制，梁武帝將武庫令兩屬，或係一時之制。《梁書・鄱陽忠烈王恢傳》：

> （恢子）範字世儀，溫和有器識。起家太子洗馬、秘書郎，歷黃門郎，遷衛尉卿。每夜自巡警，高祖嘉其勞苦〔註262〕。

《南史・梁宗室傳下》：

> （蕭修）為兼衛尉卿。美姿貌，每屯兵周衛，武帝視之移輦。初，嗣王範為衛尉，夜中行城，常因風便鞭笞宿衛，欲令帝知其勤。及修在職，夜必再巡，而不欲人知。或問其故，曰：「夜中警邏，實有其勞，主上慈愛，聞之容或賜止。違詔則不可，奉詔則廢事。且胡質之清，尚畏人知，此職司之常，何足自顯。」聞者歎服〔註263〕。

蕭修兼衛尉與其兄蕭範任衛尉，恪盡職守事完全相同，不過一恐人不知，一恐人知而已。據引可知，衛尉職在巡警，即漢代徼循之責，所以，杜佑直目梁代衛尉「職與漢同」〔註264〕。

南朝劉宋復漢代舊制，恢復了衛尉一部分守衛職能，但其下不統屬官；

〔註259〕《隋書》卷二六，第725頁。
〔註260〕《唐六典》卷一六，第459頁。
〔註261〕《隋書》卷二六，第722頁。
〔註262〕《梁書》卷二二，第352頁。
〔註263〕《南史》卷五二，第1299頁。
〔註264〕《通典》卷二五《衛尉卿》，第700頁。

蕭梁在繼承宋齊舊制的基礎上，又採晉制，衛尉下設屬官。但自魏晉以來，由於領、護軍職在護衛君主，而且歷南朝四世不變〔註265〕，所以，南朝衛尉的守衛職能也僅是有限的恢復，不過，這也反映了南朝皇權的強化〔註266〕，務期在各方面增加護衛自己的力量。

三、北朝：採晉、宋、齊制度

北魏前期，衛尉下屬除拓跋氏自設之職以外，多採東漢制度；北齊制度多因循北魏後期制度，衛尉制度也是如此〔註267〕。《隋書·百官志中》載北齊之制：

> 衛尉寺，掌禁衛甲兵。統城門寺，置校尉二人，以司其職。（掌宮殿城門，并諸倉庫管籥等事。）又領公車、（掌尚書所不理，有枉屈，經判奏聞。）武庫、（掌甲兵及吉凶儀仗。）衛士（掌京城及諸門士兵。）等署令。武庫又有修故局丞。（掌領匠修故甲等事。）〔註268〕

衛尉寺所掌雖然是「禁衛甲兵」，但其禁衛職能一如魏晉南朝，被大大削弱，所以張金龍先生研究北朝禁衛武官制度，就不將衛尉列在禁衛武官之列。其下設公車、武庫、衛士三令則明顯是採用晉制，因武庫令之劃歸衛尉始於西晉。而城門校尉一職，掌宮殿城門集諸倉庫管鑰等事則是採用了宋齊制度，上引《南齊書·百官志》明記「衛尉……掌宮城管籥」。但北朝衛尉是否掌徼循宮城，則未見史料記載，但就其所掌中有衛士令掌京城及諸門士兵來看，衛尉也應當有巡察宮城的職能。所以，北朝衛尉寺採晉及宋齊制度而設署，其職能同於南朝，主要掌管宮殿城門的守護以及武器儲藏。

四、餘論：隋唐時期守衛職能的徹底廢除

在衛尉職掌上，隋與南、北朝都有不同，即將衛尉職掌中所剩無幾的守衛職能徹底廢除。自魏晉以來，因領、護軍等官職的出現，幾乎已經盡奪衛尉的守衛職能，隋只是順應這一趨勢而作出明確的規定。如果說，南北朝在

〔註265〕《魏晉南北朝禁衛武官制度研究》相關章節。
〔註266〕田餘慶：《東晉門閥政治》「後論」《三·門閥政治——皇權政治的變態》、《七·門閥政治的暫時性和過渡性》，第279～284、294～297頁。
〔註267〕俞鹿年：《北魏職官制度考》所考北魏前、後期衛尉制度，第108～109、276～277頁。
〔註268〕《隋書》卷二七，第756頁。括號內爲原注。

繼承漢晉制度上仍然有點拖泥帶水的話，那麼，隋代則對衛尉制度做了一個了結。《隋書·百官志下》記隋文朝制度：

> 衛尉寺統公車、武庫、守宮等署。各置令、丞等員〔註269〕。

隋朝上承北齊制度，但北齊衛尉寺下掌宿衛宮城的城門校尉及衛士令已經沒有了，所增之守宮令在南朝梁、陳、北齊均是光祿屬官〔註270〕，也與宿衛沒有關係。《通典·職官七·衛尉卿》：

> 隋文帝開皇三年，廢衛尉寺，入太常及尚書省。十三年復置，掌軍
> 器、儀仗、帳幕之事，而以監門衛掌宮門屯兵〔註271〕。

《唐六典·衛尉寺》「衛尉寺：卿一人，從三品」條注曰：

> 隋衛尉掌軍器、儀仗、帳幕，以監門衛掌宮門屯兵〔註272〕。

據此，隋文帝曾一度廢衛尉寺，或是有鑒於其宿衛職能已經名存實亡，開皇十三年（593 年）重置，就徹底改變其職能，而明確將掌宮門屯兵之責劃歸監門府統管，從這一點上來看，也可證北齊衛尉確曾掌宮門屯兵，至隋廢衛尉寺，屯兵才脫離衛尉系統，而重置以後的衛尉寺徹底沒有了漢代以來守衛方面的職掌，一變而爲掌管軍器物品等事的卿官。唐沿隋制，《唐六典·衛尉寺》：

> 衛尉卿之職，掌邦國器械、文物之政令，總武庫、武器、守宮三署
> 之官屬；少卿爲之貳。凡天下兵器入京師者，皆籍其名數而藏之。
> 凡大祭祀、大朝會，則供其羽儀、節鉞、金鼓、帷帟、茵席之屬。
> 其應供宿衛者，每歲二時閱之，其有損弊者，則移於少府監及金吾
> 修之〔註273〕。

公車令，唐不置，武器署則是高宗永徽中始置，掌器仗〔註274〕。武庫、守宮二署直接繼承隋制，衛尉寺職掌也全同於隋。

自魏晉以來，由於領、護等護衛帝王禁衛力量的發展壯大，嚴重削弱了衛尉在這方面的職掌，從曹魏任衛尉者多年老可知。西晉將武庫令劃歸衛尉，

〔註269〕《隋書》卷二八，第 776 頁。
〔註270〕《唐六典》卷一六《衛尉寺》「守宮署：令一人，正八品下」條注，第 464
　　　　頁。
〔註271〕《通典》卷二五，第 700 頁。
〔註272〕《唐六典》卷二六《衛尉寺》，第 459 頁。據本卷校勘記【一三】，「監門衛」
　　　　疑當做「監門府」，第 468 頁。
〔註273〕《唐六典》卷二六，第 459 頁。
〔註274〕《唐六典》卷二六，第 464 頁。

使衛尉具有了掌管兵器的職能。南朝由於皇權的伸張，又恢復了衛尉部分宿衛職能，這也與人主在各方面加強護衛自己的力量是有關聯的。北朝採晉宋制度，衛尉掌軍器保管及部分宿衛職能。但由於護衛君主的領、護等職官相沿成為習慣，終致隋文帝廢衛尉寺，而重置以後的衛尉寺與漢代衛尉職掌完全不同，變成了只掌邦國器械、文物的官署。

第二章 九卿分論二：光祿、廷尉

第一節 光祿

光祿勳〔註1〕，秦及漢初本名郎中令，漢武帝太初元年（前104年）更名光祿勳，東漢時期，據《續漢書志·百官二》：

> 掌宿衛宮殿門戶，典謁署郎更直執戟，宿衛門戶，考其德行而進退之。郊祀之事，掌三獻〔註2〕。

其主要職掌是守衛宮殿門戶，不過，與同樣職掌宮殿守衛的衛尉比較起來，光祿勳及其屬下官員與皇帝更為親近〔註3〕。屬下官員以郎官為最多，故本名

〔註1〕 關於光祿勳的研究，主要有如下論文。徐亞軒：《兩漢光祿勳職掌分析》（刊《內蒙古農業大學學報》2009年2期）。該文對兩漢光祿勳職掌的不同有所分析。史雲貴：《外朝化與邊緣化：中國古代光祿勳研究——以秦漢魏晉為主體》（刊《求索》2006年1期）。該文認為「由內向外」是中國古代「近官」演變的基本特徵之一，光祿勳在秦漢魏晉時期逐步外朝化和邊緣化就反映了這個特徵。另外高慧斌：《魏晉光祿大夫職掌變遷探微》（刊《許昌學院學報》2006年6期）；〈日〉窪添慶文：《北魏の光祿大夫》（收入氏著：《魏晉南北朝官僚制研究》）。兩文均是探討光祿大夫職掌的演變，認為光祿大夫在東漢時已經是文屬於光祿勳，魏晉時期發展為散官，以處老疾，且品秩較光祿勳為高，已非光祿勳所能管轄。

〔註2〕 《續漢書志》二五，第3574頁。

〔註3〕 從西漢開始，光祿勳與衛尉雖然同樣守衛宮殿，但職責不同。據《漢官解詁》載「衛尉主宮闕之內，衛士於垣下為廬，各有員部。居宮中者，皆施籍於門，案其姓名。若有醫巫僦人當入者，本官長吏為封啟傳，審其印信，然後內之。人未定，又有籍，皆復有符。符用木，長二寸，以當所屬兩字為鐵印，亦太卿炙符，當出入者，案籍畢，復齒符，乃引內之也。其有官位得出入者，令執御者官，傳呼前後以相通。從昏至晨，分部行夜，夜有行者，輒前曰：『誰！誰！』

「郎中令」。嚴耕望先生在《秦漢郎吏制度考》中將秦漢郎官性質分爲兩個階段：

（一）秦及西漢：郎吏是宮官，是家臣；宿衛宮闈，給事近署；其進身多由蔭任與訾選，非貴族即富豪；實貴族子弟纘繼父兄之業之捷徑，故饒貴族性。

（二）西漢末及東漢：郎吏是府官，是朝臣；專供行政人才之吸收與訓練，不以宿衛給事爲要務；其進身多由孝廉與明經，非文吏即儒生；實優秀平民參政宦達之梯階，故富平民性。

並在考察秦漢郎中令、中郎將之職後指出：

蓋東漢三署頗類行政人員訓練所或儲養所，光祿勳中郎將亦非內宮禁衛之職，惟以管理郎署爲主要職務，故史家惟以選舉清濁衡其任職否耳〔註4〕。

也就是說，及至東漢，光祿勳職掌雖然同於西漢，但由於郎官性質的轉變，其主要職務已經由宿衛宮禁變成了管理郎署。既然郎吏由宮官家臣一變而爲府官朝臣，那麼光祿勳也就更多的帶有朝官性質。東漢時期，在諸卿之中，只有少府和光祿勳下轄職官分職屬和文屬兩大類。《續漢書志‧百官二》載光祿勳轄下屬官：

五官中郎將、左中郎將、右中郎將、虎賁中郎將、羽林中郎將、羽林左監、羽林右監、奉車都尉、駙馬都尉、騎都尉、光祿大夫、太

若此不解，終歲更始，所以重慎宿衛也」；〔漢〕衛宏：《漢官舊儀》卷上載「皇帝起居儀宮司馬內，百官案籍出入，營衛周廬，晝夜誰何。殿外門署屬衛尉，殿內郎署屬光祿勳，黃門、鉤盾署屬少府」（兩書收入〔清〕孫星衍等輯，周天遊點校：《漢官六種》，第14、30頁）。衛尉主要掌管的是宮門，凡是出入宮門者，均需核對，而且負責在宮城之內來回巡邏以保證宮內安全。與此相比，光祿勳主要掌管的是殿門（《漢書》卷一九上《百官公卿表上》載光祿勳轄下諸郎，「郎掌守門戶，出充車騎，有議郎、中郎、侍郎、郎中，皆無員，多至千人」，第727頁）。《續漢書志》二五《百官二》在光祿勳屬官「五官中郎將」也提到了郎官職掌，「凡郎官皆主更直執戟，宿衛諸殿門，出充車騎。唯議郎不在直中」（第3574～3575頁）。這裏說得很清楚，郎官主要是宿衛殿門的。而且，上引衛宏的《漢官舊儀》也說「殿外門署屬衛尉，殿內郎署屬光祿勳」，明顯是以殿，而不是以宮來劃分兩者的職權範圍。因此，衛尉主要是掌管宮廷宿衛，但其空間是在宮門以內、殿門以外，殿門以內是歸光祿勳掌管的，而皇帝自然是多居殿中，光祿勳比起衛尉來，更有條件接近皇帝。參見楊鴻年：《漢魏制度叢考》「宮衛制度」之「二、光祿勳、衛尉主宮內」（第22～26頁）。

〔註4〕嚴耕望：《秦漢郎吏制度考》，收入《嚴耕望史學論文集》，第22、39頁。

　　中大夫、中散大夫、諫議大夫、議郎、謁者僕射。

　　右屬光祿勳。本注曰：職屬光祿者，自五官將至羽林右監，凡七署。

　　自奉車都尉至謁者，以文屬焉〔註5〕。

在職屬諸官之中，五官、左、右三中郎將所轄中郎、侍郎、郎中，即所謂三署郎，乃官員之儲備庫〔註6〕。虎賁中郎將下轄中郎、侍郎、郎中，羽林中郎將下轄羽林郎則仍然是「掌宿衛侍從」〔註7〕。雖然由於三署郎性質的轉變導致了光祿勳宿衛職能的削弱，但並不是說其宿衛宮禁的職能完全喪失，故《百官志》仍以「宿衛」爲其職掌。

一、魏晉：屬官的調整與職能的轉變

　　洪飴孫《三國職官表》依據《晉志》詳考三國光祿勳及諸署之制後云：「《漢志》云自五官將至羽林監皆以職屬光祿勳，自奉車都尉以下，以文屬焉。魏亦當同。晉承魏制，今諸署次第，並據《晉志》。」〔註8〕按洪氏所考，極其詳備，但偶有失誤。試舉數例：

　　一、洪氏云：「五官中郎將……漢建安十六年，文帝爲五官中郎將時，副丞相，置官署……踐阼以後不置。」〔註9〕但洪氏所考之魏五官中郎將中有嚴幹，考《三國志·裴潛傳》注引《魏略》：「（嚴幹）黃初中，轉爲五官中郎將。明帝時，遷永安太僕，數歲卒。」〔註10〕嚴幹在文帝黃初中任五官中郎將，是文帝踐阼以後，仍有五官中郎將一職之證。

〔註5〕《續漢書志》二五，第3574～3578頁。

〔註6〕《後漢書》卷四《孝和帝紀》注引《漢官儀》曰：「三署謂五官署也，左、右署也，各置中郎將以司之。郡國舉孝廉以補三署郎，年五十以上屬五官，其次分在左、右署，凡有中郎、議郎、侍郎、郎中四等，無員」（第193頁）。《漢官儀》將諸郎分爲中郎、議郎、侍郎、郎中四等，而上引《百官志》，議郎是文屬於光祿勳，且不在三署郎範圍之內。同樣是《北堂書鈔·設官部》引《漢官儀》：「議郎十二人，秩比六百石，不屬署，不直事」（《漢官六種》，第132頁）。這裏議郎「秩比六百石」，是西漢制度，因爲東漢時議郎是「六百石」，可見在西漢時，議郎即不屬署，《和帝紀》注引《漢官儀》有誤。又嚴耕望認爲議郎「性質與前述三種郎官不類，故郎官形成三署制度後，議郎不屬署，亦不直事」（《嚴耕望史學論文集》，第26頁），從性質立論，其說可從。

〔註7〕《續漢書志》二五，第3575、3576頁。

〔註8〕《三國職官表》，收入《後漢書三國志補表三十種》，第1360頁。

〔註9〕《三國職官表》，收入《後漢書三國志補表三十種》，第1333頁。

〔註10〕《三國志》卷二三，第675頁。

二、洪氏在考左中郎將一職時云：「漢末及魏時四中郎將已如晉制分駐，但未有定駐之地耳。今姑從前制，附列於此，左作東，同。」在考右中郎將一職時云：「右或作西，同」〔註11〕，則洪氏以左、右中郎將即東、西中郎將，合南、北中郎將而爲四中郎將，按此有誤。楊晨《三國會要》卷九《職官上》已指其非，楊氏云：「按《續漢志》注云：『漢末又有四中郎將，皆帥師征伐』，當非宿衛之官，疑左右中郎將外別置此四官，不屬光祿。考《魏志》及《注》，既有左右，又有東西南北」〔註12〕。

雖偶有誤，但洪氏所考之三國光祿勳制度大抵齊備。下面主要討論一下晉制，據《晉書・職官志》：

> 光祿勳，統武賁中郎將、羽林郎將、冗從僕射、羽林左監、五官左右中郎將、東園匠、太官，御府、守宮、黃門、掖庭、清商、華林園、暴室等令。哀帝興寧二年，省光祿勳，并司徒。孝武寧康元年復置〔註13〕。

與前引《續漢書志・百官二》所記光祿勳的職官相比，文屬的官員已經全部退出，新入職官有冗從僕射、東園匠等九署令。兩漢時期，三署郎一直是在光祿勳管內，東漢光祿勳更以管理郎署爲主要職務，但魏晉以來，已沒有三署郎，《宋書・百官志上》：

> 魏、晉以來，光祿勳不復居禁中，又無復三署郎，唯外宮朝會，則以名到焉〔註14〕。

既退出禁中，又沒有了三署郎這個宮殿宿衛的來源，說明了自東漢以來，光祿勳的宿衛職能的不斷削弱。預示了光祿勳或者被廢，或者改變其職能。

我們現在討論一下兩晉時期新入光祿勳的職官。

（一）冗從僕射

據《宋書・百官志下》：

> 冗從僕射，漢東京有中黃門冗從僕射，非其職也。魏世因其名而置冗從僕射〔註15〕。

〔註11〕《三國職官表》，收入《後漢書三國志補表三十種》，第1338、1340頁。
〔註12〕《三國會要》，第142～143頁。
〔註13〕《晉書》卷二四，第736頁。
〔註14〕《宋書》卷三九，第1229頁。《通典》卷二五《職官七・光祿卿》：「自魏晉以後，無復三署郎，而光祿不復居禁中，唯外官朝會，則以名到焉」（第698頁）。《通典》作「外官」，《宋書》作「外宮」，未知孰是。
〔註15〕《宋書》卷四〇，第1249頁。又洪飴孫《三國職官表》云：「中郎可考者九人，

《通典・職官十八》載魏官品表有：

第五品

虎賁中郎將、冗從僕射、羽林監。

同書《職官十九》載晉官品表有：

第五品

虎賁中郎將、冗從僕射、羽林監〔註16〕。

沈休文以冗從僕射爲魏新設職官，並非東漢中黃門冗從僕射的省稱〔註17〕，且與虎賁等將爲同一品秩。《漢書・枚乘傳》「爲王使，與冗從爭」條顏師古注曰：

冗從，散職之從王者也〔註18〕。

《通典・職官十》「冗從僕射」引《職官要錄》曰：

本期門之職，漢桓帝時置冗從僕射，掌諸散從，其射事則主帥之〔註19〕。

《太平御覽・職官部四十》「冗從僕射」引《續漢志》曰：

冗從僕射，秩比六百石。武帝置期門郎，有僕射。常從遊獵，或以宦者爲之，號冗從黃門僕射，居則直門戶，行則騎從。桓帝永壽三年置冗從僕射〔註20〕。

《續漢書志・百官三》：

中黃門冗從僕射一人，六百石。本注曰：宦者。主中黃門冗從。居則宿衛，直守門戶；出則騎從，夾乘輿車〔註21〕。

郎中可考者二十五人，皆未知何署，附列於此。案：《初學記》、《通典》皆云魏晉以來，無三署郎，而本書有中郎、郎中，官品覆載之，則不應無三署郎也。或自晉以來始無之耳。」（《三國職官表》，收入《後漢書三國志補表三十種》，第1334頁），可備一說。

〔註16〕《通典》卷三六，第992頁；卷三七，第1004頁。

〔註17〕《通典》卷三六、三七所載魏、晉官品表有「黃門冗從僕射」一職，均在第六品，第992、1005頁，可見與冗從僕射確爲兩職。

〔註18〕《漢書》卷五一，第2366頁。

〔註19〕《通典》卷二八，第781頁。《北堂書鈔》卷六三《設官部十五・冗從僕射九十九》「掌散從師射事」引《環濟要略》云：「冗從，其有射事，則掌師之」，與《通典》大意略同，「師」或爲「帥」字之誤（第261頁下）。據牟師發松所考，環濟爲兩晉之際人，官太學博士（見氏撰：《〈吳地記〉考》，第7~8頁，《文史》2008年第1輯）。《要略》所載爲當時人記當時事，可信度最高，但因殘缺過甚，反不如《通典》所引完整。

〔註20〕《太平御覽》卷二四二，第1148頁。

〔註21〕《續漢書志》二六，第3594頁。

據此，冗從僕射本漢代所設，桓帝永壽三年（157 年）已經設置，可能當時並沒有固定下來。職「掌諸散從」，如有「射事」，即從事禮儀等活動，則「主帥之」。因為冗從僕射本期門之職，而期門郎是掌護衛皇帝的，所以東漢時期，「居則直門戶，行則騎從」，仍以護衛為主。這與以宦官出任的中黃門冗從僕射職掌相同。因為曹魏鑒於東漢亡於宦官，所以對宦官出任官職有嚴格的規定，《三國志‧魏志‧文帝紀》：

（建安二十五年二月）置散騎常侍、侍郎各四人，其宦人為官者不得過諸署令；為金策著令，藏之石室〔註22〕。

當時曹丕雖然尚未稱帝，但魏室天下已成定局，這條限制宦官任職的詔令必為曹丕首肯，方能著之金策，為不易之法。從洪飴孫所考出任冗從僕射的李昭、畢軌、司馬權及兩晉出任該職的華廙、司馬莩、司馬騰、司馬模、司馬覲、司馬澹〔註 23〕來看，曹魏時期均為士人出任該職，兩晉則似漸成宗室的起家官，就是因為冗從僕射在皇帝身邊之故。所以，沈約所說「非其職也」，指的是專門由士人擔任的、並且作為職官固定下來的冗從僕射。雖然當時仍然有宦官出任的「黃門冗從僕射」，但是在魏文帝詔令下，其地位已遠在「冗從僕射」之下。從兩晉時期，冗從僕射漸成宗室起家官這點上來看，侍從皇帝的榮譽是主要的，而宿衛則是次要的。

（二）東園匠

東漢本屬少府，主作陵內器物。

《後漢書‧孝崇匼皇后紀》「斂以東園畫梓壽器」條注曰：

東園，署名，屬少府，掌為棺器〔註24〕。

曹魏無考，兩晉凡親貴大臣亡故，多有「賜東園秘器」詔令，可見其職掌不變。

〔註22〕《三國志》卷二，第 58 頁。盧弼即評價說：「近懲五侯十常侍之禍，此魏文之善政也」，見氏撰：《三國志集解》本條，第 68 頁下。

〔註23〕《三國職官表》，收入《後漢書三國志補表三十種》，第 1357 頁。《晉書》卷四四《華表傳》，第 1260 頁；卷五九《趙王倫傳》，第 1600 頁；卷三七《新蔡武哀王騰傳》，第 1096 頁、《南陽王模傳》，第 1097 頁；卷三八《琅邪王伷傳》，第 1122 頁、《武陵王澹傳》，第 1122 頁。

〔註24〕《後漢書》卷一〇下，第 442 頁。《通典》卷二七《職官九‧將作監》「東園主章令」條注曰：「東園匠，官名，主作陵內器物，屬少府」，第 763 頁。

（三）太官

東漢本屬少府。

《唐六典・光祿寺》「太官署」條注曰：

> 秦、漢少府屬官有太官、湯官令・丞，太官主膳食，湯官主餅餌。……
> 魏氏因之。晉光祿勳屬官有太官令〔註25〕。

其職掌，據《後漢書・百官志三》：

> 太官令一人，六百石。本注曰：掌御飲食〔註26〕。

職掌御膳，魏屬少府，晉屬光祿勳。

（四）御府

東漢屬少府。

《唐六典・殿中省》「尚衣局：奉御二人，從五品上」條注曰：

> 秦、漢少府屬官有御府令、丞，掌供御服。後漢又掌宦者，典官婢
> 作中衣服及補浣之事。魏因之。晉屬光祿勳，東晉省〔註27〕。

職掌御服，魏仍屬少府，晉屬光祿勳，東晉省。

（五）守宮

東漢屬少府。

《唐六典・衛尉寺》「守宮署：令一人，正八品下」條注曰：

> 漢少府屬官有守宮令、丞，主御紙、筆、墨，及財物諸用，并封泥
> 之事。晉光祿勳屬官有守宮令〔註28〕。

職掌御用筆墨紙之類物品，魏無考，洪飴孫繫於光祿勳〔註29〕，晉屬光祿勳。

〔註25〕《唐六典》卷一五，第 444 頁。《通典》卷二五《職官七・光祿卿》「太官署令、丞」條略同，第 699 頁。
〔註26〕《續漢書志》二六，第 3592 頁。
〔註27〕《唐六典》卷一一，第 326 頁。《通典》卷二六《職官八・殿中監》「尚衣局奉御」條略同，第 743 頁。
〔註28〕《唐六典》卷一六，第 464 頁。《通典》卷二五《職官七・衛尉卿》「守宮署」條略同，第 702 頁。《續漢書志》二六《百官三》載守宮令職掌曰：「主御紙筆墨，及尚書財用諸物及封泥」，第 3592 頁。守宮令所掌爲「御紙筆墨」，即物品，如果像《唐六典》、《通典》所記爲「財物諸用」，則似守宮掌財和物兩方面，恐不確。當依《續漢書志》所記爲「尚書財用諸物」，即供給尚書在財物管理上所需諸物品，比如紙墨，以便造冊登記之類。
〔註29〕《三國職官表》，收入《後漢書三國志補表三十種》，第 1357 頁。

（六）黃門

東漢屬少府。

《續漢書志·百官三》：

> 黃門令一人，六百石。（注引董巴曰：「禁門曰黃闥，以中人主之，
> 故號曰黃門令。」）本注曰：宦者。主省中諸宦者〔註30〕。

《唐六典·內侍省》「掖庭局：令二人，從七品下」條注曰：

> 魏、晉並有掖庭令、黃門令，而非宦者〔註31〕。

黃門令，東漢用宦官，主宦者。曹魏仍設，但用士人，洪飴孫繫於光祿勳〔註
32〕，晉屬光祿勳。魏晉黃門令既然並非宦官，則不當居宮中，晉另有中黃門
一官，或為東漢黃門令之職〔註33〕。

（七）掖庭

東漢屬少府。

《續漢書志·百官三》：

> 掖庭令一人，六百石。本注曰：宦者。掌後宮貴人採女事〔註34〕。

職掌後宮選女事，上引《唐六典》文，已指出魏晉以來用士人，非宦官。曹
魏時期，洪飴孫繫於光祿勳〔註35〕，晉屬光祿勳。

（八）清商

該官不見前代，當為曹魏新創，洪飴孫考之曰：

> 嘉平六年《紀》注稱少帝見九親婦女有美色，留以付清商。又帝使
> 保林李華、劉勳等與小優郭懷、袁信等戲，清商令令狐景呵之。是
> 所掌如漢掖庭令也〔註36〕。

不過，《資治通鑒·宋紀十六·順帝昇明二年》「又，今之清商……江左彌貴」
條胡注曰：

> 魏太祖起銅爵臺於鄴，自作樂府，被於管絃，後遂置清商令以掌之，

〔註30〕《續漢書志》二六，第 3594 頁。
〔註31〕《唐六典》卷一二，第 358 頁。
〔註32〕《三國職官表》，收入《後漢書三國志補表三十種》，第 1358 頁。
〔註33〕《晉書》卷四《惠帝紀》，第 103 頁。《通典》卷三七《職官十九》「晉官品表」
　　　　第六品有「黃門令」，第七品有「中黃門」，第 1005 頁。
〔註34〕《續漢書志》二六，第 3595 頁。
〔註35〕《三國職官表》，收入《後漢書三國志補表三十種》，第 1358 頁。
〔註36〕《三國職官表》，收入《後漢書三國志補表三十種》，第 1359 頁。

　　屬光祿勳〔註37〕。

胡三省是以後代太樂下之清商署，同於魏晉之清商令。後世如梁太樂下有清商署，確爲掌樂之官〔註38〕。但魏晉時期之清商令職掌當如洪氏所舉證的一樣，與掖庭令同。清商令之得名，或與清商殿有關，《宋書‧五行志三》：

> 魏明帝太和五年五月，清商殿災。初，帝爲平原王，納河南虞氏爲妃。及即位，不以爲后，更立典虞車工卒毛嘉女，是爲悼皇后。后本仄微，非所宜升，以妾爲妻之罰也〔註39〕。

清商殿之名僅見於魏明帝時期，前後代均無。而清商令也創自曹魏，很可能清商令是掌管清商殿的長官。本條災異之由，所載仍是后妃之事，很可能清商殿爲后妃寢宮。所以，洪氏所考可能是正確的。

（九）華林園令

　　曹魏所創，本名芳林園，避齊王芳諱，改爲華林園〔註40〕。不過，據《晉書》所載，大鴻臚屬下亦有華林園令〔註41〕。《歷代職官表‧內務府奉宸苑》「上林苑丞，晉因之，江左無聞」條注曰：

> 謹案《晉志》，園苑之職，光祿、鴻臚皆有華林園令。鴻臚又有鄴元武苑丞，而瓊圃、靈芝等園不與焉。蓋皆統轄於華林令也。《通典》又稱上林苑令，晉與漢同，而史志無之，意即華林之誤稱歟？
>
> 〔註42〕

華林園令之屬光祿，還是鴻臚，或者兩屬雖然不能遽斷，但清代學者的意見指出：魏晉的華林令就是東漢的上林令。除清人已經列舉的《通典》史料外，《唐六典》也稱漢代的上林苑令是「魏、晉因之」〔註43〕。可魏晉時期未見有「上林令」之官，也沒找到有「上林苑」之名。所以，我同意清人的意見，華林園令就是漢代的上林苑令，或者說，華林園令代替上林苑令行使管理皇家苑囿的職能。不過這種替代僅限於魏晉時期，劉宋就又設置了上林令管理

〔註37〕《資治通鑒》卷一三四，第 4220 頁。
〔註38〕《隋書》卷二六《百官志上》，第 724 頁。《唐六典》卷一四《太常寺》「太樂署：令一人，從七品下」條注，第 402 頁。
〔註39〕《宋書》卷三二，第 931 頁。
〔註40〕《三國志》卷二《文帝紀》注引《魏書》，第 84 頁。
〔註41〕《晉書》卷二四《職官志》，第 737 頁。
〔註42〕《歷代職官表》卷四〇，第 758 頁上。
〔註43〕《唐六典》卷一九《司農寺》「上林署：令二人，從七品下」條注，第 525 頁。

苑囿，雖然當時仍然有華林園令，但見於志書的就只有上林令了〔註44〕。東漢上林苑令屬少府，主苑囿中禽獸、民居等事〔註45〕，華林園令既然是代替了上林苑令，那麼所掌當相去不遠〔註46〕。

（十）暴室

東漢本是掖庭令下一丞，《續漢書志·百官三》：

> 掖庭令一人……左右丞、暴室丞各一人。本注曰：宦者。暴室丞主中婦人疾病者，就此室治；其皇后、貴人有罪，亦就此室〔註47〕。

暴室職掌後宮疾病及罪犯等事，洪飴孫認為魏時已升成令，繫於光祿勳〔註48〕。晉屬光祿。

從以上的考察來看，我們可以將晉代光祿勳的職掌也分成兩個部分。

第一部分，從虎賁中郎將到五官左右中郎將。這一部分擔當著從漢代以來就有的宿衛職能。在漢代，五官、左、右中郎將本下轄三署郎，是帝國人才的儲備庫，東漢光祿勳職掌的主要部分就是管理三署郎。不過，魏晉時期，三將下已無三署郎，這不僅預示了五官、左、右三中郎將只有兩條路可以走：被廢或者轉變其職能，也表示光祿勳已經不再統領郎署，也就不再為帝國管理人才儲備。而且，宿衛這方面職能在過江以後也遭到了削弱，《宋書·百官志下》：

> 漢東京又置羽林左監、羽林右監，至魏世不改。晉罷羽林中郎將，又省一監，置一監而已。自虎賁至羽林，是為三將。哀帝省。宋高祖永初初，復置。江右領營兵，江左無復營兵〔註49〕。

《唐六典·諸衛府》「左、右羽林軍衛，大將軍各一人，正三品」條注曰：

> 魏羽林監品第五。晉光祿勳屬官有羽林郎將、羽林左、右監，品第

〔註44〕《宋書》卷三九《百官志上》有「上林令」官名、職掌，第1238頁。《宋書》卷二九《符瑞志下》載：「明帝泰始二年三月丙午，黃紫雲從景陽樓出，隨風回，久乃消，華林園令臧延之以聞」，第836頁。可見劉宋仍有華林園令之設。

〔註45〕《續漢書志》二六，第3593頁。

〔註46〕華林園在魏晉南北朝時期，地位漸次重要，有諸多歷史事件與華林園有關，但這不屬於華林園在制度上的職掌，具體的研究請參見李文才：《魏晉南北朝時期的華林園——以洛陽、建康兩地為中心論述》，收入氏著：《魏晉南北朝隋唐政治與文化論稿》，第126～166頁。

〔註47〕《續漢書志》二六，第3595頁。

〔註48〕《三國職官表》，收入《後漢書三國志補表三十種》，第1359頁。

〔註49〕《宋書》卷四○，第1249頁。

五，銅印、墨綬，武冠，絳朝服；其侍升殿，著鶡尾冠，紗縠單衣。

哀帝時，桓溫執政，省羽林中郎將，唯置一監；宋高祖復置。初，

江右領營兵；及過江，無復營兵〔註50〕。

哀帝時，桓溫省併九卿，光祿勳也在省併之列，虎賁等三將既然隸屬光祿勳，自然也被省，由此可見光祿宿衛的職能絕非如漢代般重要。而且，江右即魏、西晉時期，羽林一系官員本領營兵，及過江，沒有營兵，也說明宿衛職能的弱化。至於新設的「冗從僕射」一官，雖借漢代之名，恐無漢代宿衛之實。晉時可考之冗從僕射，絕大多數是宗室，且成為其起家官，榮譽性質是主要的〔註51〕。

第二部分，是東園匠等九署令。這些官職都是從東漢的少府劃分出來的。其中，東園匠、太官、御府、守宮、黃門、掖庭六署令沿用漢代舊名；清商令職掌同於掖庭令；華林園令實際上取代了上林令；暴室令是由漢代掖庭令下之暴室丞升級而成。也就是說，東漢職屬少府的四令，晉時除太醫令外〔註52〕，太官、守宮、上林苑（華林園）三令均劃歸光祿勳；文屬少府的職官，除在魏晉時期已經獨立的侍中、尚書、御史系統，其餘諸署令也大半劃歸光祿勳〔註53〕。也就是說，兩晉光祿勳接收了東漢少府的一部分職能，即掌管

〔註50〕《唐六典》卷二五，第642～643頁。
〔註51〕據《通典》卷三七《職官十九》所載「晉官品表」，冗從僕射在第五品，第1004頁。如果按照宮崎市定的「官品、鄉品相差四等說」，起家官如果是五品的話，其鄉品則是一品，但我們知道，鄉品一品在魏晉時期幾乎是沒有的，或者說只有宗室才能超出九品官人之法，以如此高的官品起家，參見宮崎市定：《九品官人法の研究——科舉前史》，第97～110頁。
〔註52〕太醫令，魏屬少府，晉屬宗正，參見《晉書》卷二四《職官志》，第737頁；《唐六典》卷一四《太常寺》「太醫署：令二人，從七品下」條注，第408頁。
〔註53〕據《續漢書志》二六《百官三》，東漢少府屬官中稱為令的計有：太醫、太官、守宮、上林苑、黃門、掖庭、永巷、御府、祠祀、鉤盾、中藏府、內者、尚方、尚書、符節十五令（第3592～3599頁）。其中除尚書令秩千石外，其餘均為六百石。
　　永巷或已被合併於掖庭。永巷與掖庭本來職能相似，掖庭所統為「後宮貴人採女事」，永巷則「典官婢役使」（《續漢書志》二六《百官三》，第3595頁）。掖庭、永巷之差別只在所統人員的地位高下而已。且掖庭本就是由永巷更名而來，《唐六典》卷一二《內侍省》「掖庭局：令二人，從七品下」條注曰：「《詩》之巷伯也，至秦為永巷，漢武帝更名掖庭，有令、丞」（第358頁）；本用宦者，《通典》卷二七《職官九·內侍省》：「及袁紹大誅宦者之後，永巷、掖庭復用士人，閨闈出入，莫有禁切，侍中、侍郎、門部騶宰，中外雜錯，醜聲彰聞」（第756頁），這可能也是魏將黃門、掖庭改用士人的原因之一。曹魏以後就不見永巷令之名。

宮廷的雜務。

我們回過來再看光祿勳的職掌，《宋書・百官志上》：

> 魏、晉以來，光祿勳不復居禁中，又無復三署郎，唯外宮朝會，則以名到焉。二臺奏劾，則符光祿加禁止，解禁止亦如之。禁止，身不得入殿省，光祿主殿門故也。宮殿門戶，至今猶屬。晉哀帝興寧二年，省光祿勳，并司徒。孝武寧康元年，復置〔註54〕。

兩漢以來，光祿勳的宿衛與管理郎署的兩大職能在魏晉時期無疑都發生了變化，三署郎沒有了，下轄諸將至東晉無復領營兵，自己本身也退出禁中，成為外朝官員。不過，仍然管理著殿門，或多或少的保留著兩漢以來宿衛的影子。同時，由於少府下轄諸多署令被劃歸光祿勳，可以說魏晉時期，光祿勳的職能正在發生著變化，一方面，宿衛職能不斷削弱，另一方面，管理宮廷雜務的職能卻在不斷的增強。今後是回到漢代的舊路，加強被削弱的宿衛職能，還是在魏晉形成的管理宮廷雜務的道路上前進，就要看南北朝時期光祿勳的發展了。

二、南朝：文官化道路

劉宋光祿勳職掌與漢晉不同，從上引《百官志》之文可見，僅餘「掌宮

祠祀，也用宦者，《續漢書志》二六《百官三》及其職掌「典中諸小祠祀……宦者」（第3595頁）。這本與太常屬下的太祝令職能相似，或因大誅宦官而省，魏晉以後，無祠祀令之名。

鈞盾令，魏氏闕文，晉屬大鴻臚，《晉書》卷二四《職官志》，第737頁。

內者令，《續漢書志》二六《百官三》記其職掌「掌宮中布張諸褻物」（第3596頁）。魏晉不見有內者令，或已被省併。

符節令，據《晉書》卷二四《職官志》載：「符節御史，秦符璽令之職也。漢因之，位次御史中丞。至魏，別為一臺，位次御史中丞，掌授節、銅武符、竹使符。及泰始九年，武帝省并蘭臺，置符節御史掌其事焉」（第739頁）。《晉書》稍有誤，秦符璽令，西漢因之，東漢稱符節令，《唐六典》卷八《門下省》「符寶郎四人，從六品上」條注曰：「後漢則別為一臺，亦屬少府，置符節令一人為臺率，主符節事，凡遣使掌授節，領尚符璽郎中四人。兩漢皆傳秦六璽及傳國璽。魏符節令位次御史中丞。晉武帝泰始元年，省并蘭臺，置符節御史」（第250頁）。按《六典》作泰始元年誤，當是泰始九年，參《通典》卷二一《職官三・門下省》「符寶郎」條及本卷校勘記【一四九】，第558頁。

除此以外，太醫令劃歸宗正，中藏府、尚方二令仍屬少府，尚書系統獨立，可見東漢少府所屬諸署令，少府仍有其二，其餘一令歸宗正、一令歸鴻臚，一令歸御史臺、一令獨立，三令或省或併，其餘六令全部劃歸光祿。

〔註54〕《宋書》卷三九，第1229～1230頁。

殿門戶」一項職責而已。且其下無屬官，所統諸大夫，據《宋書·百官志上》：

> 左光祿大夫，右光祿大夫。二大夫，晉初置。光祿大夫……晉初又
> 置左右光祿大夫，而光祿大夫如故。光祿大夫銀章青綬，其重者加
> 金章紫綬，則謂之金紫光祿大夫。舊秩比二千石。
> 中散大夫，王莽所置，後漢因之。……魏以來復無員。自左光祿大
> 夫以下，養老疾，無職事〔註55〕。

諸大夫在東漢本文屬於光祿勳，晉雖置左右光祿大夫，但只是新設名號，諸大夫因其「無職事」，故可以「養老疾」，優寵老臣而已。且光祿大夫與諸卿均在第三品〔註56〕，品秩相同，加金章紫綬者品秩更高於諸卿，所以這些大夫隸名光祿勳之下，恐仍是沿漢代舊規，文屬而已。我們認為，晉哀帝時，由桓溫主持的省官併職對光祿勳的影響很大，很多屬官在晉孝武帝復置諸卿時並沒有得到恢復，而是在劉宋才重置，重置以後就不再隸屬光祿勳了。比如上引「羽林監」，就是到「宋高祖永初初，復置」〔註57〕。而劉宋時期，武將單成一個系統，晉屬光祿勳的羽林監、虎賁中郎將、冗從僕射都獨立出來，不歸其他系統管轄。所以劉宋光祿勳真正成了「掌宮殿門戶」的守門官員，沒有宿衛功能了。光祿勳之不掌宿衛、不統武將，使其最終成為徹底的文官，應該說是在晉宋之際完成的。

蕭齊光祿勳職掌、屬官全同劉宋〔註58〕。蕭梁則與宋齊不同，《隋書·百官志上》記梁制：

> 光祿卿，位視太子中庶子，掌宮殿門戶。統守宮、黃門、華林園、
> 暴室等令。又有左右光祿、金紫光祿、太中、中散等大夫，並無員，
> 以養老疾〔註59〕。

在繼承劉宋制度，即「掌宮殿門戶」和統諸大夫以外，蕭梁恢復了光祿勳下轄諸署令的制度，這是越過宋齊，上承兩晉，即管理一部分宮廷雜務。但是，兩晉時期光祿勳統轄的武將並沒有得到恢復，可見文官化的**趨勢**已經不可逆**轉**，屬下無員，漸成虛職。

〔註55〕《宋書》卷三九，第1230頁。
〔註56〕《宋書》卷四〇《百官志下》，第1261頁。
〔註57〕《宋書》卷四〇，第1249頁。
〔註58〕《南齊書》卷一六《百官志》，第316～317頁。
〔註59〕《隋書》卷二六，第725～726頁。

三、北朝：太官職掌的轉變

　　北朝光祿勳的職掌與南朝不同，我們雖然對北魏制度不甚清楚〔註60〕，但因襲北魏的北齊制度見於記載，《隋書‧百官志中》：

> 光祿寺，掌諸膳食，帳幕器物，宮殿門戶等事。統守宮、（掌凡張設等事。）太官、（掌食膳事。）宮門、（主諸門籥事。）供府、（掌供御衣服玩弄之事。）肴藏、（掌器物鮭味等事。）清漳、（主酒，歲二萬石。春秋中半。）華林（掌禁籞林木等事。）等署。宮門署，置僕射六人，以司其事。餘各有令、丞。又領東園局丞員。（掌諸凶具。）〔註61〕

北朝光祿寺職「掌諸膳食、帳幕器物、宮殿門戶」三個部分，其實就是管理宮廷雜務。這與僅掌「宮殿門戶」的宋齊制度不類，而與蕭梁制度頗為相似，同是上承兩晉的制度。我們上面討論過，兩晉光祿勳在很大程度上接收了原東漢少府的大部分署令，而具有掌管宮廷雜務的職能。不過，北朝與蕭梁有別之處，就是將膳食的管理置於首位。這是與魏晉南朝最大的不同之處。北齊光祿寺下掌膳食的官員有太官、肴藏、清漳三令。太官所掌據上所引為食膳事，《唐六典‧光祿寺》「太官署：令二人，從七品下」條注曰：

> 後魏、北齊分太官令為尚食、中尚食。尚食，門下省領之；中尚食，集書省領之；太官，光祿卿領之。尚食、中尚食掌知御膳，太官掌知百官之饌〔註62〕。

〔註60〕　關於北魏光祿勳職掌及屬官，參見俞鹿年：《北魏職官制度考》（第106～108、275～276頁）。筆者由於對北魏職官制度尚未做深入系統的研究，故暫依北齊制度加以討論。

〔註61〕　《隋書》卷二七，第755～756頁。括號內為原注。

〔註62〕　《唐六典》卷一五，第444頁。不過，本段所引與諸書稍有不同，本書本卷校勘記【一八】曰：「《隋書‧百官志》：北齊尚食局屬門下省，中尚食局隸中侍中省。《通典‧職官七‧諸卿上》『太官署令、丞』條曰：『後魏分太官為尚食、中尚食，知御膳，隸門下省；而太官掌百官之饌，屬光祿卿。北齊因之。』《冊府元龜》卷六二〇《卿監部‧總序》同《六典》。」（第451頁）。按：《通典》所記有誤，中尚食局隸門下省未見他書記載。至於中尚食隸集書省還是中侍中省，亦或先隸集書省而後隸中侍中省，尚無法得知。主隸中侍中省者，有《隋書‧百官志》；主隸集書省者，除上引《唐六典》本條，同書卷一一《殿中省》「尚食局：奉御二人，正五品下」條注曰：「至北齊，門下省統六局，尚食局有典御二人，丞、監各四人；又有集書省，統三局，有中尚食局典御二人、監四人，品與尚食同」（第323頁），同樣指中尚食局隸集書省。此處暫依《六典》之文。

北齊在太官令的問題上，與魏晉不同，是將原太官令一分爲三，分成太官令、尚食、中尙食三職。這並不僅僅是官職的劃分，而且是職能的劃分，即將御膳與百官之饌區分開來。我們知道，南朝的太官令繼承的是漢晉以來的傳統，掌管一切宮廷膳食。也就是說，北朝特意將皇帝的膳食與一般朝會宴享百官的膳食區分開來，將外朝公宴之類的膳食劃歸光祿卿管轄。另外，肴藏、清漳兩令雖不知其是否僅掌供應外朝，但從清漳所主酒的供應，一年有兩萬石之巨，想也應當包括供應外廷公宴，而非僅供御用。從膳食供應的區分上，我們可以看出，自魏晉以來，光祿雖掌宮殿門戶，但已不復出入禁中，有定位爲外朝官的傾向。而魏晉延續漢代舊規，太官是掌知御膳的，所以太官即使被劃出少府，劃歸光祿，其掌知御膳的職能並沒有改變。既然掌知御膳，勢必出入禁中。當晉宋之際，光祿徹底文官化的同時，其作爲外朝官也已經明確了。怎樣來處理原有屬官中可以出入禁中、掌知御膳的太官，是關係到設官分職與光祿定位的問題。在南朝，太官退出光祿系統，宋齊梁陳並屬門下〔註 63〕，這樣就與光祿的定位沒有衝突。在北朝，則是分太官爲三，光祿

〔註 63〕 《唐六典》卷一五《光祿寺》「太官署：令二人，從七品下」條注曰：「宋侍中屬官有太官令一人，齊因之。梁門下省領太官，陳因之。」（第 444 頁）。《通典》卷二五《職官七‧光祿卿》條略同（第 699 頁）。但《唐六典》本卷校勘記【一七】引《南齊書‧百官志》：「太官令一人、丞一人，『屬（尚書）起部，亦屬領軍』。」（第 450～451 頁）。按：我認爲《南齊書‧百官志》的記載有誤，或存在錯訛。《南齊書》卷一六《百官志八》：「武庫令一人。屬庫部。車府令一人，丞一人。屬駕部。公車令一人。太官令一人，丞一人。太醫令一人，丞一人。內外殿中監各一人。內外驊騮廄丞各一人。材官將軍一人，司馬一人。屬起部，亦屬領軍」（第 321～322 頁）。從這段文字來看，好像從公車令到材官將軍都屬於尚書起部，亦屬領軍。但我認爲，這裏屬起部，亦屬領軍的僅有材官將軍及司馬這一系官職而已。理由如下：

一、《宋書》卷三九《百官志上》：「材官將軍，一人。司馬一人。主工匠土木之事。漢左右校令，其任也。魏右校又置材官校尉，主天下材木事。晉江左改材官校尉曰材官將軍，又罷左校。今材官隸尚書起部及領軍」（第 1238 頁），是材官將軍隸尚書起部及領軍自宋始，爲蕭齊繼承。

二、《宋書》卷四〇《百官志下》：「給事黃門侍郎，四人。與侍中俱掌門下眾事……公車令，一人。太醫令，一人。太官令，一人。驊騮廄丞，一人……自公車令至此，隸侍中」（第 1243～1244 頁），是自公車令至驊騮廄丞在宋屬侍中。

三、《唐六典》、《通典》所記上述諸官，宋齊多爲隸侍中。

　　1、記公車令。《通典》卷二五《職官七‧衛尉卿》：「公車司馬令……晉江左以來，直曰公車令。宋以後屬侍中」（第 702 頁），是公車令宋以後屬侍中。

　　2、記太官令。《唐六典》卷一五《光祿寺》「太官署：令二人，從七品下」

卿轄下的太官只掌外廷宴享百官之膳食，而內廷御用則有尚食與中尚食掌管，是通過改變太官的職掌來適應光祿卿。可見，北朝光祿寺所部職官雖與南朝不同，但繼承魏晉以來光祿外朝化的趨勢則一。

除掌供膳食的諸官以外，北齊新設有「宮門署」，有僕射六人以掌管宮殿門戶，這是在魏晉以來，光祿掌「宮殿門戶」職掌的框架內隨事設置的官職，並未有所突破。其餘守宮、供府（從其職掌看，實即漢晉御府之職）、華林均是兩晉舊官，也就是說，南北朝光祿職掌的不同，就是體現在太官一職的定位上。

四、餘論：隋唐繼承北朝

隋文帝即位，繼承北齊制度，但光祿寺所轄多有變更。《隋書·百官志下》：

光祿寺統太官、肴藏、良醞、掌醯等署。各置令、丞〔註64〕。

北朝光祿卿職掌分三部分，而以「掌諸膳食」為首，這部分職能為隋繼承，且成為隋光祿寺的唯一職掌。而漢魏以來光祿所掌「宮殿門戶」，至此全廢，從屬官來看，也沒有與宮門相關的職官設置。光祿掌管外朝宴享膳食，是北朝首創，為南朝所無，所以，隋代光祿寺系統上承北朝當無疑義。如果說，在掌管宮門這一點上，魏晉南北朝尚保留一點漢代光祿勳的餘義，那麼，到隋代，光祿寺所掌則與漢代了不相涉〔註65〕。唐光祿寺所掌全同於隋，《唐六

條注曰：「宋侍中屬官有太官令一人，齊因之。梁門下省領太官，陳因之」（第444頁）；《通典》卷二五《職官七·光祿卿》條略同（第699頁），是太官令宋齊並隸侍中。

3、記太醫令。《唐六典》卷一四《太常寺》「太醫署：令二人，從七品下」條注曰：「宋、齊太醫令、丞隸侍中」（第409頁）；《通典》卷二五《職官七·太常卿》條略同（第696頁），是太醫令宋齊並隸侍中。

4、記驊騮廄丞。《唐六典》卷一七《太僕寺》「典廄署：令二人，從七品下」條注曰：「（晉）哀帝時，省驊騮為門下之職。宋、齊因之」（第483頁）；《通典》卷二五《職官七·太僕卿》：「典廄署……魏為驊騮廄，晉有驊騮、龍馬二廄。自宋以後，分驊騮廄屬門下」（第707頁），是驊騮廄丞宋齊並隸門下。

5、殿中監的狀況，《唐六典》、《通典》均未有明記其所屬，但殿中所掌為宮殿內事務，似屬門下可能性更大。

綜合以上諸條，我認為，公車令、太官令、太醫令、驊騮廄丞諸官，宋齊並屬門下，殿中監不敢遽斷，《南齊書》所載「屬起部，亦屬領軍」的僅材官將軍及丞，不包括前面諸令、丞。

〔註64〕《隋書》卷二八，第776頁。

〔註65〕《歷代職官表》卷三〇《光祿寺》曰：「謹案：隋光祿寺始專主肴膳，無復掌

典‧光祿寺》：

> 光祿卿之職，掌邦國酒醴膳羞之事，總太官、珍羞、良醞、掌醢四
> 署之官屬，修其儲備，謹其出納；少卿為之貳。凡國有大祭祀，則
> 省牲、鑊，視濯、溉。若三公攝祭，則為之終獻。朝會、燕饗，則
> 節其等差，量其豐約以供焉〔註66〕。

無論屬官、職掌全同於隋，而且除祭祀以外，明確其職是供應「朝會、燕饗」，
即外廷宴飲，而與御膳無關。因御膳之供應，全由殿中省的尚食局掌管，《唐
六典‧殿中省》：

> 尚食奉御掌供天子之常膳，隨四時之禁，適五味之宜，當進食，必
> 先嘗。凡天下諸州進甘滋珍異，皆辨其名數，而謹其儲供。直長為
> 之貳。凡元正、冬至大朝會饗百官，與光祿視其品秩，分其等差而
> 供焉。其賜王公已下及外方賓客亦如之。若諸陵月享，則於陵所視
> 膳而獻之〔註67〕。

尚食局不僅掌管皇帝日常膳食，而且，只要涉及皇家，如歷代皇陵的月享獻
膳，也全由其掌管，與光祿寺無關。但是，外朝大會宴飲，有皇家亦有百官，
尚食局則須要聯手光祿，分工合作，共同辦理。

隋唐雖然繼承北朝之制，但是，太官之劃歸光祿，始於魏而為晉所繼承，
就光祿下轄太官這一點上，北朝隋唐承自魏晉。不過魏晉太官所掌是否包括
外廷宴享用膳雖不明，但其繼承兩漢舊制，掌御膳則無疑問。《晉書‧成帝紀》：

> （咸和三年二月）賊乘勝麾戈接於帝座，突入太后後宮，左右侍人
> 皆見掠奪。是時太官唯有燒餘米數石，以供御膳〔註68〕。

明記太官供御膳。然魏晉以來，光祿不復掌宿衛之職，其趨勢是退出宮禁，
這與太官供御膳之出入宮廷適成矛盾。為解決這個問題，南朝將太官劃入門
下，北朝則將太官一分為三，光祿寺之太官只掌管外廷宴享。南朝光祿始終
在「宮殿門戶」職掌上徘徊，猶是漢晉老路，北朝則在形式上採魏晉制度，
改變光祿職掌實質。隋唐上繼北齊，光祿寺遂成掌膳之外廷卿官。

宮殿門戶之事，漢光祿勳職守至此遂盡改其舊，今光祿寺規制，實猶沿隋所
定也。」（第563頁）。可見，隋所定之光祿寺職掌，至清不變。不過，如前
文所考，隋代光祿卿的變化是前承北朝的傾向，更其徹底而已。

〔註66〕《唐六典》卷一五，第443頁。
〔註67〕《唐六典》卷一一，第324頁。
〔註68〕《晉書》卷七，第172頁。

第二節　廷尉

　　廷尉，東漢時代，是中央掌管刑獄的最高職官。據《續漢書志‧百官二》：

　　　　廷尉，卿一人，中二千石。本注曰：掌平獄，奏當所應。凡郡國讞

　　　　疑罪，皆處當以報〔註69〕。

它不僅掌管刑獄，而且是地方疑案的上訴機關〔註70〕。不過，中央職官系統
中，擁有司法方面權力的還有尚書的二千石曹。《續漢書志‧百官三》：

　　　　二千石曹尚書主郡國二千石事。

　　　　注引蔡質《漢儀》曰：「掌中都官水火、盜賊、詞訟、罪眚。」〔註
　　　　71〕

而且東漢的二千石曹要重於尚書其他諸曹。《通典‧職官典‧刑部尚書》：

　　　　二千石曹掌中都官水火、盜賊、詞訟、罪法，亦謂之賊曹，重於諸
　　　　曹〔註72〕。

眾所周知，東漢時期，尚書諸曹權力擴大，尚書職掌從「按上奏文書者的身
份進行分工」向「按任務性質分工」轉化〔註73〕。二千石曹掌「詞訟、罪眚」
之事，是制度上的規定。不過，其與廷尉怎樣分工，我們並不明確。不過，
到了唐代，廷尉審理的案件，必須上報刑部，《唐六典‧大理寺》：

　　　　大理卿之職，掌邦國折獄詳刑之事。……少卿為之貳。凡諸司百官
　　　　所送犯徒刑已上，九品已上犯除、免、官當，庶人犯流、死已上者，
　　　　詳而質之，以上刑部，仍於中書門下詳覆〔註74〕。

此即嚴耕望先生所謂唐代六部與寺監的下行上承關係，大理（廷尉）寺案件

〔註69〕《續漢書志》二五，第 3582 頁。

〔註70〕參見安作璋、熊鐵基：《秦漢官制史稿》，第 148～153 頁。沈剛：《漢代廷尉
　　　　考述》，載《史學集刊》2004 年 1 期。

〔註71〕《續漢書志》二六，第 3597 頁。

〔註72〕《通典》卷二三，第 643～644 頁。本卷校勘記【八八】引：「《晉書‧職官志》
　　　　七三一頁載後漢制云：『二千石曹主辭訟，中都官曹主水火盜賊事。』按：後
　　　　漢制，三公曹、吏部曹、民曹、客曹、二千石曹、中都官曹，合為六曹。《通
　　　　典》所載與漢光武之制不合。」（第 655 頁）。按此有誤，後漢制，諸曹尚書
　　　　中並無中都官尚書一職（見《續漢書志》卷二六《百官三》，第 3597 頁），《晉
　　　　書》所載後漢光武之制不知何據。祝總斌在研究東漢尚書組織時，也認為東
　　　　漢並無以中都官為名的尚書，指出這是《晉書》之誤，而《通典》不錯，參
　　　　見《兩漢魏晉南北朝宰相制度研究》，第 132～133 頁，。

〔註73〕《兩漢魏晉南北朝宰相制度研究》，第 135～136 頁。

〔註74〕《唐六典》卷一八，第 502 頁。

上報刑部的制度〔註 75〕。不過，魏晉南北朝時期是寺監與尚書權責混淆的時代，研究這個時期的廷尉制度，就有必要與該時期主管刑獄的尚書聯繫起來，探討這兩個系統的職官是怎樣由權責的混亂走向整合的。

一、三國時期：曹魏大尚書掌刑理

三國動亂，諸官制度多循東漢，廷尉之制也不例外。從正史史料來看，包括尚書機構在內，還沒有發現其他機構干涉廷尉執法的事例，皇帝直接下命令給廷尉，廷尉聽命於皇帝，有事也直接上奏。《三國志·魏書·明帝紀》：

> （青龍四年）六月壬申，詔曰：「……法令滋章，犯者彌多，刑罰愈眾，而奸不可止。往者按大辟之條，多所蠲除，思濟生民之命，此朕之至意也。……其令廷尉及天下獄官，諸有死罪具獄以定，非謀反及手殺人，亟語其親治，有乞恩者，使與奏當文書俱上，朕將思所以全之。」〔註76〕

這是魏明帝因刑獄過多，下詔寬宥，詔命直達廷尉，並未經過中間機構轉達。《三國志·魏書·鮑勛傳》：

> 大軍還洛陽，（劉）曜有罪，勛奏絀遣，而曜密表勛私解邕事。詔曰：「勛指鹿作馬，收付廷尉。」廷尉法議：「正刑五歲。」三官駁：「依律罰金二斤。」帝大怒曰：「勛無活分，而汝等敢縱之！收三官已下付刺奸，當令十鼠同穴。」〔註77〕

同書《高柔傳》：

> 帝以宿嫌，欲枉法誅治書執法鮑勛，而柔固執不從詔命。帝怒甚，遂召柔詣臺；遣使者承指至廷尉考竟勛，勛死乃遣柔還寺〔註78〕。

魏文帝以宿嫌，欲治鮑勛於死地而後快。整個過程均是直接與廷尉交涉，當廷尉三官駁議，廷尉高柔固執不肯枉法誅勛時，文帝只能乾綱獨斷。或疑曹魏中央機構中是否有如漢代二千石曹般管理刑獄的尚書，據《宋書·百官志上》：

〔註75〕嚴耕望：《論唐代尚書省之職權與地位》，收入《嚴耕望史學論文集》，第 300 ～301 頁。
〔註76〕《三國志》卷三，第 107 頁。
〔註77〕《三國志》卷一二，第 386 頁。
〔註78〕《三國志》卷二四，第 685 頁。

魏世有吏部、左民、客曹、五兵、度支五曹尚書〔註79〕。

說明曹魏確無二千石曹，不過曹魏尚書二十三郎中卻有「二千石郎」一職〔註80〕，應與刑獄有關。且據《晉書‧良吏‧魯芝傳》：

> 諸葛誕以壽春叛，文帝奉魏帝出征，徵兵四方，芝率荊州文武以爲先驅。誕平，進爵武進亭侯，又增邑九百戶。遷大尚書，掌刑理〔註81〕。

則曹魏以大尚書掌刑理，與廷尉分權。考晉、宋官志，唐代政書，不見有對「大尚書」的解釋。《資治通鑑‧宋紀一‧營陽王景平元年》「己未，詔徵豫章太守蔡廓爲吏部尚書」條胡注曰：

> 自晉以來，謂吏部尚書爲大尚書，以其在諸曹之右，且其權任要重也〔註82〕。

清人梁章鉅《三國志旁證》「屢遷拜奉車都尉、大尚書」條注引沈欽韓曰：

> 大尚書，疑首曹，若今吏部。《隸釋》祝睦、劉寬二碑皆有大尚書也〔註83〕。

則胡氏、沈氏均認爲大尚書即吏部尚書，這個解釋是有道理的〔註84〕。即曹魏以吏部尚書掌管刑理之事。這與漢代以二千石曹（賊曹）掌詞訟、罪法不

〔註79〕 《宋書》卷三九，第 1235 頁。《晉書》卷二四《職官志》所載略同，第 731頁。

〔註80〕 《宋書》卷三九《百官志上》，第 1236 頁；《晉書》卷二四《職官志》，第 732頁。

〔註81〕 《晉書》卷九〇，第 2329 頁。

〔註82〕 《資治通鑑》卷一一九，第 3752 頁。《晉書》卷七八《丁潭傳》：「（蘇）峻誅，以功賜爵永安伯，遷大尚書，徙廷尉，累遷左光祿大夫、領國子祭酒、本國大中正，加散騎常侍。」（第 2064 頁），可證晉時確有大尚書的名稱。

〔註83〕 〔清〕梁章鉅：《三國志旁證》卷二五，收入《續修四庫全書》第 274 冊，第735 頁。

〔註84〕 《唐六典》卷二《尚書吏部》「吏部尚書一人，正三品」條注曰：「然此官歷代班序常尊，不與諸曹同也。」（第 26 頁）。《初學記》卷一一《吏部尚書》：「魏代又爲吏部曹，專掌選職，右於諸曹尚書……故歷代職官之書，皆別紀吏部尚書，不與諸曹同，今書仿此云」（第 266 頁）。唐人總結歷代吏部尚書之制，也指出吏部尚書較其他尚書地位爲高。周一良也認爲「大尚書」即吏部尚書，見氏著：《南朝境內之各種人及政府對待之政策》一文中有「六尚書中吏部最爲機要，有『大尚書』之稱」；《〈南齊書‧丘靈鞠傳〉試釋兼論南朝文武官位及清濁》一文中有「『選曹要重』，吏部尚書有『大尚書』之稱」，均收入《魏晉南北朝史論集》，第 47、92 頁。又同氏：《魏晉南北朝史札記》中《〈宋書〉札記》「百官志諸問題」條有專考六朝吏部尚書之文。

同。不過，孫吳卻如後漢般置有賊曹尚書，《三國志‧吳書‧薛綜傳》：

> 黃龍三年，建昌侯慮爲鎮軍大將軍，屯半州，以綜爲長史，外掌衆
> 事，内授書籍。慮卒，入守賊曹尚書，遷尚書僕射〔註84〕。

不過，孫吳雖有賊曹尚書，卻並不像後漢般重於諸曹，恐怕與曹魏一樣，以
吏部（選曹）尚書爲尊〔註85〕。從上引史料可以看到，三國時期尚書機構之
内確有職典刑獄的尚書，在魏爲吏部，在吳爲賊曹，不過，尚書機構與廷尉
系統如何分工，限於史料，我們仍然不清楚。

　　另外，曹魏在刑獄方面還設置了律博士，職司教授律學。《三國志‧衛覬
傳》：

> 明帝即位，進封閺鄉侯，三百户。覬奏曰：「九章之律，自古所傳，
> 斷定刑罪，其意微妙。百里長吏，皆宜知律。刑法者，國家之所貴
> 重，而私議之所輕賤；獄吏者，百姓之所縣命，而選用者之所卑下。
> 王政之弊，未必不由此也。請置律博士，轉相教授。」事遂施行〔註
> 86〕。

所謂「魏武好法術，而天下貴刑名」〔註87〕，曹魏以法術治國〔註88〕，律博
士的設置自在情理之中。新設的律博士並不受尚書系統管轄，而是隸屬廷尉。
《宋書‧百官志上》：

> 廷尉律博士，一人。魏武初建魏國置〔註89〕。

據以上史料，律博士的設置在明帝時期，至於魏王國時期是否有律博士，史
無明文，但《宋書》是否另有所據，不得而知〔註90〕。不過，律博士屬於廷

〔註84〕《三國志》卷五三，第 1253 頁。
〔註85〕吳有選曹，即吏部之職，見《三國職官表》，收入《後漢書三國志補表三十種》，
　　　　第 1441 頁。
〔註86〕《三國志》卷二一，第 611 頁。
〔註87〕《晉書》卷四七《傅玄傳》，第 1317 頁。
〔註88〕萬繩楠整理：《陳寅恪魏晉南北朝史講演錄》，第 12～13 頁。唐長孺：《九品
　　　　中正制度試釋》、《魏晉玄學之形成及其發展》，均收入氏著：《魏晉南北朝史
　　　　論叢（外一種）》。渡邊義浩：《三國政權の構造と「名士」》第四章第二節「三、
　　　　肉刑復活論と潁川「名士」」，渡邊氏認爲後漢「寬」政導致了社會動亂，曹
　　　　操反對這種施政方針而採用「猛」政，在這種政策指導下重視法刑，第 317
　　　　～319 頁。
〔註89〕《宋書》卷三九，第 1231 頁。
〔註90〕《資治通鑒》卷七二《魏紀三‧明帝太和三年》也將衛覬上書請置律博士繫於
　　　　明帝太和三年（229 年）十月（第 2258 頁）。《通典》則記律學博士爲晉置，顯

尉系統則沒有疑問。

三國時期，諸國大多延續漢制。從掌管刑法的中央機構來看，漢有廷尉、二千石曹（賊曹）尚書；魏也有廷尉、大尚書（吏部尚書）；吳則同漢制，廷尉、賊曹並置。尚書固然分擔廷尉部分權力，但是，我們也沒有看到由尚書下令、廷尉執行的例子，或者說，在制度上並沒有上下的關係。

二、兩晉時期：掌刑尚書的幾次調整與廷尉職不可缺

（一）西晉

晉武帝立國，上承漢魏餘緒，繼而混一南北，結束三國紛爭。在制度上，據《晉書・職官志》：

> 廷尉，主刑法獄訟，屬官有正、監、評，並有律博士員〔註91〕。

而管理刑獄的尚書卻變動得比較頻繁。據《晉書・職官志》：

> 及晉置吏部、三公、客曹、駕部、屯田、度支六曹，而無五兵。咸
> 寧二年，省駕部尚書。四年，省一僕射，又置駕部尚書。太康中，
> 有吏部、殿中及五兵、田曹、度支、左民爲六曹尚書，又無駕部、
> 三公、客曹。惠帝世又有右民尚書，止於六曹，不知此時省何曹也。
> 及渡江，有吏部、祠部、五兵、左民、度支五尚書〔註92〕。

由上引史料可知，兩晉尚書系統，武帝建國之初、咸寧、太康、惠帝、渡江以後凡有五次調整。而與刑獄有關者，據《唐六典・刑部尚書》「刑部尚書一人，正三品」條注曰：

> 晉初，依漢置三公尚書，掌刑獄；太康中，省三公尚書，以吏部尚
> 書兼領刑獄〔註93〕。

《通典・職官典・刑部尚書》：

> 晉復以三公尚書掌刑獄〔註94〕。

然有誤（第 768 頁）。參見邢義田：《秦漢的律令學》「四、律令學的沒落與曹
魏以降律博士的出現」，收入《治國安邦：法制、行政與軍事》，第 52～59 頁。

〔註91〕《晉書》卷二四，第 737 頁。

〔註92〕《晉書》卷二四，第 731 頁。

〔註93〕《唐六典》卷六，第 179 頁。前引《晉書》卷九〇《良吏・魯芝傳》即載魯芝
在曹魏時「遷大尚書，掌刑理」（第 2329 頁），當時已是司馬師掌權，晉武帝
太康中只是沿用舊規而已。

〔註94〕《通典》卷二三，第 644 頁。

綜合這幾段史料，我們可以知道，在西晉初，即武帝泰始年間，以三公尙書掌刑獄，而三公尙書的設置是仿漢制；至武帝太康年間，省三公尙書，又以吏部尙書兼領，而據上所考，曹魏無三公尙書，以吏部尙書領刑獄之事，所以此時西晉又仿曹魏；至此以後，兩晉不見有專司刑獄的尙書設置，我想均是以吏部尙書兼領。不過，三公尙書之省，是否在武帝太康年間則有疑問，據《晉書·劉頌傳》：

> 元康初，從淮南王允入朝。會誅楊駿，頌屯衛殿中，其夜，詔以頌爲三公尙書。又上疏論律令事，爲時論所美。久之，轉吏部尙書，建九班之制，欲令百官居職希遷，考課能否，明其賞罰〔註95〕。

同書《刑法志》：

> 至惠帝之世，政出群下，每有疑獄，各立私情，刑法不定，獄訟繁滋。尙書裴頠表陳之曰……頠雖有此表，曲議猶不止。時劉頌爲三公尙書，又上疏曰……詔下其事〔註96〕。

劉頌上疏論律令事的表文俱見《晉書·刑法志》。且劉頌之任三公尙書，明記是在惠帝元康初，則是時尙有三公尙書無疑。劉頌表文論用刑之意甚詳，所以三公尙書也的確是掌刑獄的尙書。或惠帝即位再次設置？不過，三公尙書之名僅見於西朝，渡江以後未見。那麼，既然設置了專管刑獄的三公尙書，爲何很快又以吏部尙書兼領刑獄之事，取消了三公尙書呢？據《通典·職官典·刑部尙書》「二千石曹……亦謂之賊曹，重於諸曹」條引《華譚集·尙書二曹論》曰：

> 劉道眞問薛令長在吳何作。答曰：「爲吏部尙書。」問曰：「吳待吏部，何如余曹？」答曰：「並通高選，吏部特一時之俊。」劉曰：「晉魏以來俱爾。獨謂漢氏重賊曹爲是，吳晉重吏部爲非。」薛君曰：「八座秩同班等，其選並淸，宜同一揆。若人才或多或少，選例難精。如不得已，吏部職掌人物，人物難明，謂吳晉爲得。而君何是古而非今？」劉難曰：「今吏部非爲能刊虛名、舉沈樸者，故錄以成人，位處三署，聽曹探鄉論而用之耳，無煩乎聰明。賊曹職典刑獄，刑獄難精，是以欲重之。」答曰：「今之賊曹，不能聽聲觀色以別眞僞，縣不能斷讞之尙書也。夫在獄者率小人，在朝者率君子。小人易檢，

〔註95〕《晉書》卷四六，第1308頁。
〔註96〕《晉書》卷三〇，第933～938頁。

君子難精。俱不得已，吏部宜重，賊曹宜輕也。」〔註97〕

按，此段史料不見於《通典》以前現存其他諸書，對研究吏部、賊曹二曹尚書極為重要。劉道真即劉寶，西晉人，為一時名士〔註98〕。薛令長即薛兼，祖父三代仕吳，吳亡入洛為散騎常侍，其事俱見《晉書》本傳〔註99〕。劉主漢重賊曹為是，薛主魏吳晉重吏部為是。賊曹，在東漢指主管刑獄詞訟之事的二千石曹尚書〔註100〕，西晉初年無二千石曹尚書之名，只有二千石曹郎〔註101〕，而主管刑獄之事的是三公尚書，所以具體到西晉初年，兩人所說「今之賊曹……縣不能斷讞之尚書也」，既然稱為尚書，應該就是指的西晉初年所設置的三公尚書〔註102〕。曹魏初期重法術，以吏部尚書兼領刑理之事，恐怕有重之之意。晉武帝立國之初，重修律令，且親自講說〔註103〕，又依漢制度重置三公尚書，的確給人以重法的感覺。但西晉政權是由儒家高門士族來共同支撐的，其統治階層和指導思想與曹魏不同，西晉上層的奢侈與腐朽，使這個統一不久的帝國迅速變質〔註104〕。依法治國既然不太可能〔註105〕，主管刑

〔註97〕《通典》卷二三，第643～644頁。〔清〕嚴可均校輯：《全上古三代秦漢三國六朝文》中《全晉文》卷七九所收華譚諸文，該段史料也引自《通典》，第1918頁。

〔註98〕余嘉錫：《世說新語箋疏》上卷上《德行第一》第22條，第23頁。同書下卷上《簡傲第二十四》第5條「陸士衡初入洛，諮張公所宜詣；劉道真是其一」，第770頁，則劉寶與當時吳人頗有交往。

〔註99〕《晉書》卷六八，第1832～1833頁。

〔註100〕《續漢書志》二六《百官三》，第3597頁。

〔註101〕《宋書》卷三九《百官志上》：「晉西朝則直事、殿中、祠部、儀曹、吏部、三公、比部、金部、倉部、度支、都官、二千石、左民、右民、虞曹、屯田、起部、水部、左主客、右主客、駕部、車部、庫部、左中兵、右中兵、左外兵、右外兵、別兵、都兵、騎兵、左士右士、北主客、南主客為三十四曹郎；後又置運曹，凡三十五曹」，第1236頁。

〔註102〕西晉初年確有三公尚書，祝總斌在研究西晉尚書臺時，曾指出杜友在武帝咸寧年間就出任過三公尚書，參見《兩漢魏晉南北朝宰相制度研究》，第183～184頁。

〔註103〕《晉書》卷三○《刑法志》，第927～928頁。

〔註104〕《陳寅恪魏晉南北朝史講演錄》第一章「（三）西晉政治社會的特徵」。

〔註105〕西晉高門大族違法亂紀之事頗多，茲舉一例，《晉書》卷四一《李憙傳》：「泰始初，封祁侯。憙上言：『故立進令劉友、前尚書山濤、中山王睦、故尚書僕射武陔各占官三更稻田，請免濤、睦等官。陔已亡，請貶諡。』詔曰：『法者，天下取正，不避親貴，然後行耳，吾豈將枉縱其間哉！然案此事皆是友所作，侵剝百姓，以繆惑朝士。奸吏乃敢作此，其考竟友以懲邪佞。濤等不貳其過者，皆勿有所問。《易》稱『王臣蹇蹇，匪躬之故』。今憙亢志在公，當官而

獄的三公尚書被省併掉也就不足爲奇了。至於爲何以吏部尙書兼領，而不以其他尙書領，除了有曹魏的成例以外，我想還應該與該時期的任官制度聯繫起來。眾所周知，這個時期是以「九品中正制」爲選舉制度，中正向吏部提供任官者的品、狀、家世，而吏部根據這些來任官，吏部不僅掌管任官，而且對現任官吏有考課的職責〔註106〕。既然需要考課，那麼現任眾官的在職表現，有無違法行爲，自然也就在吏部的考察範圍之內，這或許是將與刑獄有關之事納入吏部，歸吏部尙書管轄的又一原因。

那麼，管理刑獄的尙書與廷尉是怎樣的關係呢？《晉書・庾旉傳》：

> 齊王攸之就國也，下禮官議崇錫之物。旉與博士太叔廣、劉暾、繆蔚、郭頤、秦秀、傅珍等上表諫曰……武帝以博士不答所問，答所不問，大怒，事下有司。尙書朱整、褚䂮等奏：「旉等侵官離局，迷岡朝廷，崇飾惡言，假託無譚，請收旉等八人付廷尉科罪。」旉父純詣廷尉自首：「旉以議草見示，愚淺聽之。」詔免純罪。
>
> 廷尉劉頌又奏旉等大不敬，棄市論，求平議。尙書又奏請報聽廷尉行刑。尙書夏侯駿謂朱整曰……乃獨爲駁議。左僕射魏舒、右僕射下邳王晃等從駿議〔註107〕。

禮官議齊王攸就國的禮儀，事在太康四年（283年）〔註108〕，祝總斌先生在研究這段史料以闡明西晉尙書臺機構的特徵時指出：「作爲九卿之一的廷

行，可謂『邦之司直』者矣。光武有云：『貴戚且斂手以避二鮑』。豈其然乎！其申敕群僚，各愼所司，寬宥之恩，不可數遇也」（第1189頁）。《資治通鑑》卷七九《晉紀一》繫此事於武帝泰始三年（267年），溫公對此事評論道：「臣光曰：政之大本，在於刑賞，刑賞不明，政何以成！晉武帝赦山濤而襃李憙，其於刑賞兩失之。使憙所言爲是，則濤不可赦；所言爲非，則憙不足襃。襃之使言，言而不用，怨結於下，威玩於上，將安用之！且四臣同罪，劉友伏誅而濤等不問，避貴施賤，可謂政乎！創業之初而政本不立，將以垂統後世，不亦難乎！」（第2502～2503頁）。溫公指出刑賞之事爲政本，西晉「創業之初而政本不立」，確爲一針見血之論。

〔註106〕唐長孺：《九品中正制度試釋》「二、中正的職權、組織及品第」，收入《魏晉南北朝史論叢（外一種）》。宮崎市定：《九品官人法の研究——科舉前史》第2編第2章「十二、九品官人法に對する批難」，特別是第144～146頁，《宮崎市定全集6》。白鋼主編、黃惠賢著：《中國政治制度通史・魏晉南北朝卷》，第147～149頁。

〔註107〕《晉書》卷五〇，第1402～1403頁。

〔註108〕《晉書》卷三《武帝紀》，第74頁；同書卷三八《齊王攸傳》，第1134頁。《資治通鑑》卷八一《晉紀三》繫此事於太康四年正月。

尉，是依尙書朱整等奏請，方才接到案子；而提出迎合武帝之判決後，又經尙書平議、駁議……諸卿權力爲尙書侵奪，體現得很清楚」〔註109〕，廷尉的權力直接受到了尙書影響。不過，有兩點需要注意：一是太康中既省三公尙書，則負責刑獄之事的是吏部尙書，而當時朱整、褚熊所擔任的尙書官，具體是哪個部門的，是不是吏部尙書，我們並不清楚〔註110〕；二是廷尉提出處罪爲「棄市」，要求平議，對象爲尙書臺八座，而非掌管刑獄的吏部尙書。所以，廷尉的權力雖然受到尙書的侵奪，但是是在西晉尙書臺這個整體成爲宰相機構以後〔註111〕，被尙書臺侵奪，還不能說有專門的尙書與廷尉之間形成下行上承的關係。《晉書·庾純傳》載庾純與賈充衝突後，上表自劾曰：

> 請臺免臣官，廷尉結罪，大鴻臚削爵土。敕身不謹，伏須罪誅〔註112〕。

臺即尙書臺，尙書臺免官；廷尉定罪；當時庾純是關內侯，所以要大鴻臚削爵土。這裏三個步驟分得很清楚，與廷尉、鴻臚相對的是尙書臺，而不是某個具體的尙書。而且，當時尙書與廷尉的職責也的確有點混亂。據《晉書·楚王瑋傳》：

> 詔以瑋矯制害二公父子，又欲誅滅朝臣，謀圖不軌，遂斬之……詔曰：「周公決二叔之誅，漢武斷昭平之獄，所不得已者。廷尉奏瑋已伏法，情用悲痛，吾當發哀。」瑋臨死，出其懷中青紙詔，流涕以示監刑尙書劉頌曰：「受詔而行，謂爲社稷，今更爲罪，託體先帝，受枉如此，幸見申列。」頌亦歔欷不能仰視〔註113〕。

劉頌就是上考在惠帝元康年間任三公尙書者。據其本傳，其任三公尙書在誅楊駿時，據《惠帝紀》，楊駿被誅在元康元年（291 年），故劉頌任三公尙書自元康元年（291 年）始，而誅楚王瑋，據《惠帝紀》，是在同年的六月，劉頌本傳稱其「久之，轉吏部尙書」〔註114〕，所以，所謂「監刑尙書」在這裏就

〔註109〕《兩漢魏晉南北朝宰相制度研究》，第 176 頁。

〔註110〕據清人萬斯同的《晉將相大臣年表》，山濤自咸寧年間以尙書僕射領選，至太康三年十二月方升任司徒，接任吏部尙書者不明，收入《二十五史補編》第 3 冊，第 3330～3331 頁。

〔註111〕《兩漢魏晉南北朝宰相制度研究》第六章第二節「三、西晉的尙書臺——宰相機構」。

〔註112〕《晉書》卷五○，第 1398 頁。

〔註113〕《晉書》卷五九，第 1597 頁。

〔註114〕《晉書》卷四六，第 1308 頁。

是三公尚書〔註115〕。在楚王瑋的這件案子上，是由皇帝直接下詔給廷尉，廷尉也直接上奏皇帝，當中似乎沒有經過尚書臺，可是最後監斬官卻是掌管刑獄的三公尚書。如果當時尚書與廷尉之間政務與事務關係確定的話，監斬是具體的事務專案，似乎不應該由主政務的尚書出面，這也說明西晉時期尚書與九寺之間，雖然要求清理的呼聲很高，但終究不免混亂。

（二）東晉

元帝渡江，政權草創，「寄人國土」的背景之下，無暇大規模的治禮作樂，諸般制度多依西朝，廷尉自然也不例外。至哀帝興寧年間，桓溫省官併職之議起，尚書與九卿權責不明再次被提上議程，《晉書・桓溫傳》：

> 溫以既總督內外，不宜在遠，又上疏陳便宜七事：……其二，戶口凋寡，不當漢之一郡，宜并官省職，令久於其事〔註116〕。

《太平御覽》引《桓溫集略・表》：

> 且設官以理務，務寡則官省……今事歸內臺，則九卿為虛設之位。
>
> 唯太常、廷尉職不可缺〔註117〕。

綜合這兩段史料，可知桓溫改革官制，省官的原因在於有些官職沒有多少事務，省官之後，可以使留任官員久於其事。桓溫也主張權歸內臺，即歸尚書系統，而廢罷九卿，不過，桓溫特意指出，廷尉職不可缺。可見東晉廷尉並不符合桓溫省官併職的標準，即廷尉並非「務寡」官員，那麼，東晉廷尉不可廢的原因是什麼呢？

在研究西晉廷尉與尚書的關係時，我們知道除了在武帝太康年間短暫的設立過專掌刑獄的三公尚書、惠帝元康年間短暫的恢復以外，中朝均由吏部尚書兼領，不設專門尚書負責刑獄之事。過江以後，據《宋書・百官志上》：

> 江左則有祠部、吏部、左民、度支、五兵，合為五曹尚書〔註118〕。

則尚書系統中仍然無專司刑獄的尚書，恐怕仍然是依西晉成例，以吏部尚書

〔註115〕《晉書》卷三〇《刑法志》載惠帝之世，尚書裴頠上表，中有「去元康四年」、「去八年」，接著有「頠雖有此表，曲議猶不止。時劉頌為三公尚書」一句（第934～935頁）。可知劉頌任三公尚書至少至元康八年（298年）。

〔註116〕《晉書》卷九八，第2574頁。

〔註117〕《太平御覽》卷二〇三，第979頁。

〔註118〕《宋書》卷三九，第1235頁。《晉書》卷二四《職官志》：「及渡江，有吏部、祠部、五兵、左民、度支五尚書」，第731頁，與《宋書》所載略同。

兼領刑獄之事。而吏部尚書在魏晉南北朝時期的官職體系中具有特殊的地位，眾所周知，吏部尚書專掌選舉〔註119〕，對於鞏固門閥政治與保證門閥特權具有特殊的意義〔註120〕。高門大族掌握吏部之權，但多以清談爲務，而不注重實事，《晉書・卞壺傳》：

> 明帝不豫，領尚書令，與王導等俱受顧命輔幼主。復拜右將軍，加給事中、尚書令。……壺幹實當官，以褒貶爲己任，勤於吏事，欲軌正督世，不肯苟同時好。然性不弘裕，才不副意，故爲諸名士所少，而無卓爾優譽。……阮孚每謂之曰：「卿恒無閒泰，常如含瓦石，不亦勞乎？」壺曰：「諸君以道德恢弘，風流相尚，執鄙吝者，非壺而誰！」〔註121〕

卞壺當時是尚書令，「任總機衡」〔註122〕，卞氏勤於吏事，陳留阮孚卻譏其「如含瓦石」。就是這位阮孚，據《世說新語・雅量》「祖士少好才，阮遙集好屐」條注引《晉陽秋》：

> 阮孚字遙集，陳留人，咸第二子也。少有智調，而無俊異。累遷侍中、吏部尚書、廣州刺史〔註123〕。

自己就擔任過吏部尚書，當官自然「以道德恢弘，風流相尚」了。刑獄之事至爲繁瑣，絕非高門所喜，中朝制度「以吏部尚書兼領刑獄」恐怕也只是制

〔註119〕《唐六典》卷二《尚書吏部》「吏部尚書一人，正三品」條注曰：「漢末，又改吏部爲選部，專掌選舉事。」（第26頁），可見自漢末以來就是如此。

〔註120〕參見宮崎市定：《九品官人法の研究——科舉前史》第2編第3章「三　九品官制と九班選制」，宮崎氏指出「尚書吏部的人事權掌握，也不是從東晉開始突然產生的，而是魏晉之間徐徐發展的結果。特別是從西晉末期開始，在九品官制的運用上出現了應該注意的現象。那就是陞遷的順序未必與平時官品的上下相一致開始成爲事實。」（第172頁）能夠操官員陞遷順序的只有掌握人事大權的吏部尚書。另請參見高明士：《中國中古政治的探索》第二章《魏晉南北朝分裂時期的國家定位與勢力的消長》，指出「自東晉以來的門閥貴族，乃努力維持其政治上的既有特權，尤其是主管人事大權的吏部尚書一職，不但操在門閥之手，而絕大多數是由南遷的北人擔任。南朝掌握外朝實權者，在於尚書令與左右僕射之職，其運作情況也與吏部尚書一職類似」，第100頁。

〔註121〕《晉書》卷七〇，第1870～1871頁。

〔註122〕《宋書》卷三九《百官志上》，第1235頁。

〔註123〕《世說新語箋疏》，第357頁。《晉書》卷四九《阮孚傳》：「明帝即位，遷侍中。從平王敦，賜爵南安縣侯。轉吏部尚書，領東海王師，稱疾不拜。詔就家用之，尚書令郗鑒以爲非禮。帝曰：『就用之誠不快，不爾便廢才。』」第1365頁。

度上的空文。

　　東晉尚書臺雖然作爲宰相機構，但是兼管刑獄的吏部尚書恐怕連選舉之事也不怎麼過問〔註124〕，而刑獄一事又職不可缺，那麼，秦漢以來的最高司法機關——廷尉系統，自然而然就要承擔這項重擔了。我想，這也是桓溫在省併九卿系統時提出廷尉職不可缺的主要原因。

三、南朝時期：都官尚書的設立及與廷尉的關係

（一）宋齊

　　廷尉雖然主管刑獄，但是自漢以來權力就被尚書系統侵奪，及至西晉，尚書系統已成宰相機構，事無不總。刑獄大事，兩晉以吏部尚書兼領，但吏部尚書以選任官員爲第一要務，加之高門當政，清談爲務，輕忽實政，選官尚且不復措意，遑論刑獄。宋武帝有鑑於此，遂在尚書系統中增置都官尚書以掌刑獄事，《宋書・武帝紀下》：

　　　　（永初元年九月）壬申，置都官尚書〔註125〕。

同書《百官志上》：

　　　　以三公、比部主法制……都官主軍事刑獄〔註126〕。

《通典・職官典・刑部尚書》：

　　　　宋三公、比部皆主法制，又置都官尚書，主軍事、刑獄，領都官、
　　　　水部、庫部、功論四曹〔註127〕。

《唐六典・尚書刑部》「刑部尚書一人，正三品」條注曰：

　　　　宋始置都官尚書，掌京師非違得失事，兼掌刑獄〔註128〕。

諸書明記武帝所設都官尚書主刑獄之事，則尚書系統與廷尉系統之間有了對應的關係，但是否是上下的關係並無史料證明。廷尉治獄必涉法律，故實際辦公過程中，恐怕與吏部尚書下轄的三公、比部二曹還有些往來〔註129〕。新

〔註124〕祝總斌指出「東晉尚書臺仍爲宰相機構，處理全國日常政務，但許多文案多轉歸寒族出身、社會地位低微的尚書令史來承辦，這是魏晉玄學、清談風氣影響於政治上層建築的一個結果」，《兩漢魏晉南北朝宰相制度研究》，第197頁。
〔註125〕《宋書》卷三，第56頁。
〔註126〕《宋書》卷三九，第1237頁。
〔註127〕《通典》卷二三，第644頁。
〔註128〕《唐六典》卷六，第179頁。
〔註129〕《宋書》卷三九《百官志上》：「吏部尚書領吏部、刪定、三公、比部四曹。」

增之都官尚書確爲主管刑獄的中樞機構。《宋書・謝莊傳》：

> 大明元年，起爲都官尚書，奏改定刑獄，曰：「……舊官長竟囚畢，
> 郡遣督郵案驗，仍就施刑。督郵賤吏，非能異於官長，有案驗之名，
> 而無研究之實。愚謂此制宜革。自今入重之囚，縣考正畢，以事言
> 郡，并送囚身，委二千石親臨核辯，必收聲吞覺，然後就戮。若二
> 千石不能決，乃度廷尉。神州統外，移之刺史；刺史有疑，亦歸臺
> 獄。必令死者不怨，生者無恨。」〔註130〕

謝莊奏改刑獄明顯是站在管理刑獄的最高機構的立場上的，不僅對郡縣斷獄
審囚提出意見，而且直接提及廷尉，認爲地方長官不能斷決者方移交廷尉，
這實際是要恢復漢代「郡國讞疑罪，皆處當以報」的舊例，因爲自漢末以來，
由於尚書、廷尉在掌管刑獄的問題上糾纏不清，廷尉所受理的案件並不限於
郡國有疑者，此讀書自見，無待詳說。謝莊上表在孝武帝大明元年（457 年）。
《宋書・孝武帝紀》：

> （大明三年二月）甲子，復置廷尉監官。

同書同卷又載：

> （大明三年）九月己巳，詔曰：「……廷尉遠遍疑讞，平決攸歸，而
> 一蹈幽圄，動逾時歲。民嬰其困，吏容其私。自今囚至辭具，並即
> 以聞，朕當悉詳斷，庶無留獄。若繁文滯劾，證逮彌廣，必須親察，
> 以盡情狀。自後依舊聽訟。」〔註131〕

孝武帝多次聽訟、放遣囚徒〔註132〕，可見他本人對刑獄頗爲留意。不過從孝

（第 1235 頁）。尚書比部郎議法制事見《宋書》卷五四《孔季恭傳》：「（孔）淵
之，大明中爲尚書比部郎。時安陸應城縣民張江陵與妻吳共罵母黃令死，黃忿
恨自經死，值赦。律文，子賊殺傷毆父母，梟首；罵詈，棄市；謀殺夫之父母，
亦棄市。值赦，免刑補冶。江陵罵母，母以之自裁，重於傷毆。若同殺科，則
疑重；用毆傷及罵科，則疑輕。制唯有打母，遇赦猶梟首，無罵母致死值赦之
科。淵之議曰：『夫題里逆心，而仁者不入，名且惡之，況乃人事。故毆傷咒詛，
法所不原，詈之致盡，則理無可宥。罰有從輕，蓋疑失善，求之文旨，非此之
謂。江陵雖值赦恩，故合梟首。婦本以義，愛非天屬，黃之所恨，情不在吳，
原死補冶，有允正法。』詔如淵之議，吳免棄市。」（第 1534 頁），可見比部郎
職責主要在議定法制，有疑義者定之，廷尉職責則主要在依據法律斷案。

〔註130〕《宋書》卷八五，第 2172～2173 頁。

〔註131〕《宋書》卷六，第 123、124 頁。廷尉監官被省是在文帝元嘉二十九年（452
年）七月，見同書卷五《文帝紀》，第 101 頁。

〔註132〕如《宋書》卷六《孝武帝紀》：「（大明三年）十二月戊午，上於華林園聽訟……

武帝的詔書可以看出，廷尉審案「囚至辭具」之後，就「並即以聞」，是廷尉直接向皇帝報告，還是通過都官尚書在向皇帝報告，我們並不是很清楚。不過，廷尉審案之所以「動逾時歲」，恐怕與廷尉及諸官用人漸輕、不通刑獄有關，《南齊書‧崔祖思傳》：

> 又曰：「憲律之重，由來尚矣。……寔宜清置廷尉，茂簡三官，寺丞獄主，彌重其選，研習律令，刪除繁苛。……漢來治律有家，子孫竝世其業，聚徒講授，至數百人……今廷尉律生，乃令史門户，族非咸、弘，庭缺於訓。刑之不措，抑此之由。如詳擇篤厚之士，使習律令，試簡有徵，擢爲廷尉僚屬。苟官世其家而不美其績，鮮矣；廢其職而欲善其事，未之有也。若劉累傳守其業，庖人不乏龍肝之饌，斷可知矣。」〔註133〕

崔祖思上疏在齊高帝建元元年（479 年），即蕭齊建國初年，所議自然針對有宋一代，由崔氏疏文，可知宋世廷尉僚屬多不習律令，與漢世律令世家擔任廷尉已經迥然不同了。在門閥政治的時代，一個專門機構的用人，是可以看出它的輕重的。

（二）梁陳

　　如果說劉宋在管理刑獄之事上的主要變化是在尚書系統中設置了都官尚書這一專職的話，那麼蕭梁的十二卿改革給人的印象就是主要著眼於卿官系統的變動。據《隋書‧百官志上》記梁制：

> 廷尉卿，梁國初建，曰大理，天監元年，復改爲廷尉。有正、監、平三人……四年，置胄子律博士，位視員外郎〔註134〕。

天監七年（508 年）改革，廷尉爲秋卿，第十一班〔註135〕。除了官班制度以外，對廷尉的職掌並無描述，想是依前代之舊。而尚書系統，據《隋書‧百官志上》載梁制：

> 尚書省，置令，左、右僕射各一人。又置吏部、祠部、度支、左户、

（大明四年）十二月乙未，上於華林園聽訟。辛丑，車駕幸廷尉寺，凡囚繫咸悉原遣。索虜遣使請和。丁未，車駕幸建康縣，原放獄囚……（大明五年五月）丙辰，車駕幸閱武堂聽訟」等。

〔註133〕《南齊書》卷二八，第 519 頁。
〔註134〕《隋書》卷二六，第 725 頁。
〔註135〕《隋書》卷二六，第 724、730 頁。

都官、五兵等六尚書〔註135〕。

則梁仍有都官尚書一職，爲統刑獄之主管尚書無疑。且有關刑獄之事確需尚書集議，《梁書・朱異傳》：

> 上書言建康宜置獄司，比廷尉。敕付尚書詳議，從之〔註136〕。

建康獄司比廷尉三官，見《隋書》卷二六《百官志上》「廷尉」條。建康爲當時南朝王畿所在，這種建置當是仿效漢代的司隸校尉兼管京師近郡犯法的故事〔註137〕。不過，這是由皇帝下詔要求尚書議獄，並不能反應廷尉與尚書的關係。據《南史・梁武帝諸子・昭明太子傳》：

> 年十二，於內省見獄官將讞事。問左右曰：「是皂衣何爲者？」曰：
> 「廷尉官屬。」召視其書，曰：「是皆可念，我得判否？」有司以統
> 幼，紿之曰：「得。」其獄皆刑罪上，統皆署杖五十。有司抱具獄，
> 不知所爲，具言於帝，帝笑而從之〔註138〕。

則當時廷尉官署斷獄之事可以直接向皇帝呈報，並非一定要通過都官尚書，由都官尚書裁判或上奏，這裏的「有司」聯繫上文當是「廷尉官署」無疑。又《陳書・蔡徵傳》：

> 至德二年，遷廷尉卿，尋爲吏部郎……後主器其材幹，任寄日重，
> 遷吏部尚書、安右將軍，每十日一往東宮，於太子前論述古今得喪
> 及當時政務。又敕以廷尉寺獄，事無大小，取徵議決〔註139〕。

蔡徵當時爲吏部尚書，但是他並不能干涉廷尉事務，須有後主詔敕，方可評議〔註140〕。又《南史・陸瓊傳》：

> 至德元年，除度支尚書，參選事，掌誥詔，并判廷尉、建康二獄事

〔註135〕《隋書》卷二六，第720頁。
〔註136〕《梁書》卷三八，第537頁。
〔註137〕《續漢書志》二七《百官四》：「司隸校尉一人，比二千石。本注曰：孝武帝初置，持節，掌察舉百官以下，及京師近郡犯法者。……從事史十二人。本注曰：都官從事，主察舉百官犯法者。……其餘部郡國從事，每郡國各一人，主督促文書，察舉非法」，第3613～3614頁。
〔註138〕《南史》卷五三，第1308頁。
〔註139〕《陳書》卷二九，第392頁。
〔註140〕不過，這裏仍然有些疑問，首先，蔡徵當時是吏部尚書，而非都官尚書，都官尚書是否可以直接介入廷尉事務，無史料證明，後主發敕說明吏部尚書與廷尉無上行下承的關係，但並不能說明都官尚書也是如此。其次，蔡徵本人擔任過廷尉卿，他議決廷尉寺獄，或者是因爲他曾經處理過廷尉寺務，熟悉廷尉系統有關。但無論如何，似可說明尚書並非無條件的就可干涉九卿事務。

〔註141〕。

至德元年（583 年）爲陳後主年號，陳延梁制，也設有都官尚書。當時都官尚書不可考，由度支尚書而不是都官尚書來判廷尉、建康二獄事，似也可說明當時雙方關係仍未固定。又《陳書・沈洙傳》：

> 梁代舊律，測囚之法，日一上，起自晡鼓，盡於二更。及比部郎范泉刪定律令，以舊法測立時久，非人所堪，分其刻數，日再上。廷尉以爲新制過輕，請集八座丞郎并祭酒孔奐、行事沈洙五舍人會尚書省詳議。時高宗錄尚書，集眾議之，都官尚書周弘正曰：「未知獄所測人，有幾人款？幾人不款？須前責取人名及數并其罪目，然後更集。」得廷尉監沈仲由列稱，別制已後，有壽羽兒一人坐殺壽慧，劉磊渴等八人坐偷馬仗家口渡北，依法測之，限訖不款。劉道朔坐犯七改偷，依法測立，首尾二日而款。陳法滿坐被使封藏、阿法受錢，未及上而款。弘正議曰：「……愚謂依范泉著制，於事爲允。」……眾議以爲宜依范泉前制，高宗曰：「沈長史議得中，宜更博議。」左丞宗元饒議曰：「竊尋沈議非頓異范，正是欲使四時均其刻數，兼斟酌其佳，以會優劇。即同牒請寫還刪定曹詳改前制。」高宗依事施行。〔註142〕

尚書省的三公、比部郎爲主法制的官員，刪定律令爲份內職事。不過在這個過程中，廷尉系統並無人參加，不然廷尉不會認爲「新制過輕」，可見在政策的制定上，廷尉是不參與的，這與隋唐諸卿奉成的制度已經相同了。都官尚書周弘正在這次集議上首先發問，從他的問題可以看出，尚書對具體的刑獄事務是不瞭解的。但回答問題的是廷尉監，證明廷尉所掌具體的刑獄之事。而且，廷尉以爲新制不妥時，就要請求尚書省集議。至於廷尉是請皇帝下旨要求尚書省集議，還是請求當時的錄尚書事、後來的高宗招集尚書，我們不得而知。所以，南朝直至梁陳時代是否已經像唐代那樣，廷尉斷獄須向刑部報告，我們並不清楚，但是，尚書省爲制訂政務之機關，廷尉爲執行機關則到梁陳時期已經很清楚了。都官尚書可以直接要求廷尉做某事，而且最終是由尚書系統的尚書左丞宗元饒發還尚書刪定曹更改前制，廷尉系統並不參與政策的制定。

〔註141〕《南史》卷四八，第 1201 頁。
〔註142〕《陳書》卷三三，第 437～439 頁。

四、北朝時期：仿劉宋制度與推行周制

（一）北魏北齊

十六國時期，制度殘缺，載籍不備，大體沿襲西晉制度而難詳考。在刑獄一事上，知除廷尉以外，尚書機構中，西秦尚有三公尚書〔註143〕，夏設都官尚書〔註144〕，或恐都與刑獄有關。北魏入主中原以後，鮮卑舊制與漢制雜用，時有增減，至孝文帝時方整齊劃一，稍稍可觀。

就刑獄一事論之，雖鮮卑舊制不可詳考〔註145〕，然入漢地以後，在尚書則有都官，在九寺則有廷尉〔註146〕。先看都官尚書。嚴耕望先生鉤稽史料，成《北魏尚書制度考》〔註147〕一文，中有「都官尚書」一節。現依據嚴文，參以其他史料，主要注重其在處理刑獄方面的地位與作用。

北魏可考的最早的都官尚書在世祖太武帝世，恐都官尚書一職亦是太武所創。我們知道，都官尚書不見於魏晉舊制，乃宋武帝新創，故嚴氏認為「宋武帝初，置都官尚書，見《宋書·百官志》，此似為見於記載之最早者。北魏太武帝亦置之，蓋仿宋制歟？」〔註148〕認為北魏之制仿於宋制，是有道理的。且據嚴先生所考，太武帝時都官尚書前多冠以「殿中」二字，是為殿中都官

〔註143〕《晉書》卷一二五《乞伏乾歸載記》，第3118頁。
〔註144〕《晉書》卷一三〇《赫連勃勃載記》，第3209頁。赫連夏所設都官尚書職責何在，不明。不過據《晉書》卷一二五《馮跋載記》：「跋下書曰：『自頃多故，事難相尋，賦役繁苦，百姓困窮。宜加寬宥，務從簡易，前朝苛政，皆悉除之。守宰當垂仁惠，無得侵害百姓，蘭臺都官明加澄察。』」（第3129頁）。都官與蘭臺並舉，則都官似為主管刑法之官員，只是這裏是指的尚書都官郎，還是都官尚書，我們並不清楚。如果赫連夏所置都官尚書同於馮氏，則主管刑獄之都官尚書非宋武帝首創，十六國時期已經存在。不過《通典》、《唐六典》等政書均指宋武帝創都官尚書掌刑獄事，當有根據，本文取宋武帝首創之說。
〔註145〕鮮卑舊制有三都大官共同決獄的制度，且三都大官不見於孝文帝太和職令，日本學者內田吟風通過研究，認為三都大官的人選應當是北族出身者，參見氏著：《後魏刑官考》，收入《北アジア史研究——鮮卑柔然突厥篇》，第145頁。
〔註146〕內田吟風《後魏刑官考》一文對北魏刑獄制度有全面的研究，其中「廷尉寺」一節對廷尉內部的系統、廷尉與御史臺（廷尉司直的設置與御史的關係）、廷尉與尚書、廷尉的檢察繫獄有專門討論，請參見。本文所重在廷尉與尚書省、都官尚書的關係，與內田大作側重點不同。內田氏指出「然而在魏世，廷尉官的常置，職務的確定以及權力的復振，正如前述，應當是在高祖孝文帝廢棄鮮卑舊俗，大力採用漢魏以來的文物制度，釐定官制使之成為永制以後」，《北アジア史研究　鮮卑柔然突厥篇》，第147〜148頁。
〔註147〕刊《中央研究院歷史語言研究所集刊》第18冊。
〔註148〕《中央研究院歷史語言研究所集刊》，第18冊，第300頁。

尚書無疑，而「殿中都官尚書執法殿中……後期都官之職大抵即如齊制也」〔註149〕。據《隋書・百官志中》所載齊制：

> 都官統都官、（掌畿內非違得失事。）二千石、（掌畿外得失等事。）
> 比部、（掌詔書律令勾檢等事。）水部、（掌舟船、津梁，公私水事。）
> 膳部（掌侍官百司禮食肴饌等事。）五曹〔註150〕。

水部與膳部歸都官尚書管理，實在是有點不倫不類，所以水部至隋劃歸工部，唐因之；而膳部至隋劃歸祠部，唐則爲禮部〔註151〕。剩下都官、二千石、比部三郎所掌皆與法制有關。且太武帝時的殿中都官尚書只是執法殿中的話，那麼北魏後期在刑法的管理上則分得更細，即尚書都官郎掌畿內，而尚書二千石郎則掌畿外，即北魏全境違法之事統屬都官尚書管理〔註152〕。據北魏《元端墓誌》：

> 回軒入朝，即爲度支、都官二曹尚書。則能禁闈清諧，百揆修緒〔註153〕。

所謂「禁闈清諧」，即指宮廷清靜，或者都官尚書不僅能掌畿內違法之事，禁宮內的「非違得失」也可管理。不過，北魏的都官尚書並非如唐代的刑部尚書般僅僅掌「政令」〔註154〕。從其所轄膳部郎中職掌禮食肴饌事也可以看出其所掌絕非政令能概括，且都官、二千石二郎分掌畿內、畿外，尤似過問具體事務的衙門。

那麼，北魏的都官尚書與廷尉是一種什麼樣的關係呢〔註155〕？《魏書・景穆十二王傳上》：

> （任城王元）澄因是奏（元）匡罪狀三十餘條，廷尉處以死刑。詔

〔註149〕《中央研究院歷史語言研究所集刊》，第 18 冊，第 302 頁。
〔註150〕《隋書》卷二七，第 753 頁。括號內爲原注。
〔註151〕《隋書》卷二八《百官志下》，第 774 頁。《通典》卷二三《職官五・尚書下》，第 640、647 頁。
〔註152〕《北魏尚書制度考》詳考列曹尚書郎職掌，謂「都官郎中……職主刑獄」，其他各曹均有考證，見《史語所集刊》第 18 冊，第 322～323、324 頁。
〔註153〕《漢魏南北朝墓誌彙編》，第 234 頁。
〔註154〕《唐六典》卷六《尚書刑部》：「刑部尚書、侍郎之職，掌天下刑法及徒隸勾覆、關禁之政令」，第 179 頁。
〔註155〕內田吟風《後魏刑官考》認爲「不過此等審理量刑，尚書並不直接命令廷尉，而是採用尚書彈奏、皇帝敕付廷尉審理量刑的形式（即詔獄）。不過後魏的廷尉詔獄也不一定因尚書彈奏產生」，《北アジア史研究　鮮卑柔然突厥篇》，第 151 頁。

付八座議，特加原宥，削爵除官〔註156〕。

這段史料與上舉南朝陳時期，廷尉認爲新律不妥，請八座會議的例子很像。廷尉判死刑，應當是直接上報皇帝，所以皇帝才會下詔給尚書八座商議，要求他們重新定罪，最後也確實特爲減罪。如果當時廷尉上報的是都官尚書，則尚書省應當已經集議過，不需要皇帝再下詔。《魏書・高謙之傳》：

> 正光中，尚書左丞元孚慰勞蠕蠕，反被拘留。及蠕蠕大掠而還，置孚歸國。事下廷尉，卿及監以下謂孚無坐，惟謙之以孚辱命，□以流罪。尚書同卿執，詔可謙之奏〔註157〕。

這裏的「卿、監」指廷尉卿、廷尉監，尚書不知是否是都官尚書，不過廷尉所判需經尚書省同意，因爲北魏尚書省仍然是宰相機構〔註158〕。同書同卷又

〔註156〕《魏書》卷一九上，第457頁。據本卷校勘記【一】「諸本目錄此卷注『闕』。百衲本、南本、汲本、局本卷末有宋人校語云：『魏收書《景穆十二王列傳》卷上亡。』殿本考證云：『魏收書亡，後人所補。』按此傳以《北史》卷一七《景穆十二王傳》補，間有溢出字句，當出於《高氏小史》。」考《北史》卷一七《景穆十二王傳上》，於「詔付八座議」一句作「詔付八議」，其它文字全同（第648頁）。魏收書亡佚的此卷，應當確如校勘記所言，以《北史》卷一七補之，則所多「座」字，或出《高氏小史》？然而一字之差，含義則完全不同。「八議」乃指如果犯法，不得隨意刑訊，需要上報的八類人，如果比照唐制，則指親、故、賢、能、功、貴、勤、賓這八類（參見〔唐〕長孫無忌等撰、劉俊文點校：《唐律疏議》，第16～18頁）。北魏「八議」之制具體是否如唐，不得而知。程樹德所輯《九朝律考》卷五《後魏律考下・八議》已經輯錄了相關資料，可參看（第372～373頁）。程氏所輯「八議」諸例中，亦採《北史》本條，或未見《魏書》本條與《北史》不同？按，元匡出繼廣平王後，自在「八議」中「議親」之列（北魏「八議」應含「議親」之制，上揭程氏所輯，即引《景穆十二王傳》「《律》云議親者，非唯當世之屬親，歷謂先帝之五世」，第635頁）。但據程氏所輯資料，北魏時期提到「八議」，均是某人「入八議」，而無「付八議」的說法。不過，「付八座議」除了《魏書》本條外，卷一九中《任城王澄傳》：「時蕭衍有移，求換張惠紹。澄表請不許，詔付八座會議」（第473頁）；卷六八《甄琛傳》：「詔曰：『民利在斯，深如所陳。付八座議可否以聞』」（第1511頁）；卷一○八之二《禮志二》：「靈太后令曰：『付八座集禮官議定以聞』」（第2763頁）。可見後人補《魏書》本卷不誤，或《魏書》原本有之，而《北史》脫去，後人據《高氏小史》得以補入？又《資治通鑑》卷一四九《梁紀五・武帝天監十八年》「魏中尉東平王匡以論議數爲任城王澄所奪，憤恚，復治其故棺，欲奏攻澄。澄因奏匡罪狀三十餘條，廷尉處以死刑。秋，八月，己未，詔免死，削除官爵，以車騎將軍侯剛代領中尉」（第4654頁）。溫公此處只稱「詔免死」，或也有見於兩本之差異？

〔註157〕《魏書》卷七七，第1708頁。

〔註158〕祝總斌：《兩漢魏晉南北朝宰相制度研究》，第242頁。

載：

> 初，謙之弟道穆，正光中爲御史，糾相州刺史李世哲事，大相挫辱，其家恒以爲憾。至是，世哲弟神軌爲靈太后深所寵任，直謙之家僮訴良，神軌左右之，入諷尚書，判禁謙之於廷尉〔註159〕。

尚書可禁朝臣於廷尉，而廷尉卻無異議，則尚書爲廷尉上級機關無疑。不過，廷尉對於上級之尚書省仍可提出反對意見，《魏書・刑罰志》：

> 兼廷尉卿元志、監王靖等上言：「檢除名之例，依律文，『獄成』謂處罪案成者。寺謂犯罪逕彈後，使覆檢鞫證定刑，罪狀彰露，案署分晒，獄理是成。若使案雖成，雖已申省，事下廷尉，或寺以情狀未盡，或邀駕撾鼓，或閽下立疑，更付別使者，可從未成之條。」……尚書李韶奏：「使雖結案，處上廷尉，解送至省，及家人訴枉，尚書納辭，連解下鞫，未檢遇宥者，不得爲案成之獄。推之情理，謂崔纂等議爲允。」詔從之〔註160〕。

據本條，已經上報尚書省的案子，廷尉如果覺得「情狀未盡」，仍可重審。不過據尚書李韶的話來看，一般刑獄結案以後，先上廷尉，然後由廷尉解送至尚書省。所以，就北魏史料所見，與南朝一樣，只言尚書或尚書省，而無明言都官尚書者，或恐其時尚無一一對應之關係〔註161〕。

北齊之制乃延續後魏，《北齊書・宋世軌傳》：

> 南臺囚到廷尉，世軌多雪之。仍移攝御史，將問其濫狀，中尉畢義雲不送，移往復不止。世軌遂上書，極言義雲酷擅。顯祖引見二人，親敕世軌曰：「我知臺欺寺久，卿能執理與之抗衡，但守此心，勿慮不富貴。」〔註162〕

南臺即御史臺，《通典・職官六・御史臺》：

> 梁及後魏、北齊或謂之南臺。後魏之制，有公事，百官朝會，名簿自尚書令、僕以下，悉送南臺〔註163〕。

〔註159〕《魏書》卷七七，第 1712 頁。

〔註160〕《魏書》卷一一一，第 2883～2884 頁。

〔註161〕內田吟風《後魏刑官考》指出「即使是在對刑獄的處理上，與其說由都官尚書單獨支配，還不如說他因爲是八座中的一員，方才與之相關」，《北アジア史研究　鮮卑柔然突厥篇》，第 152 頁。

〔註162〕《北齊書》卷四六，第 639～640 頁。

〔註163〕《通典》卷二四，第 659 頁。

我們並不是要討論御史臺與廷尉之間的關係〔註164〕，而是想指出在刑獄的管理上，中央就有尚書省、御史臺、廷尉三個機構在管理，權責不明，尤其以御史臺與廷尉兩個機構糾纏不清。到了北齊，居然御史臺欺廷尉寺，據文宣帝詔敕，可知臺欺寺由來已久。《北齊書‧宋遊道傳》：

> 魏安平王坐事亡，章武二王及諸王妃、太妃是其近親者皆被徵責。
> 都官郎中畢義雲主其事，有奏而禁，有不奏輒禁者。遊道判下廷尉
> 科罪，高隆之不同，於是反誣遊道屬色挫辱己，遂枉考群令史證成
> 之，與僕射襄城王旭、尚書鄭述祖等上言曰：「……比因安平王事，
> 遂肆其褊心，因公報隙，與郎中畢義雲遞相糾舉」〔註165〕。

都官郎中主持問訊之事是理所當然的，不過這件案子最後判下廷尉的卻是宋遊道，時任尚書左丞，雖然尚書左丞掌都官郎中〔註166〕，但恐怕並非上下關係，否則畢義雲未必敢與其遞相糾舉。是尚書左丞亦可就刑獄事直接與廷尉發生關係。那麼，廷尉與都官之間對應的關係迄北齊仍未成立，而只是籠統的屬於尚書省罷了。

（二）北周

北周依《周禮》建六官，《周禮》中本有「秋官司寇」一章，清人孫詒讓《周禮正義‧秋官司寇第五》注引《鄭目錄》云：

> 天子立司寇，使掌邦刑，刑者所以驅恥惡，納人於善道也〔註167〕。

則魏晉以來掌刑法獄訟事的官員自可歸於其下。《周禮》成書於何時可以不論，但其職官體系為先秦舊制經後人想像則無疑問。《周禮》中之職官為卿——大夫——士，既非秦漢之三公九卿，更非隋唐的三省六部。魏晉以來，尚書逐漸成為政本，宇文泰雖強制推行周官，但不能改變上百年官僚體系發展的軌跡。所以，雖然都官尚書、御史臺、廷尉寺全部被歸入司寇系統，其秩序卻顯得混亂。本篇只論尚書與廷尉的關係。《唐六典‧尚書刑部》「刑部尚

〔註164〕北魏、北齊御史臺與廷尉的關係，參見內田吟風：《後魏刑官考》，收入《北アジア史研究　鮮卑柔然突厥篇》，第149～151頁

〔註165〕《北齊書》卷四七，第653～654頁。

〔註166〕《隋書》卷二七《百官志中》載北齊之制「尚書省……其屬官，左丞、掌吏部、考功、主爵、殿中、儀曹、三公、祠部、主客、左右中兵、左右外兵、都官、二千石、度支、左右戶十七曹，并彈糾見事。又主管轄臺中，有違失者，兼糾駁之」，第752頁。

〔註167〕〔清〕孫詒讓撰，王文錦、陳玉霞點校：《周禮正義》卷六五，第2709頁。

書一人，正三品」條注曰：

> 後周依《周官》，置大司寇卿一人〔註168〕。

《通典·職官五·刑部尚書》條：

> 後周有秋官大司寇卿，掌刑邦國；其屬官又有刑部中大夫，掌五刑
> 之法〔註169〕。

北周的大司寇卿爲南北朝以來的都官尚書無疑，而所謂「刑部中大夫」，據《通典·職官七·大理卿》條：

> 後周有刑部中大夫，掌五刑之法，附萬人之罪，屬大司寇，亦其任
> 也。
>
> 注曰：今刑部侍郎之任〔註170〕。

則廷尉相當於北周之刑部中大夫，加上相當於御史中丞的「司憲中大夫」〔註171〕，則前代掌管司法刑獄之事的官員倒是第一次全部統轄在大司寇卿之下。不過，這種統轄與唐代那種下行上承的關係並不是一回事。首先，這是依據《周禮》強行進行的分類，這種劃分只是將具有類似業務的職官系統放在一起，並未理順其間的關係。第二，《通典》雖以刑部中大夫比於前代廷尉，但又注「今刑部侍郎之任」，考同書《職官五·刑部尚書》「侍郎一人」條注曰：「《周官》小司寇中大夫，蓋今任也。後周依《周官》」〔註172〕，則刑部侍郎之任究竟比附刑部中大夫，還是比附小司寇中大夫，君卿自己也把握不准，反觀廷尉，恐怕也不太準確。陳寅恪先生在《隋唐制度淵源略論稿·職官》中指出：

> 然而其（宇文泰）成敗所以與新宋二代不同者，正以其並非徒泥周
> 官之舊文，實僅利用其名號，以暗合其當日現狀，故能收摹仿之功
> 用，而少滯格不通之弊害，終以出於一時之權宜，故創制未久，子
> 孫已不能奉行，逐漸改移，還依漢魏之舊〔註173〕。

〔註168〕《唐六典》卷六，第179頁。
〔註169〕《通典》卷二三，第644頁。
〔註170〕《通典》卷二五，第711頁。
〔註171〕《唐六典》卷一三《御史臺》「中丞二人，正五品上」條注曰：「後周秋官置司憲中大夫二人，掌丞寇之法，以左右刑罰，蓋比御史中丞之任也。」第378頁。
〔註172〕《通典》卷二三，第644頁。《北周六典》卷六《秋官府第十一》就《通典》本條按語曰：「周官，小司寇，中大夫；北周小司寇，上大夫也。微爲不同」，第398頁。
〔註173〕《隋唐制度淵源略論稿》，第102頁。

知宇文泰當日只借《周禮》之虛名以團結關隴新舊人士，本非復古改制，所以官制上雖改舊名，恐實際運行仍然按魏晉之實。

五、餘論：隋代的調整

魏晉南北朝時期，雖然尚未發展到如唐代般刑部尚書與廷尉卿相對應的關係，不過，南北雙方由於漢魏以來尚書省漸成宰相機構，廷尉系統自然歸其領導，即尚書省——廷尉存在下行上承關係應無問題。《隋書‧百官志下》：

> 大理寺，不統署。又有正、監、評、（各一人）。司直、（十人）。律
> 博士、（八人）。明法、（二十人）。獄掾。（八人）〔註174〕。

所謂「高祖既受命，改周之六官，其所制名，多依前代之法」〔註175〕，楊堅廢周制，而改用魏齊或南朝之制〔註176〕。在大理（廷尉）系統上，即仿北齊之制〔註177〕。上引《唐六典‧大理寺》條謂唐代大理卿審理案件須上報刑部，由中書門下詳覆，而且「凡吏曹補署法官，則與刑部尚書、侍郎議其人可否，然後注擬」〔註178〕，則唐代大理寺之用人也需由刑部過問，上、下級關係昭然。隋代是否如此，我們不是很清楚。《隋書‧盧思道傳》：

> 於時議置六卿，將除大理。思道上奏曰：「省有駕部，寺留太僕，省
> 有刑部，寺除大理，斯則重畜產而賤刑名，誠爲未可。」又陳殿庭
> 非杖罰之所，朝臣犯笞罪，請以贖論，上悉嘉納之〔註179〕。

隋之六卿，在《百官志》中記爲「宗正、太僕、大理、鴻臚、司農、太府」，與「太常、光祿、衛尉」三卿之間應該是有區別的〔註180〕。這是後來隋

〔註174〕《隋書》卷二八，第 776 頁。括號內爲原注。
〔註175〕《隋書》卷二八《百官志下》，第 773 頁。
〔註176〕《隋唐制度淵源略論稿》「一、緒論」。
〔註177〕《隋書》卷二七《百官志中》載齊制「大理寺，掌決正刑獄。正、監、評各一人，律博士四人，明法掾二十四人，檻車督二人，掾十人，獄丞、掾各二人，司直、明法各十人」，第 756 頁。對隋唐大理寺的概論性描述，參見白鋼主編、俞鹿年著：《中國政治制度通史‧隋唐五代卷》，第 311～315 頁。
〔註178〕《唐六典》卷一八，第 502 頁。
〔註179〕《隋書》卷五七，第 1403 頁。
〔註180〕《隋書》卷二八《百官志下》，第 785 頁。將卿分成兩類，也是齊制，同書卷二七《百官志中》載齊制「吏部尚書，四安將軍，中領、護，太常、光祿、衛尉卿，太子三少，中書令，太子詹事，侍中，列曹尚書，四平將軍，大宗正、太僕、大理、鴻臚、司農、太府卿，清都尹，三等上州刺史，左右衛將軍，秘書監，銀青光祿大夫，散縣侯，開國縣伯，爲第三品」（第 765 頁），

朝的定制，其中是有大理的。不過，盧思道上奏是在開皇初〔註181〕，知當時在朝諸人尚有省併大理之議。從這篇上奏可以看出，尚書省與九寺之間似乎已經逐漸在形成一一對應的關係，即太僕寺對應駕部，駕部屬兵部尚書；大理寺對應刑部，刑部屬都官尚書〔註182〕。不過，這種對應關係並非如唐代般固定，不然，當時也不會提出廢寺的主張。而盧思道提出反對廢寺的理由也只是不應該輕刑名而重畜產，而不是從省寺對應的關係上來討論。可見直到隋初，省寺對應的關係尚在形成之中，從西晉即已開始的省寺之爭到此時尚未結束。

雖然都在第三品，但明顯分成三卿、六卿兩類。

〔註181〕《隋書》卷五七《盧思道傳》載：「開皇初，以母老，表請解職，優詔許之……歲餘，被徵，奉詔郊勞陳使。頃之，遭母憂，未幾，起爲散騎侍郎，奏內史侍郎事。於時議置六卿，將除大理。」云云，可見，盧思道之上奏當在開皇早期。

〔註182〕《隋書》卷二八《百官志下》：「兵部尚書統兵部、職方侍郎各二人，駕部、庫部侍郎各一人。都官尚書統都官侍郎二人，刑部、比部侍郎各一人，司門侍郎二人。」第774頁。

第三章　九卿分論三：司農與太府、鴻臚

第一節　司農與太府

　　日本學者加藤繁氏在 1918 年發表《漢代的國家財政和帝室財政的區別及帝室財政一斑》一文〔註1〕，將西漢財政區分爲由大司農主管的國家財政與由少府主管的帝室財政兩類，即有「公」與「私」兩個方面。並且就帝室財政問題，詳細分析其收入、支出以及相關的管理機構。在該文的最後部分，加藤氏寫道：

> 後漢建立後，光武帝果斷實行財政制度的大改革，徹底推翻了帝室財政和國家財政分別運轉的制度，亦即將以往少府所掌的山澤陂池等租稅，全部轉歸大司農管轄。這樣，少府成爲僅掌管宮廷雜務的機關，原六丞中的五丞被裁，僅留一丞，屬官相應縮減，同時廢前漢以士人充任屬官，改用一些宦官。又，水衡都尉被撤銷，其職守不易廢罷的歸併少府，而且對宮廷用度大加削減。這項改革決非唐

〔註1〕加藤繁：《漢代に於ける國家財政と帝室財政との區別并に帝室財政一斑》，原文發表於《東洋學報》八の一：九の一、二，1918 年。後收入氏著：《支那經濟史考證》上卷，第 35～156 頁。吳傑曾將加藤氏這本書譯出，該文收於所譯《中國經濟史考證》（第一卷），第 25～124 頁。又劉俊文主編：《日本學者研究中國史論著選譯》第三卷《上古秦漢》也收有這篇文章的譯文，第 294～388 頁。本章所引以最晚出的《選譯》爲準。

突而來，若回顧一下前漢末帝室財政失於龐大，便對此不足爲怪了。雖說如此，光武帝的改革是否走了極端，不無矯角殺牛之憾呢？使國家財政和帝室財政相互區別，宮廷費不牽累國政費、國政費不傷害宮廷費，兩者各守其畛域而不相侵的制度一朝廢止，是否有些輕率呢？這只有考察了後漢及以後的財政狀況才能清楚。此項課題更俟詳考〔註2〕。

即加藤氏認爲後漢光武帝將少府所掌帝室財政廢除，合帝室財政與國家財政爲一，而將掌控權交給大司農管理，少府遂成爲管理宮廷雜務的機關，二元財政體制變成了一元財政體制。後漢時期的具體狀況如何，加藤氏沒有申說。延續上述觀點而對後漢加以闡述的是日本學者西村元祐氏，西村氏認爲「及至後漢，國家財政的一元建制使前漢少府掌管的帝室財政由大司農接管，大司農遂成爲一手擔負帝國財政重大任務的機關」，「後漢時代，少府以前作爲財政機關的事務已經全部轉讓給司農，轉換成了天子側近的政務機關」〔註3〕。安作璋、熊鐵基兩位先生在論述秦漢「水衡都尉」時也指出「隨著財經制度的進一步改變，所謂國家財政與帝室財政不再分開了，如上所述少府也基本上不再管收入，水衡也就因而被取消了」〔註4〕。以後在東漢財政問題上進行全面研究的是日本學者山田勝芳氏。山田氏在研究王莽時代、東漢時代的財政制度以後指出：

在財政制度上，一方面，王莽時代的大司農繼續實現其財政一元化，另一方面，也同樣是在王莽時代，由於尚書、宦官的介入財政而看到了皇權強化的一面。即在財政制度的變化上，後漢時代作爲前漢二元財政向一元變化的歸結期的同時，也是尚書執行體制的開始〔註5〕。

〔註2〕《日本學者研究中國史論著選譯》第三卷，第383頁。

〔註3〕西村元祐：《中國經濟史研究·均田制度篇》第一章第三節《後漢の大司農》、第四節《後漢の少府》，第6、11頁。不過，西村氏在論述後漢少府職掌時，特別強調尚書令、侍中、御史中丞等官員屬於少府的記載，認爲這些均是少府屬官，並且說「這顯示了少府作爲直屬於帝權的中央政務機關的同時，也是掌握全國地方政治的機關」，同書第11～12頁。西村氏顯然沒有注意到這些官文屬少府的性質，而將少府與他們的關係視爲統轄關係，似乎不確。

〔註4〕《秦漢官制史稿》，第217頁。另白鋼主編、孟祥才著：《中國政治制度通史·秦漢卷》也指出「東漢時期，少府的屬官發生了較大的變化。因爲東漢少府不再管理財政收入，所有西漢時期少府擁有的徵收賦稅的職能都轉歸大司農。其財政開支由國庫調撥，國家財政與帝室財政合而爲一了」，第201頁。

〔註5〕山田勝芳：《後漢の大司農と少府》，刊《史流》第18號，第30頁。山田氏

即在「私」的方面，帝室財政雖然歸入國家財政由大司農統一掌管，少府退出了財政管理機構，但正如山田氏的研究所表明的那樣，官員中如中藏府令、尚書等仍然掌握著財政上的權力。這些官員只是「文屬」少府，而直接隸屬皇帝。同時，後漢的大司農雖然地位很高，但是有財政經營才能的人卻寥寥無幾，只是根據尚書的文書行政，走向了實務機關。所以山田氏認爲「財政政策的全權由尚書掌握」，而且「大司農和尚書的關係，在後漢時代如唐代般的關係（筆者按：指該文前引嚴耕望先生提出的唐代六部與九卿下行上承的關係）事實上已經成立了」〔註6〕。毫無疑問，後漢時期，尚書已經介入九卿的職能範圍，但像唐代般比較嚴格的對應關係似還沒有形成。唐代司農承戶部之命，而後漢尚無一曹可以與後來戶部相當，西漢倒是有一個「謁者曹郎」主「天下見錢貢獻委輸」之事〔註7〕，這只是尚書曹郎，而不是某曹尚書。東漢尚書系統管理錢糧之事的是「尚書右丞」，也不是某曹尚書。《續漢書志・百官三》：

> 左右丞各一人……右丞假署印綬，及紙筆墨財用庫藏。（蔡質《漢儀》
> 曰：「右丞與僕射對掌授廩假錢穀，與左丞無所不統」）〔註8〕。

蔡質的《漢儀》講得很清楚，右丞雖然掌錢穀，但與左丞、僕射一樣，都屬於無所不統的官員，反過來，僕射、左丞也可以管理錢糧事務。所以，大司農或許如山田氏所言受命於尚書系統，但是如唐代般的下行上承的嚴格對應關係不可能在東漢時期建立〔註9〕。

另有多篇論述財政的論文，分別是：《漢代財政制度に關する一考察》，刊《北海道教育大學紀要》第一部 B.社會科學編，第二十三卷第一號；《漢代財政制度變革の經濟的要因について》，刊《集刊東洋學》第 31 號；《王莽代の財政》，刊《集刊東洋學》第 33 號；《後漢の苑圃について》，刊《集刊東洋學》第 36 號；《後漢財政制度の創設について（上）》，刊《北海道教育大學紀要》第一部 B.社會科學編，第二十七卷第二號；《後漢財政制度の創設について（下）》，刊北海道教育大學函館人文學會《人文論究》第 38 號；《秦漢時代の大內と少內》，刊《集刊東洋學》第 57 號。後山田氏就秦漢時期的財政收入問題，著有《秦漢財政收入の研究》一書。

〔註6〕《後漢の大司農と少府》，刊《史流》第 18 號，第 8、10 頁。
〔註7〕《漢官六種》，收〔漢〕衛宏撰：《漢官舊儀》卷上，第 33 頁；《漢舊儀》卷上，第 64 頁。另參見楊樹藩：《兩漢尚書制度的研究》「二、組織」，收入《大陸雜誌史學叢書》第二輯第一冊，第 160～162 頁。
〔註8〕《續漢書志》二六，第 3597、3598 頁。
〔註9〕尚書省在形成過程中，逐步掌握行政權力，但如唐代般嚴格的對應關係尚在發展形成之中。具體到財政機關，也就是說如唐代般，由戶部尚書下轄司農、

　　如上所述，東漢時期的大司農雖然是國家唯一的財政機構，但是尚書系統已經開始介入其中，加上其他如中藏府等的分割，大司農的財政權力顯然受到了影響。我們現在要探討的是在魏晉南北朝時期，掌管財政尚書的形成，大司農在財政上的地位和作用受到怎樣的影響，其本身在財政的管理上有沒有變化。另外，這個時期，中央還有沒有其他財政機構存在，其與尚書、司農的關係如何。

一、魏晉南北朝的度支尚書

　　錢糧爲軍國重事，像東漢那樣由尚書右丞掌管，雖有重視之意，但由於右丞無所不統的緣故，未必能專心於此一事之上。所以設立專職管理財政的尚書就顯得必要。曹魏文帝時設立的度支尚書，就是這樣一個理財的專職官員。據《宋書・百官志上》：

　　　　魏世有吏部、左民、客曹、五兵、度支五曹尚書〔註10〕。

度支尚書之名，不見於兩漢尚書臺的建置。度支就是量入爲出，以制國用。《禮記・王制》「冢宰制國用」條鄭玄注曰：

　　　　制國用，如今度支經用〔註11〕。

就是這個意思。《通典・職官典・戶部尚書》：

　　　　至魏文帝，置度支尚書寺，專掌軍國支計。吳有戶部〔註12〕。

可見魏文帝首置度支尚書，南方的孫吳也有戶部之設，不知是否也掌「軍國支計」。《唐六典・尚書戶部》「戶部尚書一人，正三品」條注曰：

　　　　漢成帝置尚書五人，其三曰民曹，主吏人上書事。後漢以民曹兼主
　　　　繕修功作，當工官之任。魏置左民尚書，晉初省之，太康中又置。
　　　　惠帝時有右民尚書。東晉及宋、齊並置左民尚書，梁、陳並置左戶
　　　　尚書，並掌戶籍，兼知工官之事〔註13〕。

太府這樣的下行上承的關係在魏晉南北朝時期仍然在發展之中。而尚書令、尚書僕射、尚書左右丞等尚書省的首腦，由於事無不總的關係，所以與各部尚書相比，較早的介入到各種具體的政務之中。

〔註10〕《宋書》卷三九，第 1235 頁。《晉書》卷二四《職官志》：「及魏改選部爲吏部，主選部事，又有左民、客曹、五兵、度支、凡五曹尚書、二僕射、一令爲八座」，第 731 頁。

〔註11〕《禮記正義》卷一二，收入《十三經注疏》，第 1334 頁。

〔註12〕《通典》卷二三，第 635 頁。

〔註13〕《唐六典》卷三，第 63 頁。

《唐六典》以左民尙書當唐之戶部尙書，我想是因爲左民尙書掌戶籍的緣故。
唐代戶部尙書「掌天下戶口井田之政令」，首職在於戶口，所以修《六典》諸
人將魏晉左民尙書一職比附在戶部尙書之下。同書同卷「戶部郎中一人，從
五品上」條注曰：

> 漢有度支侍郎，即郎中之任也。歷魏、晉、宋、齊、後魏、北齊並
> 有度支郎中，梁、陳、隋屬侍郎，煬帝但曰「郎」。自漢、魏已來，
> 皆度支尙書領度支郎〔註14〕。

而度支尙書至隋開皇三年（583年）改爲民部，唐則避太宗諱改爲戶部〔註15〕。
則唐代戶部實包括前代左民、度支兩尙書之職，即戶口與財政，而戶口之多
寡實影響財政之收入，所以兩者密不可分。

魏文帝置度支尙書之用意，爲「掌軍國支計」，《晉書‧安平獻王孚傳》：

> 初，魏文帝置度支尙書，專掌軍國支計，朝議以征討未息，動須節
> 量。及明帝嗣位，欲用孚，問左右曰：「有兄風不？」答云：「似兄。」
> 天子曰：「吾得司馬懿二人，復何憂哉！」轉爲度支尙書。孚以爲擒
> 敵制勝，宜有備預。每諸葛亮入寇關中，邊兵不能制敵，中軍奔赴，
> 輒不及事機，宜預選步騎二萬，以爲二部，爲討賊之備。又以關中
> 連遭賊寇，穀帛不足，遣冀州農丁五千屯於上邽，秋冬習戰陣，春
> 夏修田桑。由是關中軍國有餘，待賊有備矣〔註16〕。

司馬孚是魏明帝時的度支尙書，他在應對蜀漢對關中的軍事壓力時，認爲「宜
預選步騎」，這不是他的職權範圍，所以只是一種建議；而涉及到穀帛，即錢
糧之事時，他可以直接派遣農丁到上邽屯戍，所謂「秋冬習戰陣，春夏修田
桑」，就是曹魏的屯田兵。在明帝太和五年（231年），雍州上邽是有軍屯的，
主持人就是司馬懿〔註17〕。「漢代邊境屯田都由田官管理，而田官直屬中央政
府的大司農」〔註18〕，曹魏是否如此？我們知道，曹魏民屯是由典農中郎將
或典農校尉管理，「各郡的典農中郎將或典農校尉，皆同屬於中央的大司農」
〔註19〕。軍屯的狀況是怎樣的呢？高敏先生引《太平御覽‧職官部四十》「司

〔註14〕《唐六典》卷三，第79頁。
〔註15〕《唐六典》卷三，第63頁。《通典》卷二三，第636頁。
〔註16〕《晉書》卷三七，第1082～1083頁。
〔註17〕高敏主編：《魏晉南北朝經濟史》有曹魏屯田表，第203頁。
〔註18〕唐長孺：《西晉田制試釋》，收入《魏晉南北朝史論叢（外一種）》，第36頁。
〔註19〕《魏晉南北朝經濟史》，第193～194頁。關於大司農的統屬與職掌問題，留

－113－

農度支校尉」條引《魏略》：

> 司農度支校尉，黃初四年置，比兩千石，掌諸軍兵田〔註20〕。

高先生另引《北堂書鈔》卷六一《城門校尉》條引《魏略》，作「掌諸軍屯田」，認為「兵田不可解」，疑《太平御覽》所引為「屯田」誤刊〔註21〕。關於曹魏軍屯的管理官職，史料非常少。該職設於文帝黃初四年（223年），秩比兩千石，高先生認為「軍屯的管理，由中央的司農度支校尉總其成」〔註22〕，這個觀點需要稍稍修正。清人洪飴孫作《三國職官表》，在大司農屬下有「度支中郎將」一職，洪氏自注曰：

> 《北堂書鈔》、《御覽》引《魏略》曰：司農度支校尉，掌諸軍兵田。
> 則度支中郎將、都尉職亦應同。疑與典農之職相通。典農主屯田，
> 度支主調遣，故其設官略同〔註23〕。

洪氏所見甚是。典農與度支分管民屯、軍屯。所以應該是大司農下轄度支中郎將或度支校尉，而且還有度支都尉〔註24〕。可是度支中郎將、度支校尉、度支都尉與度支尚書的關係我們是不清楚的，雖然都帶有「度支」兩字。度支中郎將等管理軍屯事宜，從上引司馬孚的史料來看，度支尚書可以設置軍屯，而且可以抽調冀州民丁前往雍州上邽屯墾。據《晉書・宣帝紀》：

> 時軍師杜襲、督軍薛悌皆言，明年麥熟，亮必為寇，隴右無穀，宜
> 及冬豫運。帝曰：「亮再出祁山，一攻陳倉，挫衄而反。縱其後出，
> 不復攻城，當求野戰，必在隴東，不在西也。亮每以糧少為恨，歸
> 必積穀，以吾料之，非三稔不能動矣。」於是表徙冀州農夫佃上邽，
> 興京兆、天水、南安監冶〔註25〕。

則又似上邽軍屯的設置起因於司馬懿的上表。或許司馬孚就是根據司馬懿的上表才有上述意見。不過，在興立屯田這件事上，是由度支尚書建議，在這個過程中，我們並沒有看到司農對此有什麼主張。

待下文詳論。
〔註20〕《太平御覽》卷二四二，第1147頁。
〔註21〕《魏晉南北朝經濟史》，第193頁。不過，我認為《御覽》所引「掌諸軍兵田」，可解釋為掌諸軍兵之田，即是軍屯，所以未必需改成《書鈔》所引之「屯田」。
〔註22〕《魏晉南北朝經濟史》，第193頁。
〔註23〕《三國職官表》，收入《後漢書三國志補表三十種》，第1382頁。
〔註24〕《通典》卷三六《職官十八》載魏官品表，第七品內有「度支都尉」一職，第993頁。
〔註25〕《晉書》卷一，第7頁。

曹魏所設度支尙書，可考者僅上擧司馬孚一人〔註 26〕。尙書二十五曹曹郎，也未有明確哪些屬於度支尙書的記載，所以不敢妄斷。同時期的蜀漢也有度支之名，孫吳也有戶曹尙書〔註27〕，可能都與財政有關。

西晉度支尙書沿襲曹魏之制。《宋書・百官志上》：

> 晉初有吏部、三公、客曹、駕部、屯田、度支六曹尙書。武帝咸寧二年，省駕部尙書，四年又置。太康中，有吏部、殿中、五兵、田曹、度支、左民六尙書。惠帝世，又有右民尙書。尙書止於六曹，不知此時省何曹也。江左則有祠部、吏部、左民、度支、五兵，合爲五曹尙書〔註28〕。

〔註26〕洪飴孫考出建安十八年（213 年）何夔已經任度支尙書，據其自注，引的是《武帝紀》注引《魏氏春秋》（《三國職官表》，《後漢書三國志補表三十種》，第1437頁）。檢《三國志》卷一《魏志・武帝紀》「（建安十八年）十一月，初置尙書、侍中、六卿」條注引《魏氏春秋》曰：「以荀攸爲尙書令，涼茂爲僕射，毛玠、崔琰、常林、徐奕、何夔爲尙書，王粲、杜襲、衛顗、和洽爲侍中」（第 42頁）。並沒有說他擔任的是哪曹尙書，又據其本傳，何夔擔任的是尙書僕射（見同書卷一二，第380頁）。而且《晉書》、《通典》均記度支尙書爲魏文帝時所創，何夔在建安年間不可能擔任度支尙書，未知洪氏何據。

〔註27〕〔晉〕常璩撰，任乃強校注：《華陽國志校補圖注》卷一一《後賢志》附《益梁寧三州先漢以來士女目錄》有「□□，都督度支、巴東太守柳伸，字稚原」，同書同卷第三節稱「伸，漢嘉、巴東太守」，校注曰「蓋杜禎爲梁益二州都督時，柳伸爲度支（司錢糧之官）。禎終於都督任，不更至二千石。伸則歷漢嘉、巴東太守」（第 627、628、716 頁）。洪飴孫應是根據《華陽國志》而將柳伸算入蜀國尙書度支郎內的（見《三國職官表》，《後漢書三國志補表三十種》第 1450 頁）。按，柳伸應該是杜禎任梁益二州都督時，在其麾下主管錢糧的度支，而不會是中央的度支尙書郎，因爲中央的度支尙書郎不可能置於地方都督之下。《晉書》卷四《惠帝紀》：「（太安二年十一月）丙寅，揚州秀才周玘、前南平內史王矩、前吳興內史顧秘起義軍以討石冰。冰退，自臨淮趣壽陽。征東將軍劉準遣廣陵度支陳敏擊冰」（第 101 頁），廣陵度支以地名冠，都督度支以官職冠，其實都是地方上的官員（見下文論司農）。孫吳的戶曹尙書見於《三國志》卷四八《吳志・孫休傳》：「休升便殿，謙不即御坐，止東廂。戶曹尙書前即階下贊奏，丞相奉璽符」（第 1155 頁）。而且吳有尙書戶曹郎（洪《表》列吳尙書郎時，失載戶曹郎），《三國志》卷五七《吳志・張溫傳》載孫權下令「又殷禮者，本占候召，而溫先後乞將到蜀，扇揚異國，爲之譚論。又禮之還，當親本職，而令守尙書戶曹郎，如此署置，在溫而已」（第 1331 頁）。吳之戶曹是否掌軍國錢糧之事，不得而知，也可能是沿襲漢代舊規。因爲漢代的民曹尙書是可以稱爲戶曹尙書的，見《漢官六種》（第 64、141 頁），不過，皆係唐人所引，有避太宗諱改「民」爲「戶」的嫌疑，所以，孫吳之戶曹究竟是漢代之民曹，還是新設的部門，不能遽斷。

〔註28〕《宋書》卷三九，第 1235 頁。

則終晉之世，度支一直存在。《晉書・杜預傳》：

> 是時朝廷皆以預明於籌略，會匈奴帥劉猛舉兵反，自并州西及河東、
> 平陽，詔預以散侯定計省闥，俄拜度支尚書。預乃奏立籍田，建安
> 邊，論處軍國之要。又作人排新器，興常平倉，定穀價，較鹽運，
> 制課調，內以利國外以救邊者五十餘條，皆納焉〔註29〕。

杜預在度支尚書任內，對糧食、食鹽、課調等有關經濟稅收的專案多有建議，
可謂「軍國之要」。同書《張華傳》：

> 初，帝潛與羊祜謀伐吳，而群臣多以爲不可，唯華贊成其計。其後，
> 祜疾篤，帝遣華詣祜，問以伐吳之計，語在《祜傳》。及將大舉，以
> 華爲度支尚書，乃量計運漕，決定廟算〔註30〕。

伐吳之前，以張華爲度支尚書，主要是在運漕，也就是軍國支計的出謀劃策
上。

至南朝，度支尚書領曹方有明確記載。《宋書・百官志上》：

> 度支尚書領度支、金部、倉部、起部四曹〔註31〕。

《南齊書・百官志》：

> 度支尚書，領度支、金部、倉部、起部四曹〔註32〕。

梁、陳略同〔註33〕。度支、金部、倉部之名已見於曹魏，起部之名則見於西

〔註29〕《晉書》卷三四，第 1027 頁。
〔註30〕《晉書》卷三六，第 1070 頁。
〔註31〕《宋書》卷三九，第 1235 頁。
〔註32〕《南齊書》卷一六，第 320 頁。
〔註33〕南齊尚書之制全沿南宋。至梁，略有變動。《通典》卷二二《歷代郎官》：「梁
加三曹，爲二十三曹」，自注曰：「加殿中、虞曹、屯田」，第 606 頁。按此有
誤，殿中之名，早見前代，宋齊皆以尚書左僕射領，《宋書》卷三九《百官志
上》：「左僕射領殿中、主客二曹」（第 1235 頁）；《南齊書》卷一六《百官志》：
「左僕射，領殿中主客二曹事」（第 319 頁），故殿中曹非梁所加，所加三曹
當是「虞曹、屯田、騎兵」，其實這三曹晉時已有，只是宋、齊不置而已，見
《隋書》卷二六《百官志上》（第 721 頁）。梁世如前代，有度支、金部、倉
部、起部四曹，當仍是度支尚書屬曹，新增之「騎兵」當屬五兵尚書管曹無
疑。然「虞曹、屯田」是否歸度支管轄？《唐六典》卷七《尚書工部》「虞部
郎中一人，從五品上」條注曰：「魏始有虞曹郎中一人，晉因之，宋、齊省，
梁、陳爲侍郎。……梁、陳、後魏、北齊並祠部尚書領之，隋工部尚書領之，
皇朝因焉」（第 224 頁）。考《隋書》卷二六《百官志上》：「（天監）三年，置
侍郎，視通直郎。其郎中在職勤能，滿二歲者，轉之」（第 721 頁）。則虞曹
侍郎由祠部尚書領，且與一般曹郎稍有不同。而屯田曹，據《唐六典》卷七
《尚書工部》「屯田郎中一人，從五品上」條注曰：「魏有農部郎曹，晉始置

晉〔註 34〕。度支曹爲度支尚書首曹，職能無須多說。金部職能則南朝並無多少記載。《宋書‧王韶之傳》：

> 高祖受禪，加驍騎將軍、本郡中正，黃門如故，西省職解，復掌宋書。有司奏東冶士朱道民禽三叛士，依例放遣，韶之啓曰：「尚書金部奏事如右，斯誠檢忘一時權制，懼非經國弘本之令典。臣尋舊制，以罪補士，凡有十餘條，雖同異不案，而輕重實殊。」〔註 35〕

東冶是金屬冶煉機構，有司，據後王韶之上書，可知是尚書金部。我們知道，魏晉南朝的冶士屬於「百工」，雖然宋以後大量以刑徒充任，其與一般百姓有別則不待言。他們固定在官府的作場裏面，非經放免，不能改變身份〔註 36〕。朱道民是因爲擒「叛士」有功，才由尚書金部郎上奏，請求「依例放遣」。東冶在宋屬於少府東冶令所管〔註 37〕，東冶所掌爲冶鐵，一方面說明尚書金部如字面所示，與金屬冶煉之職掌有關；另一方面，像免除冶士身份爲平民這樣的事，少府無權做主，需由尚書金部出面。

倉部，《晉書‧陳敏傳》：

> 少有幹能，以郡廉吏補尚書倉部令史。及趙王倫篡逆，三王起義兵，久屯不散，京師倉廩空虛，敏建議曰：「南方米穀皆積數十年，時將欲腐敗，而不漕運以濟中州，非所以救患周急也。」朝廷從之，以敏爲合肥度支，遷廣陵度支〔註 38〕。

《南齊書‧張緒傳》：

> 州辟議曹從事，舉秀才。建平王護軍主簿，右軍法曹行參軍，司空

屯田郎中，東晉及宋、齊並左民郎中兼知屯田事，後魏、北齊並置屯田郎中。梁、陳、隋並爲侍郎，亦郎中之任也……陳左戶部尚書領屯田」（第 222 頁）。宋齊不置屯田郎中，是由於左民郎中兼知，因左民主戶口，屯田與戶口有密切關係，屯田之事，見下文討論司農目。所以陳以左戶尚書領屯田，陳沿梁制，梁應也以左戶尚書領屯田。故梁陳度支尚書所領曹郎應與宋齊同。

〔註 34〕《宋書》卷三九，第 1236 頁。

〔註 35〕《宋書》卷六〇，第 1625 頁。

〔註 36〕唐長孺：《魏、晉至唐官府作場及官府工程的工匠》，收入《魏晉南北朝史論叢（外一種）》，第 471～483 頁。

〔註 37〕《宋書》卷三九《百官志上》：「東冶令，一人。丞一人。南冶令，一人。丞一人。漢有鐵官，晉署令，掌工徒鼓鑄，隸衛尉。江左以來，省衛尉，度隸少府。宋世雖置衛尉，冶隸少府如故。江南諸郡縣有鐵者或署冶令，或署丞，多是吳所置」，第 1232 頁。

〔註 38〕《晉書》卷一〇〇，第 2614 頁。

主簿，撫軍、南中郎二府功曹，尚書倉部郎。都令史諮郡縣米事，

緒蕭然直視，不以經懷〔註39〕。

同書《張融傳》：

尋復位，攝祠、倉部二曹。領軍劉勔力戰死，祠曹議「上應哭勔不」，

融議「宜哭」。於是始舉哀。倉曹又以「正月俗人所忌，太倉為可開

不」，融議「不宜拘束小忌」〔註40〕。

可見倉部之職能主要在糧食的儲藏、保管，且對郡縣米穀需有瞭解。

起部，此曹雖歷魏晉南朝一直存在，但其性質與度支其他諸曹不同，掌管營造方面的事務，可能因為營造之事涉及財政，才將其置於度支尚書之下。據《宋書‧百官志上》：

若營宗廟宮室，則置起部尚書，事畢省〔註41〕。

起部尚書為權置尚書，主營造之事，其例多見，此不贅舉〔註42〕，可能權置起部尚書之時，起部郎也歸其管轄，因為起部尚書有事則置，無事則省的原則，而平常有關營造的一些事務，比如材料的採購等等又需要有人經管〔註43〕，所以省尚書而不省郎。

五胡十六國時期的狀況我們不是很清楚，有些政權是有度支尚書的，這顯然是魏晉舊制的沿用〔註44〕。北魏孝文帝以前，有太倉、金部等尚書，大概因事立名，且與財政有關。至孝文帝，方立度支尚書，當是採用魏晉舊制

〔註39〕《南齊書》卷三三，第 600 頁。

〔註40〕《南齊書》卷四一，第 726 頁。

〔註41〕《宋書》卷三九，第 1235 頁。

〔註42〕如《梁書》卷二一《王峻傳》載其為起部尚書，監太極殿營造之事，第 321頁。《陳書》卷二《高祖紀》載沈眾兼起部尚書，起太極殿事，第 37 頁。

〔註43〕《宋書》卷三九《百官志上》：「材官將軍，一人。司馬一人。主工匠土木之事。漢左右校令，其任也。魏右校又置材官校尉，主天下材木事。晉江左改材官校尉曰材官將軍，又罷左校令。今材官隸尚書起部及領軍」（第 1238 頁）。材官隸尚書起部正是由於其主天下木材，而木材又是營造必不可少的材料。隸領軍可能是由於營造的勞動力多來自於兵士的緣故。

〔註44〕《晉書》卷一一三《苻堅載記上》：「太元四年，晉兗州刺史謝玄率眾數萬次於泗汭，將救彭城。苻丕陷襄陽，執南中郎將朱序，送於長安，堅署為度支尚書」（第 2901 頁），苻堅為何以一南朝俘虜擔任如此重要官職，頗令人費解。同書卷一二七《慕容德載記》：「進慕容鍾為司徒，慕輿拔為司空，封孚為左僕射，慕輿護為右僕射。遣其度支尚書封愷、中書侍郎封逞觀省風俗，所在大饗將士。以其妻段氏為皇后」（第 3168 頁）。此時慕容德方即位為帝，職官中就有度支尚書之設，一方面為沿襲魏晉舊制，另一方面也可見其重要。

〔註45〕。北魏尚書之制，至孝文方定型。嚴耕望先生謂：

> （孝文帝太和十七年以後）此期最大改革爲廢除最足代表鮮卑舊俗
> 之南北二尚書。其餘大抵就本國尚書舊制，參以南制，修正一番，
> 定型爲殿中、吏部、儀曹、七兵、都官、度支六部〔註46〕。

據嚴先生依北齊之制所推，北魏度支尚書下轄六曹，分別是度支、倉部、左
民、右民、金部、庫部。度支爲首曹，「掌軍國糧廩及其他財務」；倉部掌諸
倉庫；左右民至北齊改爲左右戶，掌天下計帳戶籍與公私田宅；金部掌權衡
度量，內外諸庫文帳；庫部則掌戎仗器用〔註47〕。北齊則同於北魏。《魏書・
崔亮傳》：

> 尋除散騎常侍，仍爲黃門。遷度支尚書，領御史中尉。自遷都之後，
> 經略四方，又營洛邑，費用甚廣。亮在度支，別立條格，歲省億計。
> 又議修汴蔡二渠，以通邊運，公私賴焉〔註48〕。

《北史・崔昂傳》：

> （東魏孝靜帝武定中，崔昂）後除尚書左丞，其年兼度支尚書。左
> 丞之兼尚書，近代未有，朝野榮之。度支水漕陸運，昂設轉輸相入
> 之差，付給新陳之法，有利於人，遂爲常式。右僕射崔暹奏請海沂
> 煮鹽，有利軍國。文襄以問昂。昂曰：「亦旣官煮，須斷人灶，官力
> 雖多，不及人廣。請準關市，薄爲灶稅，私館官給，彼此有宜。」
> 朝廷從之〔註49〕。

可見北朝度支尚書也和南朝一樣，在財政上量入爲出，凡有關興利之事，度
支尚書均可過問。

北周依《周禮》置地官府大司徒卿，《周禮正義・地官・大司徒》：

> 大司徒之職，掌建邦之土地之圖與其人民之數，以佐王安擾邦國。
> 以天下土地之圖，周知九州之地域、廣輪之數，辨其山陵川澤丘陵
> 墳衍原隰之名物〔註50〕。

〔註45〕 嚴耕望：《北魏尚書制度考》，收入《中央研究院歷史語言研究所集刊》第 18
　　　　 冊，第 302～303 頁。
〔註46〕 《北魏尚書制度考》，《中央研究院歷史語言研究所集刊》第 18 冊，第 304 頁。
〔註47〕 《北魏尚書制度考》，《史語所集刊》第 18 冊，第 324～327 頁。
〔註48〕 《魏書》卷六六，第 1477 頁。
〔註49〕 《北史》卷三二，第 1180 頁。
〔註50〕 《周禮正義》卷一八，第 689 頁。

在掌握戶籍與土地等方面上，北周的大司徒、魏齊隋初的度支尚書、隋唐的戶（民）部尚書頗有可通之處，不過，杜君卿已指出度支和戶部均非出於大司徒，《通典·職官典·戶部尚書》引《周禮·地官》「大司徒之職，掌建邦之土地之圖，與其人民之數」條自注曰：

> 按今戶部之職與地官之任，雖亦頗同，若徵其承受，考其沿襲，則戶部合出於度支。度支，主計算之官也。算計之任，本出於《周禮·天官》之司會云〔註51〕。

在唐人看來，本朝戶部尚書之職出於前代度支尚書之任，而非北周所改之司徒。度支職掌，主在算計，江東、魏齊俱有度支，而皆遠承魏晉，此又隋唐制度不承北周之證。

魏晉南北朝的度支尚書既然職在財政的算計，那麼，大司農在財政上擔負怎樣的角色呢？這就需要討論大司農的屬官及職掌。

二、魏晉南北朝的大司農

東漢將少府的財政職能劃歸司農，《續漢書志·百官三》：

> 大司農，卿一人，中二千石。（本注曰：掌諸錢穀金帛諸貨幣。郡國四時上月旦見錢穀簿，其逋未畢，各具別之。邊郡諸官請調度者，皆爲報給，損多益寡，取相給足。）丞一人，比千石。部丞一人，六百石。（本注曰：部丞主帑藏。）〔註52〕

關於東漢的司農，這裏不想多談，其爲一元化的國家財政機構無疑〔註53〕。三國曹魏制度，據洪飴孫《三國職官表》所考，大司農下屬典農中郎將、典農校尉、典農都尉、度支中郎將、度支校尉、度支都尉、太倉令、導官令等掾屬〔註54〕。從洪氏所考來看，我們發現曹魏大司農之制與後漢相比，有一個明顯的不同，那就是專重糧食的管理而輕於對錢、金帛等貨幣的管理。這其實也可以理解，漢末三國戰亂頻繁，當時的各地軍閥要想建立政權而不被吞併，一要有兵，二要有糧。而我們知道漢末的糧荒已經到了很嚴重的地步〔註

〔註51〕《通典》卷二三，第635頁。
〔註52〕《續漢書志》二六，第3590頁。
〔註53〕山田勝芳：《後漢の大司農と少府》「一、大司農の職掌と性格」。
〔註54〕《三國職官表》，《後漢書三國志補表三十種》，第1376～1384頁。
〔註55〕唐長孺：《西晉田制試釋》「一、曹魏屯田制度的意義及其破壞」，收入《魏晉南北朝史論叢（外一種）》。王仲犖：《魏晉南北朝史》第一章第二節「曹操的

55〕，有沒有貨幣在相比之下就顯得並不是那麼重要。因此，一方面佔有農民使之成爲屯田戶，即民屯；一方面又讓軍隊及其家屬，也就是「士家」從事糧食生產〔註 56〕，即軍屯。管理民屯的是典農中郎將、校尉、都尉這一系；而管理軍屯的據上所考，是度支中郎將、校尉、都尉這一系，他們不屬地方，統歸大司農管轄，重點都在獲得糧食。這些官職並不見於漢代，是曹操所創，「從各方面觀察，曹操的政策是傾向於集權的，他有意於恢復兩漢帝國時期的統一政權，因此他不能容許地方割據勢力的過度膨脹……由於屯田制度與士家制度的建立，保證了他的政府永遠擁有優勢的人力財力以壓倒各種地方勢力」〔註 57〕。屯田雖然散於郡縣，卻統歸中央司農，並不像東漢那些散於郡縣的鹽官、鐵官歸地方管理。《三國志・魏書・司馬芝傳》：

> 後爲大司農。先是諸典農各部吏民，末作治生，以要利入。芝奏曰：「王者之治，崇本抑末，務農重穀。《王制》：『無三年之儲，國非其國也。』《管子・區言》以積穀爲急。方今二虜未滅，師旅不息，國家之要，惟在穀帛。武皇帝特開屯田之官，專以農桑爲業。建安中，天下倉廩充實，百姓殷足。自黃初以來，聽諸典農治生，各爲部下之計，誠非國家大體所宜也。夫王者以海內爲家，故《傳》曰：『百姓不足，君誰與足！』富足之由，在於不失天時而盡地力。今商旅所求，雖有加倍之顯利，然於一統之計，已有不貲之損，不如墾田益一畝之收也。夫農民之事田，自正月耕種，耘鋤條桑，耕燡種麥，穫刈築場，十月乃畢。治廩繫橋，運輸租賦，除道理梁，墐塗室屋，以是終歲，無日不爲農事也。今諸典農，各言『留者爲行者宗田計，課其力，勢不得不爾。不有所廢，則當素有餘力。』臣愚以爲不宜復以商事雜亂，專以農桑爲務，於國計爲便。」明帝從之〔註 58〕。

崇本抑末、重農輕商是前漢以來的舊論，本不足爲奇。司馬芝這時任大司農，而依照後漢大司農的職掌，也應該管理財貨。不過，他一味地強調穀帛的重

統一北方」之「曹操興置屯田的成功」，第37～38頁。

〔註 56〕唐長孺：《〈晉書・趙至傳〉中所見曹魏士家制度》，趙至的父親雖然是兵，但也需要耕田，可見兵士的耕田是普遍的，收入《魏晉南北朝史論叢（外一種）》，第 31 頁。

〔註 57〕唐長孺：《西晉田制試釋》「一、曹魏屯田制度的意義及其破壞」，收入《魏晉南北朝史論叢（外一種）》，第 38 頁。

〔註 58〕《三國志》卷一二，第 388～389 頁。

要性，而對商旅所能帶來的加倍之顯利不屑一顧。《三國志・魏書・曹爽傳》
注引《魏略》曰：

> （桓）範又謂（曹）羲曰：「卿別營近在闕南，洛陽典農治在城外，
> 呼召如意。今詣許昌，不過中宿，許昌別庫，足相被假；所憂當在
> 穀食，而大司農印章在我身。」〔註59〕

「高平陵事變」時，桓範任官大司農，可以隨意徵召洛陽典農，而且有大司
農印，就可以調撥糧食供軍。桓範是想與司馬氏一戰的，戰爭中金帛的賞賜
對於提高士氣是很有效的手段，這裏卻並沒有提到。這些史料表明，大司農
雖然掌管錢穀金帛，但在這個動亂的年代，究以糧食的生產與管理為第一要
務。

但是，屯田制度並不能維持很久，在曹魏的中後期已經開始破壞，到了
司馬氏掌權的曹魏陳留王咸熙元年（264年），據《三國志・魏書・三少帝紀》：

> 是歲，罷屯田官以均政役，諸典農皆為太守，都尉皆為令長；勸募
> 蜀人能內移者，給廩二年，復除二十歲〔註60〕。

晉武帝即位後，在泰始二年（266年）又重申前命，《晉書・武帝紀》：

> 十二月，罷農官為郡縣〔註61〕。

這裏似乎將過去的屯田區域變成了郡縣，屯田官變成了太守令長，屯田民則
一同編戶。如果是這樣的話，他們就脫離了大司農的管轄。事實上並非如此
簡單，不僅在屯田制被廢止之後還有賜客的記載〔註62〕，而且從上引史料來
看，所罷免的只是典農一系的官員，也即是民屯。而度支一系的官員即軍屯
並沒有廢罷。軍屯雖然沒有被廢罷，但是否仍然屬於司農管轄則有疑問。《晉
書・惠帝紀》載太安二年（303年）十一月：

> 丙寅，揚州秀才周玘、前南平內史王矩、前吳興內史顧秘起義軍以
> 討石冰。冰退，自臨淮趣壽陽。征東將軍劉準遣廣陵度支陳敏擊冰
> 〔註63〕。

度支前冠以地名廣陵，而且由征東將軍派遣，顯然是地方上的官員，如果直
屬司農的話，地方上應該沒有隨意調動的權力。《晉書・張闓傳》：

〔註59〕《三國志》卷九，第291頁。
〔註60〕《三國志》卷四，第153頁。
〔註61〕《晉書》卷三，第55頁。
〔註62〕唐長孺：《西晉田制試釋》，《魏晉南北朝史論叢（外一種）》，第40～41頁。
〔註63〕《晉書》卷四，第101～102頁。

蘇峻之役，闓與王導俱入宮侍衛……陶侃等至，假闓節，行征虜將
軍，與振威將軍陶回共督丹陽義軍。闓到晉陵，使内史劉耽盡以一
部穀，并遣吳郡度支運四部穀，以給車騎將軍郗鑒〔註64〕。

這裏吳郡度支的四部穀則由持節的張闓調撥，似乎並不需要司農的任何手
續。《晉書·食貨志》載杜預在咸寧年間上書：

臣中者又見宋侯相應遵上便宜，求壞泗陂，徙運道。時下都督度支
共處當，各據所見，不從遵言。臣案遵上事，運道東詣壽春，有舊
渠，可不由泗陂。泗陂在遵地界壞地凡萬三千餘頃，傷敗成業。遵
縣領應佃二千六百口，可謂至少，而猶患地狹，不足肆力，此皆水
之爲害也。當所共恤，而都督度支方復執異，非所見之難，直以不
同害理也。人心所見既不同，利害之情又有異。軍家之與郡縣，士
大夫之與百姓，其意莫有同者，此皆偏其利以忘其害者也〔註65〕。

都督本爲治軍而設，爲地方上最高軍事長官〔註66〕，而度支爲掌管軍屯之官，
據杜預所奏，度支竟然與都督在「壞泗陂，徙運道」這件事上各執己見，互
不相讓。而且杜預明言「軍家之與郡縣」，軍家指都督無疑，那麼郡縣即是指
度支。可見在晉武帝咸寧年間，度支應該已經脱離司農系統，而歸地方管轄。
及至平吳，眾所周知，武帝罷州郡武備。天下一統之後，廣泛的軍屯就更不
必要〔註67〕。所以上舉度支史料前冠以地名者，可以認爲就是地方屬官。到
《宋書·百官志上》記大司農職官時，就完全不提曹魏時期設置過的典農中
郎將、都尉、校尉與度支中郎將、都尉、校尉。《晉書·職官志》同，因爲這
些官職在晉時不是廢罷就是屬於地方了。

〔註64〕《晉書》卷七六，第 2019 頁。
〔註65〕《晉書》卷二六，第 789 頁。
〔註66〕嚴耕望：《魏晉南北朝地方行政制度》第二章「(一) 都督；(二) 都督與州刺
史之關係」。
〔註67〕萬繩楠整理：《陳寅恪魏晉南北朝史講演錄》第二篇〈罷州郡武備與封建制
度〉，第 32～43 頁。唐長孺：《魏晉州郡兵的設置和廢罷》一文，認爲「西晉
統一後，太康三年 (二八二) 頒佈詔書，對舊制有所改革，其内容大致是 (一)
諸州無事者罷其兵 (或云『罷州郡兵』，『普減州郡兵』)；(二) 刺史只作爲監
司，罷將軍名號，不領兵，也不兼領兵的校尉官；(三) 實行軍民分治，都尉、
校尉治軍，刺史 (詔書雖説刺史爲監司，並不治民，實際並未做到)、太守治
民。這個新規定在武帝統治時期基本上是實行了的。惠帝元康 (二九一) 後
才破壞」(收入《魏晉南北朝史論拾遺》，第 149 頁)。陳、唐雖然見解不同，
但統一之後，軍隊較戰時應有削減當無疑問。

晉時大司農猶有可議者，《宋書‧百官志上》：

> 大司農，一人。……掌九穀六畜之供膳羞者。……晉哀帝末，省併
> 都水，孝武世復置。
>
> 太倉令，一人。……秦官也。晉江左以來，又有東倉、石頭倉丞各
> 一人。
>
> 導官令，一人。……掌舂御米。漢東京置。導，擇也。擇米令精也。
>
> 籍田令，一人。……掌耕宗廟社稷之田，於周為甸師……漢東京及
> 魏並不置。晉武泰始十年復置。江左省，宋太祖元嘉中又置。自太
> 倉至籍田令，並屬司農〔註68〕。

《晉書‧職官志》：

> 大司農，統太倉、籍田、導官三令，襄國都水長，東西南北部護漕
> 掾。及渡江，哀帝省併都水，孝武復置〔註69〕。

與後漢時期的司農職掌相比，有一個很明顯的不同，就是晉大司農只管糧食，不管錢了，下轄官員均與糧食生產或管理有關，而不及財貨之事。連掌管賦斂折納後所得布帛的平準令也不再屬司農。司農變成了一個純粹掌管糧食收入與支出的財政機關，這或許與漢魏之際戰亂，戰時重糧的傾向有關。除卻糧食以外的中央財政收入與財政機關，我們下文再談。晉司農為宋、齊所繼承，宋齊無論職掌與屬官均與晉相同〔註70〕。在此期間，司農或被廢，但不久即復，可見職不可缺〔註71〕。梁武帝改九卿為十二卿，司農之職掌據《隋書‧百官志上》：

> 司農卿，位視散騎常侍，主農功倉廩。統太倉、導官、籍田、上林
> 令，又管樂遊、北苑丞，左右中部三倉丞，荻庫、荻庫、箬庫丞，
> 湖西諸屯主。天監九年，又置勸農謁者，視殿中御史〔註72〕。

「主農功倉廩」還是掌管糧食生產與儲藏。太倉、導官、籍田三令為前代之舊，無須多說。上林為漢水衡都尉之職，主苑中禽獸，魏西晉同，東晉不置，

〔註68〕《宋書》卷三九，第 1231～1232 頁。

〔註69〕《晉書》卷二四，第 737 頁。

〔註70〕宋大司農職掌已見上引，齊大司農見《南齊書》卷一六《百官志》，第 317 頁。

〔註71〕晉哀帝廢，孝武帝復置，見《宋書》卷三九《百官志上》，第 1231 頁。宋文帝廢，孝武帝復置，見《宋書》卷五《文帝紀》，第 101 頁；卷六《孝武帝紀》，第 126 頁。

〔註72〕《隋書》卷二六，第 724～725 頁。

宋孝武帝於大明三年（459 年）九月於玄武湖北重立上林苑〔註73〕，故有上林令之設。上引《宋書・百官志》載大司農之職爲「掌九穀六畜之供膳羞者」，自然是宋制，上林既然掌苑中禽獸，似乎宋時就應該劃歸司農管理，不過宋、齊兩代都歸尚書殿中曹，尚書殿中曹職掌不明，如若比照唐制，大概是掌皇帝日常飲食起居之事〔註74〕。當時尚書、九卿權責不明，這也是一個例證，不過，總的趨勢是具體事務由九卿來負責，所以到了梁代，雖然仍然有尚書殿中曹，而上林令就劃歸司農管理了。樂遊、北苑與上林性質相近。左右中三部倉丞顯然與糧食儲藏有關。莢、荻、箸三庫是專門的儲藏室〔註75〕。「湖西諸屯主」的屯，就是爲了開發山林而成立的組織〔註76〕。梁陳的司農所掌財政仍然延續晉宋以來的傳統，以糧食的生產與管理爲最主要的職掌。梁司農所統諸令，也是以專門物資如莢、箸或山林木材的儲藏爲主，與金銀財貨即使有聯繫，恐怕也不會太大。因此，我們有理由相信，南朝司農卿職掌與晉大致相同，即其雖然爲財政機構，但是只主管糧食，而金帛財物當另有專門機構管理。

　　十六國多有大司農設置，應當是延續魏晉舊制，其具體職掌已經難以稽考〔註77〕。魏收《魏書・官氏志》只列官名，不記職掌。現在只能從《隋書》所記北齊制度來做一些分析。《隋書・百官志中》：

　　　　司農寺，掌倉市薪菜，園池果實。統平準、太倉、鈎盾、典農、導

〔註73〕《宋書》卷六《孝武帝紀》，第 124 頁。《唐六典》卷一九《司農寺》「上林署：令二人，從七品下」條注曰：「後漢上林苑令一人，六百石，主苑中禽獸；頗有人居，皆主之；捕得其獸，送太官。丞一人，三百石。魏晉因之。江左闕其官。宋武帝復置，隸尚書殿中曹及少府；齊因之。梁、陳屬司農」（第 525～526 頁）。宋武帝復置上林苑令，《宋書》未見記載，頗疑「宋武帝」當作「宋孝武帝」。《通典》卷二六《司農卿》就上林署令一職與《六典》所載略同，惟「宋武帝復置」作「宋初復置」（第 727～728 頁）。如果爲孝武帝立，不會記載爲宋初；如果是武帝復置，則又不見於他書，存疑待考。

〔註74〕《唐六典》卷一一《殿中省》：「殿中省：監一人，從三品……殿中監掌乘輿服御之政令，總尚食、尚藥、尚乘、尚舍、尚輦六局之官署」，第 322～323 頁。

〔註75〕據漢語大詞典編輯委員會編纂：《漢語大詞典》載，「莢」是指豆類植物的果實，如草本的大豆、豌豆、蠶豆以及木本的榆莢、槐莢、皂莢等。「荻」是多年生草本植物，莖可以編席箔。「箸」則是竹名，亦爲竹皮即篾，用於編織竹器。其葉片亦可供包物等用（見該書第 8 冊 1189 頁，第 9 冊 413、422 頁）。

〔註76〕唐長孺：《南朝的屯、邸、別墅及山澤佔領》，收入《山居存稿》，第 2 頁。

〔註77〕十六國百官建置，參見《二十五史補編》第三冊所收百官表及將相大臣年表。

官、梁州水次倉、石濟水次倉、藉田等署令、丞。而鉤盾又別領大
囿、上林、遊獵、柴草、池藪、苜蓿等六部丞。典農署，又別領山
陽、平頭、督亢等三部丞。導官署，又有御細部、麴麵部、典庫部
等倉督員〔註78〕。

北齊司農寺職掌也完全是糧食蔬果，與金銀財貨並沒有什麼關係。北魏北齊
的司農職掌應該是沿襲魏晉舊制，最明顯的例證是有典農署這樣的名稱。我
們知道，典農之名是曹操所創，前代所無〔註79〕，而曹操的典農部是屬於司
農管轄的。太倉、導官、藉田則是兩晉舊制。平準在後漢時期屬於司農，晉
宋則少府。不過，漢之平準與晉宋平準有所不同。《續漢書志・百官三》：

平準令一人，六百石。本注曰：掌知物貫，主練染，作采色。

《宋書・百官志上》：

平准令，一人。丞一人。掌染，秦官也，漢因之。漢隸司農，不知
何世隸少府〔註80〕。

平準令掌知物價，東漢自然屬司農。但是，到了劉宋，平準掌知物價的職能
已經沒有了，僅僅掌染色而已，其被劃歸漸漸演變成掌百工伎巧的少府是理
所當然〔註81〕。而北齊的司農復統平準，不知其是否掌物價〔註82〕。鉤盾署
則自漢代以來是「典諸近池苑囿遊觀之處」〔註83〕，且苑囿之中尚有數處果
園，自然屬於司農管轄範圍，漢以後，此官惟西晉置，東晉南朝不置。《晉書・
職官志》：

大鴻臚，統大行、典客、園池、華林園、鉤盾等令，又有青宮列丞、
鄴玄武苑丞。及江左，有事則權置，無事則省〔註84〕。

鉤盾、園池、華林園之屬鴻臚，或許與其接待賓客之職能有關，但由司農職

〔註78〕《隋書》卷二七，第756～757頁。
〔註79〕《續漢書志》二六《百官三》：「右屬大司農……中興皆屬郡縣」條注引《魏
志》曰：「曹公置典農中郎將，秩二千石。典農都尉，秩六百石，或四百石。
典農校尉，秩比二千石。所主如中郎。部分別而少，爲校尉丞」，第3591頁。
〔註80〕《續漢書志》二六，第3590頁，《宋書》卷三九，第1232頁。
〔註81〕少府職掌的演變見第四章第三節。
〔註82〕平準一官在北魏統屬不明，《唐六典》於此記爲闕文，第544頁；《通典》則
不記北魏之制，第731頁。平準在晉屬少府，北魏廢少府並於太府，平準似
應歸太府管轄。但北齊明記司農統平準，則北魏不知到底如何。
〔註83〕《續漢書志》二六《百官三》，第3595頁。
〔註84〕《晉書》卷二四，第737頁。

掌似更爲合適。

北周則依《周禮》建置，據《唐六典・司農寺》「司農寺：卿一人，從三品」條注曰：

> 後周依《周官》，有司農上士一人，掌三農、九穀、稼穡之政令〔註85〕。

當時三方鼎峙，糧食亦爲重中之重，關於這一點，王仲犖先生已有說明，此處不贅〔註86〕。

如上所述，我們對魏晉南北朝的司農得一基本印象，即其只管糧而不管錢帛，時代越下越明顯，與東漢司農——掌管國家錢糧的唯一財政機構已經不一樣，或者說管錢帛的職能到後代已經沒有了〔註87〕。那麼，魏晉南北朝管理金銀布帛是哪些機構，這就要談到太府創設的背景了。

三、南北朝時期太府的創設

魏晉南北朝雖然以分裂、對抗爲基本特徵，但是在一定區域內相對穩定政權的出現也給社會經濟的發展創造了條件。從三國的鼎立到西晉的短暫統一，五胡十六國以後的南北對峙，爲了進攻與防守，都要求統治者不能不考慮經濟問題。戰爭所需，首在糧草，大司農職掌趨向於專掌國家糧食的生產與儲存，未嘗不是反映時代的一個標誌。《三國志・魏書・武帝紀》建安九年（204年）九月條注引《魏書》載公（曹操）令曰：

〔註85〕《唐六典》卷一九，第523頁。《通典》卷二六《職官・司農卿》條所載同，第726頁。

〔註86〕《北周六典》卷三《地官府第八》，第104～106頁。

〔註87〕黃崇岐在《中國歷代官制簡述》論諸卿職掌時說：「又如大司農，在東漢時它本分得少府一部分職權，迨南北朝時，新設的太府寺又把他從少府得來的職權搶了過去，成爲司農管倉廩，太尉管金帛的制度。（筆者按：依黃先生之意，太尉當作太府，此爲排印錯誤）」（收入氏著：《宋史叢考》，第215～216頁）。這是筆者所見最早提出司農、太府分工的論述，誠爲卓識，可惜並未論證。黃惠賢也注意到司農成爲主管糧食儲存等的大倉庫，同時認爲東漢時執掌全國財政收支的大權，已經轉移到創建於曹魏的度支尚書手中（見《中國政治制度通史・魏晉南北朝卷》，第四章第四節）。按，所言甚是。度支既然掌管全國財政的收支，則包括全部方面，其中主要者，爲糧食與金帛。而且尚書漸趨於政務的管理，實務並非其所經懷。司農既然只管糧倉，原來由其所主管之金帛究竟歸哪個衙門統屬，沒有論證，這也是本節下半部分所要分析的內容。陳長琦也有類似觀點，認爲度支尚書取代了大司農（見氏著：《兩晉南朝政治史稿》，第271頁）。

其收田租畝四升，戶出絹二匹、綿二斤而已，他不得擅興發〔註88〕。以後到了西晉武帝制戶調之式，據《晉書·食貨志》：

> 又制戶調之式：丁男之戶，歲輸絹三匹，綿三斤，女及次丁男爲戶者半輸。其諸邊郡或三分之二，遠者三分之一。夷人輸竇布，戶一匹，遠者或一丈。男子一人占田七十畝，女子三十畝。其外丁男課田五十畝，丁女二十畝，次丁男半之，女則不課〔註89〕。

雖然有多少之別，但是就徵收的內容來看，不外是糧食、絹、綿這三種東西而已。我們在這裏並不是要討論稅收的問題，而是要說魏晉時期按規定所徵收的均是實物，與貨幣無關，這與兩漢是不同的。漢代田租徵收糧食，算賦和口錢則徵收錢。唐長孺先生在《魏晉戶調製及其演變》一文中指出：

> 在東漢初年調已經成爲人民經常的負擔，可是沒有規定其數額及繳納物，直到曹操始將調加以固定化及普遍化，而取消了算賦和口錢。
>
> 算賦與口錢在漢末還是正稅中項目〔註90〕。

經過長期的軍閥混戰，再像漢代那樣徵收錢已經不現實，所以曹操所頒佈的征稅命令只徵收實物，而沒有錢。但這並不是說將以前的賦稅取消了，而是將其折納，以絹、綿或者其他實物的形式進行徵收。國庫收入的很大一部分是各級官僚的俸祿，東漢的俸祿形式是「半錢半穀」制〔註91〕，那是因爲國家財政收入徵收錢幣。現在魏晉征稅一切以實物計算，雖然我們對於該時期官吏俸祿的構成不是很清楚，但是從收入求支出，想穀帛也應該占絕大多數。

但是，與實物比起來，錢幣作爲一般等價物畢竟要方便的多，西漢自武帝鑄五銖錢，也一直是沿用的法定貨幣〔註92〕。曹魏雖然時廢時置，但終究不能取消貨幣。而且，我們還看到了魏晉時期有大量的錢幣支出。《三國志·魏書·劉放傳》注引《（孫）資別傳》：

〔註88〕《三國志》卷一，第26頁。
〔註89〕《晉書》卷二六，第790頁。
〔註90〕《魏晉南北朝史論叢（外一種）》，第61頁。另參見谷霽光：《論漢唐間賦稅制度的變化》，收入氏著：《谷霽光史學文集》第二卷《經濟史論》。
〔註91〕黃惠賢、陳鋒主編：《中國俸祿制度史》第二章第二節「三、東漢的『半錢半穀』制」。
〔註92〕關於中國中古時期的實物貨幣、實物租稅與徭役、實物地租、實物工資等的研究，參見全漢昇：《中古自然經濟》。彭信威：《中國貨幣史》，第139～142頁。

（正始）九年二月，乃賜詔曰：「君掌機密三十餘年，經營庶事，勳
著前朝……屬以年耆疾篤，上還印綬，前後鄭重，辭旨懇切……今
聽所執，賜錢百萬，使兼光祿勳少府親策詔君養疾於第。」〔註93〕

同書《魏書・三少帝紀》：

景元元年夏六月丙辰，進大將軍司馬文王位爲相國，封晉公，增封
二郡，并前滿十，加九錫之禮，一如前詔；諸群從子弟，其未有侯
者皆封亭侯，賜錢千萬，帛萬匹，文王固讓乃止〔註94〕。

同書《魏書・滿寵傳》：

景初二年，以寵年老徵還，遷爲太尉。寵不治產業，家無餘財。詔
曰：「君典兵在外，專心憂公，有行父、祭遵之風。賜田十頃，穀五
百斛，錢二十萬，以明清忠儉約之節焉。」〔註95〕

以上數例，旨在說明經過曹操征稅改革之後，曹魏皇帝手裏仍然有大量錢幣，
否則，一次賜予少則幾十萬，多則上千萬是不可能的。上面我們說過，據《晉
書・職官志》記司農職掌似已不再管理錢貨，而魏晉皇帝對於大臣，其賞賜
內容裏多有錢物，見本節【附表】。從表中可以看出，在重要的大臣病重或亡
故之後，皇帝一般會賞賜大量的錢帛，僅以晉武帝時爲例，有記載的賞賜總
共四十多次，涉及三十多人，除去記載不明或推辭的，賜錢高達二千餘萬，
而且武帝一朝大臣年老遜位或亡故，贈賻似有一定之制度。年老遜位者，賜
錢、絹或布；亡故者，賜秘器、朝服、衣、錢、布等，如果推斷不誤，那麼
因贈賻制度而支出的錢就會遠遠高於二千餘萬，因爲不見記載的官僚當更多
〔註96〕。西晉惠帝元康年間，魯褒作《錢神論》，雖不能過分誇大，但多少也
反映了西晉時期「相對穩定，商品貨幣經濟小有恢復」〔註97〕。《晉書・食貨
志》載惠帝：

永寧之初，洛中尚有錦帛四百萬，珠寶金銀百餘斛。惠后北征，蕩
陰反駕，寒桃在御，隻雞以給，其布衫兩幅，囊錢三千，以爲車駕

〔註93〕《三國志》卷一四，第461頁。
〔註94〕《三國志》卷四，第147頁。
〔註95〕《三國志》卷二六，第725頁。
〔註96〕即使是在桓溫廢罷卿官以後，孝武帝復置以前，在簡文帝和孝武帝前期，我
　　　　們仍然看到有大量錢幣支出。
〔註97〕參見牟師發松：《魯褒〈錢神論〉的產生與當時的商品貨幣經濟》，《江淮論壇》
　　　　1985年第5期。筆者所見爲轉載，刊《複印報刊資料・魏晉南北朝隋唐史》
　　　　1985年第11期，第34～36頁。

之資焉〔註98〕。

同書《蘇峻傳》載峻攻陷建康以後：

> 時官有布二十萬匹，金銀五千斤，錢億萬，絹數萬匹，他物稱是，
>
> 峻盡費之〔註99〕。

當時國家正稅是不包括金銀以及錢的，那麼這些也就是政府通過各種正稅以外的手段得到，值得注意的是，這裏金銀珠寶也好，金銀錢也好，都是與錦帛或布絹並列，可見錢、帛作為財富，在作為一般等價物的貨幣這一點上具有相同的意義。我們現在關心的是這些錢帛的管理問題。因為西晉時期，大司農雖仍然不失為一個很大的財務部門，但是已經不再管理錢貨，那麼，當時管理這些錢幣金銀的是哪些機構，即中央有沒有專職部門存在。我們首先想到的是漢代的少府，因為在西漢，少府的主要收入是稅，其中又以錢幣為多〔註100〕。後漢雖然將少府職掌歸併入司農，卻造成了加藤氏所說的，帝室財政與國家財政的不分，作為最高主權者的皇帝，可以隨意使用國家財政收入。而且，東漢另有專門財政機構掌管皇帝的私人財富，那就是少府的中藏府。關於東漢的中藏府，山田勝芳氏已經有詳細的研究〔註101〕，即中藏府是掌管金錢帛等財貨的宮中財庫官，而中藏府大量的錢貨支出是由於大司農的帑藏所掌的錢貨轉移了過來。《晉書‧職官志》：

> 少府，統材官校尉、中左右三尚方、中黃左右藏、左校、甄官、平
>
> 準、奚官等令，左校坊、鄴中黃左右藏、油官等丞。及渡江，哀帝
>
> 省并丹陽尹，孝武復置。自渡江唯置一尚方，又省御府〔註102〕。

所謂「中黃左右藏」應該就是「中藏府」的別名，據《後漢書‧桓帝紀》「芝草生中黃藏府」條注引《漢官儀》：

> 中黃藏府掌中幣帛金銀諸貨物〔註103〕。

孫星衍輯漢應劭《漢官儀》二卷，於此條下案語云：

> 《續漢志》「中藏府令一人，六百石。本注曰：掌中幣帛金銀諸貨物」。

〔註98〕《晉書》卷二六，第783頁。
〔註99〕《晉書》卷一〇〇，第2630頁。
〔註100〕加藤繁：《漢代的國家財政和帝室財政的區別及帝室財政一斑》「二　帝室財政的收入」，《日本學者研究中國史論著選譯》第三卷，第298～330頁、
〔註101〕山田勝芳：《後漢の大司農と少府》「中藏府と御府」。
〔註102〕《晉書》卷二四，第737頁。
〔註103〕《後漢書》卷七，第290頁。

此衍「黃」字〔註104〕。

按此黃字未必是衍字，《晉書》所記仍爲「中黃左右藏」，可能最早叫中黃藏，後改爲中藏府，魏晉復舊，且分爲左右。而且在鄴還有個「中黃左右藏」，鄴在魏晉南北朝時期是軍事重鎮〔註105〕。曹魏時期，自曹操開始就是霸府的所在，操所築銅雀等三臺就在這裏，文帝即位以後，更將鄴列爲五都之一〔註106〕。鄴的中黃左右藏可能是中央的分支機構，用於加強對北邊的控制。至於中藏府的職掌，則爲東漢之舊，《唐六典・太府寺》「左藏府：令三人，從七品下」條注曰：

> 至秦、漢，則分在司農、少府。後漢少府屬官有中藏府令、丞各一人，掌中藏幣帛、金銀，貨物。魏氏因之。晉少府屬官有左、右藏令。東晉御史九人，各掌一曹，有庫曹御史，後復分庫曹置外左庫、內左庫。宋文帝省外左庫，而內左庫直云左庫，孝武帝復置，前廢帝又省〔註107〕。

所以，我們才能在上表看到魏晉時期皇帝巨額的錢帛，不需經過司農（賜穀可能需要經過司農，但是沒有發現史料），往往以詔書的形式直接下達了，這中間是否經過度支尚書，不明，而能夠如此頻繁賞賜的原因就在於中藏府擔當著前漢少府的職能，掌握大量的財貨，可以直接由皇帝撥發，而不受其他機構的制約。至元帝渡江，又新設庫曹御史。之所以在御史中設置，是因爲御史系統直接受命於皇帝，而與其他機構無涉。後漢時期，御史系統就文屬於少府，也可以看出這種傾向〔註108〕。這裏有一點不是很清楚，即東晉設庫曹御史之後，原文屬於少府的左右藏令還存不存在？是並置還是廢罷，沒有

〔註104〕 《漢官六種》，第 139 頁。周天游在本卷校勘記【一一三】本條云：「《後漢書・桓帝紀》注引作《漢官》。」按：中華書局點校本此處作《漢官儀》，未知周先生何據。

〔註105〕 參見周一良：《讀〈鄴中記〉》，收入氏著：《魏晉南北朝史論集》。同氏：《〈魏書〉札記》「中山鄴信都三城」條，收入《魏晉南北朝史札記》，第 307～310 頁。

〔註106〕 〔晉〕陸翽著，黃惠賢輯校：輯校《鄴中記》，武漢大學歷史系魏晉南北朝隋唐史研究室編：《魏晉南北朝隋唐史資料》第九、十期合刊，第 140、151、167 頁。《三國志》卷二《魏書・文帝紀》注引《魏略》，第 77 頁。

〔註107〕 《唐六典》卷二○，第 544～545 頁。另參見《通典》卷二六《職官・太府卿》，第 731 頁。

〔註108〕 西村元祐：《中國經濟史研究・均田制度篇》第四節《後漢の少府》，第 11～12 頁。

史料可資說明，不過，到劉宋時期，少府之下已經不見有中黃左右藏的官職，應該已經被廢罷了〔註109〕。也就在劉宋時期，出現了「臺傳」這個名詞。關於「臺傳」，日本學者中村圭爾氏有詳細的研究，中村氏認為，臺傳的「臺」不是指尚書臺，而是指御史臺。臺傳作為朝廷直轄的財政機構在各地都有，且獨立於地方行政組織以外。而這又與南朝皇權的伸張、地方分權自立傾向的增大密切相關。臺傳的設立可以幫助朝廷在財政層面上控制地方，與政治上派出的典簽具有類似的作用〔註110〕。東晉南朝時期的庫曹御史與臺傳是否存在統轄的關係雖然並不清楚，但是兩者之間具有聯繫是可以肯定的，因為兩者同屬於御史臺，兩者都反映了中央對於財政控制的加強。除此以外，在南朝還存在名為上庫和齋庫的財庫。日本學者川合安氏對此有過詳細研究，上庫之儲是以備軍國之用，皇帝直屬的公的財庫；而齋庫則是供人主所好，純粹是皇帝的私庫〔註111〕。從川合氏的研究和現有史料來看，上庫儲錢，齋庫則儲錢、絹。上庫和齋庫的統屬關係不明，從直屬皇帝和稱做「庫」上來看，或許應該屬於庫曹御史管理，但這只是一種猜測，尚無史料證明。

從晉開始，大司農僅管理糧食的生產和儲藏，而與此相對的，我們卻看到了晉武帝大量的錢幣支出，此時少府已經不具有財政的功能，從文屬於少府的中黃左右藏，到庫曹御史的設置，再加上上庫、齋庫等機構，管理錢帛的機構變來變去，統屬關係曖昧不明。雖然尚書為政本，這個時期也有了度支尚書，但是不可能去管理如此細碎的事務，因為連尚書和曹郎在內也不過幾人而已。最好的辦法就是能有一個專管錢財的機構，與大司農分職，並將以前這些零碎的財政機關置於統一領導之下，再直屬中央的尚書，梁代太府的創設就是以此為背景的〔註112〕。

對於南朝商品經濟的發展和對貨幣需求的增加，研究頗多，無須贅述〔註

〔註109〕《宋書》卷三九《百官志上》，第 1232 頁。

〔註110〕中村圭爾：《臺傳——南朝における財政機構》，原載《中國史研究》八，1984年，後收入氏著：《六朝江南地域史研究》附編第十四章，第 557～575 頁。筆者參考的是收入專著的該論文。

〔註111〕川合安：《南朝財政機構の發展について》，載東北大學文學會《文化》，第49 卷第 3・4 號，1986 年。

〔註112〕川合安：《梁の太府創設とその背景》，刊弘前大學人文學部《文經論叢・人文學科篇 Ⅷ》第 23 卷第 3 號，1988 年。

〔註113〕何茲全：《東晉南朝的錢幣使用與錢幣問題》，收入氏著：《讀史集》。唐長孺：《南朝的屯、邸、別墅及山澤佔領》，收入《山居存稿》。岡崎文夫：《南朝の

113）。我們並不準備對商品經濟與太府創立的關係多加探討，這裏只想對太府這個機構本身進行研究。太府就是大府，是相對於少府來說的。《漢書・百官公卿表上》：

> 少府，秦官，掌山海池澤之稅，以給共養。（顏注引應劭曰：「名曰禁錢，以給私養，自別爲藏。少者，小也，故稱少府。」師古曰：「大司農供軍國之用，少府以養天子也。」）〔註114〕

則少府即小府，小府以養天子。那麼太府之設從其名稱上來講，就與前代有別，暗示此機構並非僅爲天子服務，《周禮正義》「大府掌九貢、九賦、九功之貳，以受其貨賄之入，頒其貨於受藏之府，頒其賄於受用之府」條注曰：

> 九功謂九職也。受藏之府，若內府也。受用之府，若職內也。凡貨賄皆藏以給用耳，良者以給王之用，其餘以給國之用。或言受藏，或言受用，又雜言貨賄，皆互文〔註115〕。

那麼，從經典意義上來講，太府既服務君主，也服務國家。這倒是與自東漢以來帝、國不分的習慣暗合。《隋書・百官志上》載梁制：

> 太府卿，位視宗正，掌金帛府帑。統左右藏令、上庫丞，掌太倉、南北市令。關津亦皆屬焉〔註116〕。

這裏將梁代太府職掌說得很清楚，是掌「金帛府帑」，帑就是「帑藏」。後漢大司農有部丞一人，主帑藏，據山田勝芳氏研究，後漢的部丞帑藏是受領除米穀以外，從郡國輸送到大司農的金錢布帛的官署〔註117〕。則梁代太府職掌實際上與後漢部丞所主略同，都是主錢帛之官。左右藏和上庫這時候當然也被劃入太府職權範圍。所可怪者，太府統屬內居然有太倉令，不禁令人費解。考《隋書・百官志上》記梁「司農卿」條，明言「統太倉、導官、籍田、上林令」〔註118〕，則太倉不能再屬太府甚明。且如上所考，太倉職掌糧食之儲

錢貨問題》，收入氏著：《南北朝に於ける社會經濟制度》。川勝義雄：《侯景之亂與南朝的貨幣經濟》，收入劉俊文主編：《日本學者研究中國史論著選譯》第四卷《六朝隋唐》。稻葉弘高：《梁代通貨に關する覺書》，刊《集刊東洋學》31 號，1974 年。越智重明：《梁時代の貨幣流通をめぐって》，刊《東洋史研究》第四十三卷第三號，1984 年。不一一列舉。

〔註114〕《漢書》卷一九上，第 732 頁。
〔註115〕《周禮正義》卷一一，第 444 頁。
〔註116〕《隋書》卷二六，第 725 頁。
〔註117〕《後漢の大司農と少府》，第 7 頁及注 24。
〔註118〕《隋書》卷二六，第 724 頁。

藏，與太府職掌金帛之事不合，故《隋書·百官志上》所記太府該條，其「掌太倉」一句必然有誤。川合安氏在分析太府所屬諸官署時，有一標題作「太市·南北市令、關津」，顯然認爲這裏是太市而不是太倉，所據爲《唐六典》〔註119〕。太市確爲太府屬官，《唐六典·太府寺》「太府寺：卿一人，從三品」條注曰：

> 梁天監七年始置太府卿，班第十三，掌金帛、府帑，統左·右藏令、上庫丞、太市·南市·北市令，關津亦皆屬焉〔註120〕。

同書同卷「兩京諸市署：各令一人，從六品上」條注曰：

> 《梁選簿》：「太市令屬四品市職之任，不容過卑，天監三年革其選」〔註121〕。

是梁有太市令職，自當依《唐六典》文，與南北市令同屬於太府〔註122〕。故中華書局點校本本條，「太倉」乃「太市」之誤。市與關津均以稅收爲主〔註123〕，隸太府是自然的。所以前代收取金銀錢帛的機構全部被歸入太府，創設的意義除了前輩學者所指出的，從上文所考來看，還在於明確了太府統府庫金帛，司農只管糧食的嚴格統屬分工。

下面我們再來考察一下北朝的情況。北魏前期制度不是很清楚，孝文帝太和二十三年（499 年）第二次官制改革，設太府而省少府，而太和第一次職員令是有少府而無太府的〔註124〕。我們在這裏不想討論南北朝太府之設存不存在相互影響的問題〔註125〕，不過孝文帝第二次職員令以後的太府與南朝蕭梁所設太府不一樣，即北魏此時的太府包含了少府的職事，此點川合安氏已經指出〔註126〕。《隋書·百官志中》載北齊之制：

〔註119〕 《梁の太府創設とその背景》注③。

〔註120〕 《唐六典》卷二〇，第 540 頁。

〔註121〕 《唐六典》卷二〇，第 543 頁。

〔註122〕 諸市位置，參見中村圭爾：《六朝江南地域史研究》附編第十二章《建康と水運》。

〔註123〕 高敏主編：《魏晉南北朝經濟史》，第 514～517 頁。吉田虎雄：《魏晉南北朝租稅の研究》第六節《關市の稅》，第 190～199 頁。

〔註124〕 《魏書》卷一一三《官氏志》，第 2979、2995 頁。

〔註125〕 閻步克：《品位與職位——秦漢魏晉南北朝官階制度研究》第七章《北魏對蕭梁的官階制回饋》。牟師發松：《唐代的南朝化傾向再論》，《南京曉莊學院學報》2007 年第 4 期。

〔註126〕 〈梁の太府創設とその背景〉注①。

太府寺，掌金帛府庫，營造器物〔註127〕。

而《通典·職官典·太府卿》：

後魏太和中，改少府為太府卿，兼有少卿，掌財物庫藏〔註128〕。

據此，則似乎北魏太和中新設太府為少府之改，僅是名稱不同而已。其實不然，因為從東漢開始，少府已經退出財務的管理，演變成掌管官府作場的衙門，北魏這時候所設太府，與少府不同，掌財物庫藏，孝文帝的改革，不僅僅是轉換了個官名，而是將舊有的少府併入新設的太府之中。所以，雖然統屬於一個部門，但是「金帛府庫」與「營造器物」這兩個職能分得很清楚。「金帛府庫」為新設，「營造器物」則是舊有。少府所掌的那部分職能我們另節探討，這裏只擬就北朝掌管錢帛的部門做一些分析。《魏書·陽固傳》：

（中尉王顯）他日又謂固曰：「吾作太府卿，庫藏充實，卿以為何如？」

固對曰：「公收百官之祿四分之一，州郡贓贖悉入京藏，以此充府，未足為多。且有聚斂之臣，寧有盜臣，豈不戒哉！」顯大不悅，以此銜固〔註129〕。

王顯為太府卿，執掌庫藏甚明，且又可以收百官之祿、州郡贓贖，則北魏太府當負責部分百官俸祿之事，州郡非法之財也可收歸庫藏。正是由於太府職務上的這些便利，所以陽固直指王顯為聚斂之臣。《魏書·張普惠傳》：

普惠以天下民調，幅度長廣，尚書計奏，復徵綿麻，恐其勞民不堪命，上疏曰：「……其在庫絹布并及絲綿，不依典制者，請遣一尚書與太府卿、左右藏令，依今官度、官秤，計其斤兩、廣長，折給請俸之人。

總常俸之數，千俸所出，以布綿麻，亦應其一歲之用」〔註130〕。

這裏的尚書掌計奏，不知是度支尚書還是尚書臺。不過此時度支尚書與太府卿之間似尚未形成對應關係，否則下文只需要說「請遣尚書與太府卿」云云即可，不需多「一」字。張普惠的意思是請在列曹尚書中委派一員與太府卿會勘，而不專指度支尚書。不過，庫藏絹布、絲綿麻等歸太府卿職掌則很明確。至於左右藏令，我想應該是歸太府管轄，只是涉及到庫藏問題，所以才

〔註127〕《隋書》卷二七，第 757 頁。

〔註128〕《通典》卷二六，第 730 頁。又《唐六典》卷二〇《太府寺》「太府寺：卿一人，從三品」條注曰：「後魏太和中，始改少府為太府卿，品第三。北齊因之」，第 540 頁。

〔註129〕《魏書》卷七二，第 1604〜1605 頁。

〔註130〕《魏書》卷七八，第 1735〜1737 頁。

被特別提出〔註131〕。《魏書·范紹傳》：

> 追賞營田之勤，拜游擊將軍，遷龍驤將軍、太府少卿，都統如故。
> 轉長兼太府卿。紹量功節用，甄煩就簡，凡有賜給，千匹以上，皆
> 別覆奏，然後出之〔註132〕。

這也是太府掌管庫藏布帛的例證。在上舉諸例中，我們看到太府職掌似乎只
與錢帛有關〔註133〕，而太府掌管營造器物的例子卻沒有找到。我很懷疑，北
魏雖然將少府並於太府，但是保持了原有少府的相對獨立性，而不是打散以
後重新組合，所以營造器物那部分職能仍是由原來的少府機構掌管。這只要
看一下北齊太府之下的原少府屬官同於前代就可以知道。另據《北齊書·宋
遊道傳》：

> 天保元年，以遊道兼太府卿，乃於少府覆檢主司盜截，得鉅萬計。
> 奸吏返誣奏之，下獄。尋得出，不歸家，逕之府理事〔註134〕。

北齊文宣帝天保元年（550年），上距北魏孝文帝太和（477—499年）已經有
五、六十年時間，少府早已經被省併，而宋遊道作爲兼任太府卿，卻可以到
「少府」去覆檢盜截。這裏的少府顯然是指一個相對獨立的機構，我想，雖
然不設少府卿之職，少府機構卻更像是文屬於太府的一個相對獨立的部門，
只是沒有部門長官而已，營造器物的職能與金帛府庫的職能並不混淆。北周
則有太府中大夫一職，是改周官大府而來。北周太府之職，實總括一切財政
收入，包括錢帛，也包括穀糧，據清人《周禮》注疏，知大府地位頗高，與
大宰正副相贊。實則北周太府之職雜糅尚書、卿官於一，與前朝不同〔註135〕。

〔註131〕 《魏書·官氏志》只記官名，不記職掌與統屬，現在只能按《隋書·百官志
中》所載北齊之制，《唐六典》、《通典》的職官部分進行推測。《唐六典》於
「左右藏令」記「北魏闕文」（第545頁），《通典》則不載北魏「左右藏令」
之制，應該也是闕文（第731頁）。不過，《隋書》所記北齊太府統左藏、黃
藏、右藏，這三個機構又早見於西晉，均爲掌管錢帛之官，所以我認爲張普
惠所提到的左右藏令應該是歸太府管轄。

〔註132〕 《魏書》卷七九，第1756頁。

〔註133〕 趙超：《漢魏南北朝墓誌彙編》所收北魏〈乞伏寶墓誌〉，載寶於北魏末年「除
平南將軍銀青光祿大夫太府卿」，接著說他「山海之稅，供養爲難，乃屬於君，
物議不起」（第304頁）。這裏的稅也是指錢帛，而與營造無關，借用西漢少
府職掌形容太府。

〔註134〕 《北齊書》卷四七《酷吏傳》，第655頁。

〔註135〕 《周禮正義》卷一一，第444頁。另參見《北周六典》卷二《天官府第七》
「太府中大夫」條，第72頁。

就以上所述，太府之職能為掌管金銀錢帛，與司農之主管糧食判然有別。這種傾向在南北朝都有體現。南朝至梁設太府卿一職專掌錢帛，北朝雖然併少府於太府之中，但太府與原少府之職掌也有劃分。所以我們認為魏晉南北朝時期司農與太府的區別就是一主糧食，一主錢帛。

四、餘論：隋唐財政機構的整合

東漢將少府廢罷，大部分職能歸大司農管轄，當時的司農無論錢糧布帛、金銀寶貨無所不統，但是正如加藤繁氏所說，帝室財政與國家財政不分未必是件好事，皇帝由於個人因素大量支出錢帛勢必影響到整個國家體制的正常運作。在東漢時期，那些文屬於少府的機構中仍然有部分掌握錢財。帝室與國家兩分的財政制度雖然再也沒能恢復，但錢、糧的劃分卻在以後的時期漸漸形成了制度。

漢魏以來，尚書成為行政中樞已經日趨明顯，對於財政這樣的重大問題，曹魏文帝首創度支尚書來管理，主算計，意在量入制出。原則上，不管金銀寶貨，糧食布帛應該都屬於算計的範圍。當時度支下轄哪些曹郎，我們並不清楚。至劉宋時期，我們看到了度支尚書下轄度支、金部、倉部、起部四曹。度支為首曹，起部則主管營造等事。北朝則北齊度支尚書下轄度支、倉部、左戶、右戶、金部、庫部六曹。南朝度支尚書諸曹職掌已不可考，北齊之制幸有《隋書・百官志中》小注保存了下來〔註136〕，其中倉部掌諸倉帳出入等事，金部掌權衡量度、外內諸庫藏文帳等事。倉部所掌當然是糧帳，金部所掌當是錢帛帳冊，我們還記得上舉東晉庫曹御史分為內、外兩庫，北齊之制當近似〔註137〕。倉部與金部的分職實際上就代表了司農與太府的分野。

司農的職能到兩晉時期發生了一個重大的轉變，就是只管糧食而不及其餘。這或許是由於上承曹魏制度，但是並沒有確切的史料可資證明。三國戰

〔註136〕《隋書》卷二七，第753頁。
〔註137〕《唐六典》卷二○《太府寺》「左藏署：令三人，從七品下」條注曰：「晉少府屬官有左、右藏令。東晉御史九人，各掌一曹，有庫曹御史，後復分庫曹置外左庫、內左庫。宋文帝省外左庫，而內左庫直云左庫，孝武帝復置，前廢帝又省。齊、梁、陳有右藏庫，無左藏。後魏闕文。北齊太府寺統左、右藏令・丞……隋有左藏署令、丞，皇朝因之。左藏有東庫、西庫、朝堂庫，又有東都庫、東都朝堂庫，各掌木雌契一，與太府主簿合之」（第544～545頁）。唐代左藏下屬諸多庫房，南北朝時期左右藏之下應該也有庫房，其直接統屬於左右藏令，但文帳等想是歸金部郎中掌管。

亂，「饑不可食、寒不可衣」的金銀珠玉相對於糧食來說就不是那麼重要，三國魏、吳在自己領土內廣泛設置的屯田就反映了這種情況，當時司農的收入恐怕也主要是糧食。晉武帝混一南北，在司農的制度上延續了這種傾向。現在我們所見到的《晉書・職官志》，只要比對《續漢書志・百官三》，就兩者在司農的職掌上作一比較，就可以發現這個很明顯的變化。這種變化為南北朝所繼承，《隋書・百官志》所載蕭梁、北齊的司農，其管理職能就是以糧食為主，瓜果等為輔的機構。

而另一方面，即使是在三國鼎立時期，曹魏也有大量錢帛支出，到了一統天下的晉武帝朝，我們更是看到了巨額的錢物開銷。這些支出很多是在皇帝賞賜的名義之下的。其中最為明顯的就是錢幣。少則幾十萬，多則上千萬，這麼多的錢幣支出，必然有專門的機構予以管理，很多就是皇帝直屬的機構，兩晉及南朝宋、齊時期，我們找不到這些機構的統屬，或者正是由於直屬皇帝這一點，在宋齊時期出現的一批昏君，對佞倖的賞賜才可以達到駭人的地步。金錢支出的混亂與統攝的不明也需要有一個專門的機構來負責。太府於是應運而生。南北朝的太府都掌金帛府庫，唯一不同的是北魏以來的太府還包含了原來的少府，但是少府機構似乎相對獨立，在南朝少府作為一個單獨的機構卻一直存在。太府設立的意義在於與司農的分職，這種分職又是基於南北朝經濟的發展。戰爭頻繁時期，糧食的意義遠在其他一切物資之上，但是當社會一旦趨於穩定，經濟的發展勢必要求更加便利的一般等價物。雖然魏晉南北朝時期廢除了漢代作為正稅徵收對象的錢幣，但是，無論南、北朝，我們都看到了大量除正稅以外的雜稅。就是正稅，也有大量折變交納的記載，折變以後的物資大量的是錢和布帛，這種傾向在南朝尤其明顯〔註138〕。

至隋文帝混一南北，《隋書・百官志下》記隋文帝時制度：

> 司農寺統太倉、典農、平準、廩市、鈎盾、華林、上林、導官等署。各置令。太倉又有米廩督、穀倉督、鹽倉督，京市有肆長，導官有御細倉督、麴麵倉督等員。

> 太府寺統左藏、左尚方、內尚方、右尚方、司染、右藏、黃藏、掌冶、甄官等署。各置令、丞等員〔註139〕。

〔註138〕唐長孺：《魏晉戶調制及其演變》「四　南朝的折變」，收入《魏晉南北朝史論叢（外一種）》，第75～80頁。
〔註139〕《隋書》卷二八，第777頁。

說明隋初仍然是承襲了北魏北齊之制，因爲有太府而無少府，少府職掌仍然包括在太府之內。煬帝即位，多所改革，《隋書‧百官志下》記煬帝時制度：

分太府寺爲少府監。

司農但統上林、太倉、鈎盾、導官四署，罷典農、華林二署，而以平準、京市隸太府。

太府寺既分爲少府監，而但管京都市五署及平準、左右藏等，凡八署。京師東市曰都會，西市曰利人。東都東市曰豐都，南市曰大同，北市曰通遠。及改諸令爲監，唯市署曰令〔註140〕。

則煬帝大規模減省機構，所可注意者有二事：

一是分太府寺置少府監。太府寺分出去的有左尚方、內尚方、右尚方、司染、掌冶、甄官等署，其中除甄官署屬將作監以外，其他均屬少府監，也就是這部分官署本來掌「營造器物」，剩下的「左右藏」掌「金帛府庫」，這既是將北齊以來太府職掌一分爲二，也是南朝自梁設太府以來的舊制。

二是將平準、京市隸太府。平準的狀況我們不是很清楚，南朝因其職掌染色而一直屬於少府，北魏闕文，北齊則司農寺統，此時劃歸太府〔註141〕。京市等五署隸太府則是南朝舊制，北朝所無。《唐六典‧太府寺》「兩京諸市署：令各一人，從六品上」條注曰：

後漢河南尹屬官有洛陽市長、丞，魏、晉因之。東晉隸丹陽尹，宋、齊因之。梁始隸太府。《梁選簿》：「太市令屬四品市職之任，不容過卑，天監三年革其選。」陳因之。後魏京邑市令從五品中。北齊司州牧領東、西市署令‧丞……隋司農寺統京市令、丞。煬帝三年，改京市隸太府寺〔註142〕。

本來市署均屬地方性官署，至梁方隸太府。魏齊或延續魏晉之制，文帝爲何以之隸司農寺，情況不明。煬帝則改京市隸太府寺，從梁制而不從魏齊。

至唐則權責明確，戶部尚書與太府、司農兩寺相對應〔註143〕。《唐六典‧尚書戶部》「金部郎中一人……乃置木契，與應出物之司相合，以次行用，隨

〔註140〕《隋書》卷二八，第793、798頁。
〔註141〕如果北齊之制承自北魏，則北魏平準屬司農管轄。這不是兩晉制度，兩晉平準屬少府。或者更像是東漢制度。但對於北魏、北齊的平準職掌我們一無所知。
〔註142〕《唐六典》卷二〇，第543頁。
〔註143〕嚴耕望：《論唐代尚書省之職權與地位》有詳細論證，這裏只是做些補充。

符、牒而合之，以明出納之愆」條注曰：

> 金部置木契一百一十隻：二十隻與太府寺合，十隻與東都合，十隻
> 與九成宮合，十隻與行從太府寺合，十隻行從金部與京金部合，十
> 隻行從金部與東都合，二十隻與東都太府寺合，二十隻東都金部與
> 京金部合〔註144〕。

同書同卷「倉部郎中一人……乃置木契一百枚以與出給之司相合，以次行用，
隨符、牒而給之」條注曰：

> 倉部置木契一百隻：三十隻與司農寺合，十隻與太原倉監合，十隻
> 與水豐倉監合，二十隻與東都司農寺合，二十隻行從倉部與京倉部
> 合，十隻與行從司農寺合〔註145〕。

則太府對應戶部之金部、司農對應戶部之倉部自明。金部掌錢帛而倉部掌糧廩。
至此，東漢以司農為唯一財政機構的局面被戶部尚書下轄司農、太府兩卿的體
制取代。東漢司農對於財政的無所不統也被分割成糧食、錢帛兩大部分，司農
變成了單純管理糧食的機關，而太府的設立就是為了主管錢帛〔註146〕。

附表魏晉賞賜表

皇帝（王）	受賜人	賞賜原因	賞賜內容	資料出處
魏明帝	滿寵	不治產業，家無餘財	賜田十頃，谷五百斛，錢二十萬	《三國志》26/725〔註147〕
魏齊王	孫資	年老養疾	賜錢百萬	《三國志》14/461
魏齊王	田豫	家常貧匱	賜其家錢穀。據《徐邈傳》，受賜穀二千斛，錢三十萬	《三國志》26/729，27/740
魏齊王	徐邈	忠清忘私，卒後，家無餘財	穀二千斛，錢三十萬	《三國志》27/740
魏齊王	胡質	同徐邈	穀二千斛，錢三十萬。與田豫、徐邈同賞	《三國志》27/740，27/743
魏高貴鄉公	司馬師	晉位相國	賜錢五百萬，帛五千匹	《晉書》2/28

〔註144〕《唐六典》卷三，第82頁。
〔註145〕《唐六典》卷三，第83～84頁。
〔註146〕清木場東：《帝賜の構造──唐代財政史研究　支出編》第一編第二章第一節
　　　　《穀物の支出体制》、第二節《錢物の支出体制》，第85～87、102～114頁。
〔註147〕《三國志》26/725表示所引資料出自《三國志》卷二六，第725頁，下同。

魏高貴鄉公	許允	領軍轉鎮北	廚錢給賜（毌丘儉等罪司馬昭表）	《三國志》28/764
魏高貴鄉公	鍾會		前後賜錢帛百萬計。悉送供公家之用	《三國志》28/786
魏陳留王	司馬昭之群從子弟	司馬昭晉位相國，封晉公	未有侯者封亭侯，賜錢千萬，帛萬匹。司馬昭固讓乃止	《三國志》4/147，《晉書》2/37
蜀昭烈帝	諸葛亮	益州平	金各五百斤，銀千斤，錢五千萬，錦千匹，其餘有差	《三國志》36/943
	法正			
	張飛			
	關羽			
吳大帝	呂蒙	徵黃祖	以蒙爲橫野中郎將，賜錢千萬	《三國志》54/1273～1274
吳大帝	呂蒙	平荊州	以蒙爲南郡太守、封孱陵侯，賜錢一億，黃金五百斤。蒙固辭金錢，權不許	《三國志》54/1278
吳大帝	呂岱	妻子饑乏	加賜錢米布絹，歲有常限	《三國志》60/1386
吳大帝	乳母		夫復役，賜與錢財，給其資糧	《三國志》61/1406
晉武帝	曹琨	曹魏宗室	假世子印綬，加騎都尉，賜服一具，錢十萬	《三國志》20/589
晉武帝	譙周	薨	賜朝服　具，衣一襲，錢十五萬。子表周臨終遺言不受，詔還衣服，給棺直	《三國志》42/1033
晉武帝	公主	出嫁	賜錢使足	《晉書》21/665
晉武帝	王祥	乞骸骨，詔聽以公就第	賜安車駟馬，第一區，錢百萬，卷五百匹	《晉書》33/989
晉武帝	王祥	薨	賜東園秘器，朝服一具，衣一襲，錢三十萬，布帛百匹	《晉書》33/989
晉武帝	王覽	以太中大夫歸老	賜錢二十萬	《晉書》33/991
晉武帝	鄭沖	抗表致仕	賜安車駟馬，第一區，錢百萬，卷五百匹	《晉書》33/993
晉武帝	鄭沖	薨	賜秘器，朝服，衣一襲，錢三十萬，布百匹	《晉書》33/993
晉武帝	何曾	年老乞遜位	賜錢百萬，絹五百匹	《晉書》33/997
晉武帝	何曾	薨	賜東園秘器，朝服一具，衣一襲，錢三十萬，布百匹	《晉書》33/997
晉武帝	石苞	薨	賜秘器，朝服一具，衣一襲，錢三十萬，布百匹	《晉書》33/1003
晉武帝	羊祜	薨	賜以東園秘器，朝服一襲，錢三十萬，布百匹	《晉書》34/1021

晉武帝	裴秀	薨	賜秘器,朝服一具,衣一襲,錢三十萬,布百匹	《晉書》35/1040～1041
晉武帝	衛瓘	告老遜位	給廚田十畞,園五十畞,錢百萬,絹五百匹	《晉書》36/1059
晉武帝	司馬孚	薨	東園溫明秘器,朝服一具,衣一襲,緋練百匹,絹布各五百匹,錢百萬,穀千斛	《晉書》37/1085
晉武帝	司馬伷	疾篤	賜床帳,衣服,錢帛,秔粱	《晉書》38/1121
晉武帝	王沈	薨	賜秘器朝服一具,衣一襲,錢三十萬,布百匹,葬田一頃	《晉書》39/1145
晉武帝	荀顗	薨	賜溫明秘器,朝服一具,衣一襲。賜家錢二百萬,使立宅舍	《晉書》39/1151
晉武帝	荀勖	薨	賜東園秘器,朝服一具,錢五十萬,布百匹	《晉書》39/1157
晉武帝	馮紞	寢疾	賜錢二十萬,床帳一具	《晉書》39/1162
晉武帝	賈充	疾篤	賜床帳錢帛	《晉書》40/1170
晉武帝	楊珧	固求遜位	賜錢百萬,絹五千匹	《晉書》40/1180
晉武帝	魏舒	葬妻	賜葬地一頃,錢五十萬	《晉書》41/1186
晉武帝	魏舒	遜位	賜錢百萬	《晉書》41/1187
晉武帝	李憙	遜位	賜錢五十萬	《晉書》41/1190
晉武帝	王彝	父王濬功	賜絹萬匹,又賜衣一襲,錢三十萬及食物	《晉書》42/1215
晉武帝	山濤	薨	賜東園秘器,朝服一具,衣一襲,錢五十萬,布百匹	《晉書》43/1227
晉武帝	鄭袤	遜位	賜錢五十萬	《晉書》44/1251
晉武帝	鄭袤	薨	賜秘器,朝服一具,衣一襲,錢三十萬,絹布各百匹	《晉書》44/1251
晉武帝	李胤	薨,家無餘積	賜錢二百萬,穀千斛	《晉書》44/1254
晉武帝	彭灌	家無餘積	賜錢百萬,穀五百斛	《晉書》44/1254
晉武帝	盧欽	都督出鎮	賜錢三十萬	《晉書》44/1254
晉武帝	盧欽	薨	賜秘器,朝服一具,衣一襲,布五十匹,錢三十萬	《晉書》44/1255
晉武帝	盧欽	家無所庇	賜錢五十萬立第舍	《晉書》44/1255
晉武帝	華表	遜位	賜錢二十萬	《晉書》44/1260
晉武帝	劉毅	清貧	賜錢三十萬,日給米肉	《晉書》45/1277
晉武帝	劉毅	遜位歸第	賜錢百萬	《晉書》45/1278
晉武帝	郭奕	疾病	賜錢二十萬,日給酒米	《晉書》45/1289

晉武帝	侯史光	卒官	賜朝服一具，衣一襲，錢三十萬，布百匹。及葬，以家貧，復賜錢五十萬	《晉書》45/1290
晉武帝	向雄	累遷秦州刺史	賜錢二十萬	《晉書》48/1336
晉武帝	庾峻	卒	賜朝服一具，衣一襲，錢三十萬	《晉書》50/1394
晉武帝	司馬亮	出鎮	賜錢五十萬	《晉書》59/1592
晉惠帝	唐彬	卒官	賜絹二百匹，錢二十萬	《晉書》42/1220
晉惠帝	劉寔	遜位	賜安車駟馬，錢百萬	《晉書》41/1196
晉惠帝	劉頌	病卒	賜錢二十萬，朝服一具（趙王倫執政）	《晉書》46/1308
晉惠帝	傅咸	卒官	賜朝服一具，衣一襲，錢二十萬	《晉書》47/1330
晉惠帝	傅祇	風疾遜位	賜錢及床帳等	《晉書》47/1332
晉惠帝	周處	以身殉國	賜錢百萬，葬地一頃，京城地五十畝爲第，又賜王家近田五頃	《晉書》58/1571
晉惠帝	司馬亮	追復	給東園溫明秘器，朝服一襲，錢三百萬，布絹三百匹	《晉書》59/1593
晉元帝鎮建鄴	王嶠	名德之冑	給錢三十萬，帛三百匹，米五十斛	《晉書》75/1974
晉元帝	賀循	清貧	賜錢二十萬	《晉書》68/1830
晉成帝	溫嶠	薨	賜錢百萬，布千匹	《晉書》67/1795
晉成帝	卞壺	廉潔儉素	特賜錢五十萬，固辭不受	《晉書》70/1871
晉成帝	王嶠	家貧無以赴任	賜布百匹，錢十萬	《晉書》75/1975
晉康帝	丁潭	年老遜位	賜錢二十萬	《晉書》78/2064
晉穆帝	荀崧	改葬	賜錢百萬，布五千匹	《晉書》75/1980
晉廢帝	桓溫	妻南康公主薨	賻布千匹，錢百萬，溫辭不受	《晉書》98/2576
晉簡文帝	桓溫	廢立	賜錢五千萬，絹二萬匹，布十萬匹	《晉書》9/2576
晉孝武帝	桓溫	薨	賜九命衮冕之服，又朝服一具，衣一襲，東園秘器，錢二百萬，布二千匹，蠟五百斤	《晉書》98/2579—2580
晉孝武帝	桓溫	葬	賜錢五千萬，卷二萬匹，布十萬匹	《晉書》98/2580
晉孝武帝	周鳴	守志不屈	賻錢二十萬，又贍賜其家	《晉書》58/1585
晉孝武帝	桓豁	卒官	贈錢五十萬，布五百匹	《晉書》74/1943
晉孝武帝	桓沖	出鎮	賜錢五十萬	《晉書》74/1950
晉孝武帝	桓沖	克復三郡	賜錢百萬，袍表千端	《晉書》74/1952
晉孝武帝	桓沖	病卒	賻錢五十萬，布五百匹	《晉書》74/1952
晉孝武帝	王彪之	疾篤	賜錢三十萬以營醫藥	《晉書》76/2012

晉孝武帝	謝安	薨	賜東園秘器，朝服一具，衣一襲，錢百萬，布千匹，蠟五百斤	《晉書》79/2076
晉孝武帝	謝玄	敗苻堅	賜錢百萬，綵千匹	《晉書》79/2082
晉孝武帝	桓伊	敗苻堅	賜錢百萬，袍表千端	《晉書》81/2118
晉安帝	司馬遵	薨	賜東園溫明秘器，朝服一具，衣一襲，錢百萬，布千匹	《晉書》64/1728
晉安帝	卞壼	墓為盜所發，賜修塋兆費	給錢十萬	《晉書》70/1873
晉安帝	毛璩 毛瑾 毛瑗	忠烈	給錢三十萬，布三百匹	《晉書》81/2128
晉安帝	吳隱之	孝友過人	賜錢五十萬，穀千斛	《晉書》90/2342
晉安帝	吳隱之	年老致仕	賜錢十萬，米三百斛	《晉書》90/2342

第二節　鴻臚

大鴻臚，秦名典客，據《漢書·百官公卿表上》，職「掌諸歸義蠻夷」，武帝太初元年（前 104 年）更名大鴻臚，注引應劭曰：「郊廟行禮贊九賓，鴻聲臚傳之也」〔註148〕。是鴻臚之得名，在於對九賓「鴻聲臚傳」。九賓，據《續漢書志·禮儀上》「畫漏上水，大鴻臚設九賓，隨立寢殿前」條注引薛綜曰：

> 九賓謂王、侯、公、卿、二千石、六百石下及郎、吏、匈奴侍子，
> 凡九等〔註149〕。

這裏的九賓，特別提到了「匈奴侍子」，就因大鴻臚職掌事涉蠻夷的緣故。西漢大鴻臚下有行人、譯官、別火三令丞及郡邸丞長〔註150〕。至東漢省官併職，大鴻臚屬官僅有大行令一人得以保留，《續漢書志·百官二》：

> 大鴻臚……本注曰：掌諸侯及四方歸義蠻夷。其郊廟行禮，贊導，
> 請行事，既可，以命群司。諸王入朝，當郊迎，典其禮儀。及郡國
> 上計，匡四方來，亦屬焉。皇子拜王，贊授印綬。及拜諸侯、諸侯
> 嗣子及四方夷狄封者，臺下鴻臚召拜之。王薨則使弔之，及拜王嗣。
> 大行令一人，六百石。本注曰：主諸郎。

〔註148〕《漢書》卷一九上，第 730 頁。
〔註149〕《續漢書志》四，第 3103 頁。
〔註150〕《漢書》卷一九上《百官公卿表上》，第 730 頁。

右屬大鴻臚。本注曰：承秦有典屬國，別主四方夷狄朝貢侍子，成
帝時省并大鴻臚。中興省驛官、別火二令、丞，及郡邸長、丞，但
令郎治郡邸〔註151〕。

是東漢之大鴻臚不僅掌四方歸義蠻夷，而且掌有關諸侯禮儀之事。其實，這
與掌蠻夷有可通之處。相對於中國來說，蠻夷是外；相對於中央來說，諸侯
是外，所以由掌蠻夷而及掌諸侯，道理上是相通的〔註152〕。而且，西漢大鴻
臚下有郡邸丞長的屬官，準確地說，應該是郡國邸，《漢書·百官公卿表上》：

初，置郡國邸屬少府，中屬中尉，後屬大鴻臚〔註153〕。

郡邸，據顏師古注，是「主諸郡之邸在京師者也」〔註154〕，那麼，諸侯王
之國邸也是在大鴻臚的管轄之下，管理郡國邸的目的，參照《續漢書志》的
解釋，當是諸侯王入朝時，居住於設在京師的國邸；而郡國上計吏來朝時，
則居於設在京師的郡邸〔註155〕，那麼，從西漢開始，大鴻臚職掌就已經涉
及到諸侯之事了，只不過東漢大鴻臚職掌諸侯事更加具體，與此相比，掌蠻
夷的那部分職能反而弱化了。我們知道，蠻夷是否歸化取決於中原王朝的國
力，東漢與西漢相比，無疑國力有所不及，所以，大鴻臚之掌諸侯禮儀事的
職能記載詳細，掌蠻夷事反而記載較少了。由上可知，東漢大鴻臚的職掌分
成兩個部分，一是掌有關諸侯封拜、諸侯王入朝等禮儀；二是有關蠻夷，即
外交之事〔註156〕。以此為基礎，我們下面來探討魏晉南北朝時期鴻臚的演
變。

〔註151〕《續漢書志》二五，第 3583～3584 頁。按：《漢書》作「譯官」，而此處作「驛
官」，審其文意，東漢所省當是西漢之「譯官」，據〔漢〕許慎撰、〔清〕段玉
裁注：《說文解字注》三篇上《言部》，譯字「羊昔切，古音在五部」；十篇上
《馬部》，驛字「羊益切，古音在五部」（第 101～102、468 頁）。兩字古音在
同部，可通。

〔註152〕《藝文類聚》卷四九《職官部五·鴻臚》引韋昭《辯釋名》曰：「腹前肥者曰
臚。此主諸侯王及蕃國，言以京師為心體，王侯外國為腹臚，以養之也。辯
云：『鴻臚本故典客，掌禮。臚，陳序也，欲大以禮陳序賓客』。」第 884 頁。

〔註153〕《漢書》卷一九上，第 730 頁。

〔註154〕《漢書》卷一九上，第 730 頁。

〔註155〕漢武朝朱買臣就曾在會稽邸寄居飯食過，《漢書》卷六四上《朱買臣傳》，第
2792 頁。參見唐長孺：《南朝的屯、邸、別墅及山澤佔領》，收入氏著：《山
居存稿》，第 3～4 頁。

〔註156〕有關漢唐外交，黎虎做過詳細的研究，其中對大鴻臚的外交職能也有過詳細
的探討，本節在涉及鴻臚的外交職能時，基本參照了他的研究，請參見氏著：
《漢唐外交制度史》。

一、魏晉南朝：屬官的變化與職能的延續

洪飴孫所撰《三國職官表》考曹魏大鴻臚屬官僅客館令一職，是由漢之大行令改名而來〔註157〕。則魏制因襲漢制當無疑問。晉制則不同於漢魏，《晉書·職官志》：

> 大鴻臚，統大行、典客、園池、華林園、鉤盾等令，又有青宮列丞、鄴玄武苑丞。及江左，有事則權置，無事則省〔註158〕。

據《唐六典·鴻臚寺》「典客署：令一人，從七品下」條注曰：

> 漢鴻臚屬官有行人，武帝改為大行令；魏改曰客館令，晉改曰典客〔註159〕。

則晉之典客實為魏之客館，漢之大行。那麼，晉是否另有大行令呢？黎虎先生據《通典》卷二五《職官七·太常卿》條載「漢大鴻臚有理禮郎四十六人。晉理禮郎四人，屬大行令」，認為晉確有大行令之設〔註160〕。我同意這個意見，但典客和大行之間，尚沒有資料可以說明兩者職能是怎樣劃分的。從這兩個屬官的名稱和沿革來看，仍然是漢魏之舊。不過，晉將園池、華林園、鉤盾、青宮、玄武苑都劃給了大鴻臚，鉤盾在東漢是少府屬官，華林園即上林苑，在東漢也屬少府〔註161〕，上林苑自西漢以來就是皇家園林。鉤盾令，在漢「典諸近池苑囿遊觀之處」〔註162〕。其他屬官，也都可以「園池」概括。也就是說，晉將原由少府職掌，供皇帝宴遊的園池之地大多劃給了鴻臚〔註163〕。所以，晉之鴻臚較漢代應多掌園池這一職能。漢代鴻臚原有之掌諸侯禮儀與蠻夷事，魏晉時期仍然延續。《三國志·魏書·陳思王植傳》：

> 景初中詔曰：「陳思王昔雖有過失，既克己慎行，以補前闕，且自少至終，篇籍不離於手，誠難能也。其收黃初中諸奏植罪狀，公卿已

〔註157〕《三國職官表》，收入《後漢書三國志補表三十種》，第1371～1373頁。
〔註158〕《晉書》卷二四，第737頁。
〔註159〕《唐六典》卷一八，第506頁。《通典》卷二六《職官八·鴻臚卿》條略同，第725頁。
〔註160〕《漢唐外交制度史》，第192頁。
〔註161〕《續漢書志》二六，第3593、3595～3596頁。晉之華林園乃漢之上林苑改名，參見光祿節所考。
〔註162〕《續漢書志》二六，第3595頁。
〔註163〕《晉書》卷二四《職官志》載光祿勳屬下也有華林園令一職，第736頁。華林園之屬鴻臚還是屬光祿，現在不能遽斷，但從晉將所有園池之地劃給鴻臚看，華林園當屬於鴻臚，或者後來又有改屬，方劃給光祿。

下議尚書、秘書、中書三府、大鴻臚者皆削除之。」

同書《魏書・中山恭王袞傳》：

其年（青龍三年）薨。詔沛王林留訖葬，使大鴻臚持節典護喪事，宗正弔祭，贈賵甚厚〔註164〕。

諸侯之議罪，喪葬，皆與鴻臚有關。同書《魏書・崔林傳》：

遷大鴻臚。龜茲王遣侍子來朝，朝廷嘉其遠至，褒賞其王甚厚。余國各遣子來朝，間使連屬，林恐所遣或非眞的，權取疏屬賈胡，因通使命，利得印綬，而道路護送，所損滋多。勞所養之民，資無益之事，爲夷狄所笑，此曩時之所患也。乃移書燉煌喻指，并錄前世待遇諸國豐約故事，使有恆常〔註165〕。

蠻夷朝貢歸化，崔林職在鴻臚，故欲明其眞僞，一方面移書敦煌下達指示，另一方面調查前世待遇諸國的法規，可謂善於職守。晉承魏制，《北堂書鈔・設官部六・鴻臚》「主胡事」條引《山濤啓事》云：

鴻臚職主胡事，前後爲之者，率多不善。今缺，當選御史中丞刁攸，舊能可參〔註166〕。

因鴻臚主胡事，所以需妙選人才如魏世之崔林者。山濤職在吏部，以當官得人爲首要任務。《晉書・華表傳》：

又中書監荀勖先爲中子求（華）廙女，廙不許，爲恨，因密啓帝，以袁毅貨賕者多，不可盡罪，宜責最所親者一人，因指廙當之。又緣廙有違忤之咎，遂於喪服中免廙官，削爵土。大鴻臚何遵奏廙免爲庶人，不應襲封，請以表世孫混嗣表〔註167〕。

事涉諸侯封拜，故由大鴻臚提出奏免。所以，魏晉時期，大鴻臚職掌包括有關諸侯禮儀事及蠻夷事，承襲漢代之舊。晉則將掌園池宴遊等原少府職事劃歸鴻臚，但並不是其主要職能，故幾乎沒有涉及到這方面的史料。

晉自過江，鴻臚有事則置，無事則省。《宋書・百官志上》：

〔註164〕《三國志》卷一九，第576頁；卷二○，第584頁。
〔註165〕《三國志》卷二四，第680頁。
〔註166〕《北堂書鈔》卷五四，收入董治安主編：《唐代四大類書》，第208頁。又同卷「刁攸能人」條引《山濤啓事》云：「鴻臚事多雜，爲之者多不善。今缺，當選御史中丞刁攸，舊能人也。」（第208頁），與上引似爲一條，句末作「舊能人也」，意思較所引明晰。又《初學記》卷一二《職官部下・鴻臚卿》「刁攸能人」條略同，末尾「舊能可參」也作「舊能人」，第306頁。
〔註167〕《晉書》卷四四，第1261頁。

> 大鴻臚，掌贊導拜授諸王。……晉江左初省。有事則權置，事畢則
> 省〔註 168〕。

似劉宋權置之鴻臚只掌拜授諸王事，而不掌四方蠻夷事。其實不然。據《唐六典・鴻臚寺》「典客署：令一人，從七品下」條注曰：

> 宋永初中，分置南、北客館令・丞〔註 169〕。

是當時雖省鴻臚，但又置南、北客館令以主四方賓客事。當時南北對立，需要有專門的機構來接待聘使。其實，這種情況並不始於宋，三國時期就有，《三國志・吳書・三嗣主傳》：

> 寶鼎元年正月，遣大鴻臚張儼、五官中郎將丁忠弔祭晉文帝。及還，儼道病死。（注引《吳錄》曰：儼字子節，吳人也。弱冠知名，歷顯位，以博聞多識，拜大鴻臚。使於晉，皓謂儼曰：「今南北通好，以君為有出境之才，故相屈行。」對曰：「皇皇者華，蒙其榮耀，無古人延譽之美，磨屬鋒鍔，思不辱命。」既至，車騎將軍賈充、尚書令裴秀、侍中荀勖等欲儆以所不知而不能屈。尚書僕射羊祜、尚書何楨並結縞帶之好。）〔註 170〕

吳之寶鼎元年（266 年）當晉泰始二年，此時西晉已立國兩年，對吳已成包圍之勢。而孫皓此時以大鴻臚張儼充使弔祭晉文帝，雖有通好之意，但大鴻臚自漢以來所掌為諸侯及四方蠻夷事，也就是說，晉對吳而言，即使不是蠻夷，最多也不過是諸侯等級，是在形式上貶低對方，晉人不會不明白這點，當也是由鴻臚屬下之典客出面接待，而且晉之重臣辭難迭起，這也是南北交聘常有的現象。世入南北朝，南北交聘更加頻繁，且在正統性和文化問題上屢有交鋒〔註 171〕。宋之設南、北客館令，顯然以地域劃分，其中，北客館令顯然是接待來自北方敵國之來使。而且，北魏在滅北涼沮渠氏以後，基本統一了黃河流域，太武帝更在元嘉二十七年（450 年）一度飲馬長江，對劉宋構成極大威脅，因此，雙方間的交聘往來就更顯得重要。我們知道，劉宋的客館令就是魏晉的典客令，「東晉後期已經改典客令為客館令，那麼劉宋設客館令必

〔註 168〕《宋書》卷三九，第 1233 頁。
〔註 169〕《唐六典》卷一八，第 506 頁。
〔註 170〕《三國志》卷四八，第 1165、1166 頁。
〔註 171〕牟師發松：《南北朝交聘中所見南北文化關係略論》，收入武漢大學歷史系魏晉南北朝隋唐史研究室編：《魏晉南北朝隋唐史資料》第十四輯，第 30～38 頁。

是承襲東晉後期之制」〔註172〕。所以，劉宋之客館令與漢魏以來鴻臚屬下的大行令、典客令是一脈相承的。也就是說，客館令是用來接待四方歸化蠻夷的。其實，在劉宋看來，拓跋鮮卑無疑是蠻夷，而且，北朝鮮卑族出身的聘使不在少數，安排這些聘使住在客館是交聘不可缺少的流程〔註173〕。齊承宋制，雖不常置大鴻臚，但有客館令以負責「四方賓客」〔註174〕。梁武帝天監七年（508 年）重置鴻臚卿，《隋書・百官志上》記梁制：

> 鴻臚卿，位視尚書左丞，掌導護贊拜〔註175〕。

看上去與宋齊志書的記載沒有什麼分別，但是在同書同卷載：

> 太常視金紫光祿大夫，統明堂……北館、典客館等令丞〔註176〕。

這段史料說明了兩個問題，第一，蕭梁鴻臚下無署，典客館已經劃給了太常；第二，北館、典客館兩立，似乎說明蕭梁有意將北朝政權的來客與一般之客區分開來。由於東晉、宋、齊均不置鴻臚，有事權置也是與諸侯禮儀有關，而掌四方賓客的客館令卻常置，客觀上造成了與鴻臚的分離，所以，蕭梁的鴻臚雖然重置，但僅掌「導護贊拜」，而與四方蠻夷、賓客之事分離了，就職掌來說，雖然與宋齊相同，但宋齊時之客館令仍舊記載在鴻臚之下，並未屬於其他部門。而梁則將典客一系官員劃給了太常，太常是主管禮儀的官員，這說明蕭梁不僅在聘使問題上，就是在接待來客的低級官員上，也特別注意到禮儀問題。而北館之設也說明蕭梁將北魏的來使與其他來使有意區別開來，這說明了南、北方為對等國家，與典客所主之一般歸化蠻夷有別。

二、北朝：機構的增設

　　北朝鴻臚寺延續了漢魏以來的職能傳統，關於其外交職能，黎虎先生已經有詳細研究，這裏不贅〔註177〕。不過，北朝鴻臚寺下屬機構較前代有所變化，《隋書・百官志中》載北齊制度：

〔註172〕《漢唐外交制度史》，第 193 頁。
〔註173〕蔡宗憲：《中古前期的交聘與南北互動》表 3～1《北朝胡人聘使表》，第二章第三節《交聘的流程》，第 146～147、118～122 頁。
〔註174〕《南齊書》卷一六《百官志》，第 319 頁。
〔註175〕《隋書》卷二六，第 726 頁。
〔註176〕《隋書》卷二六，第 724 頁。
〔註177〕《漢唐外交制度史》第五章《魏晉南北朝外交專職機構》「二　鴻臚寺的外交職能」，第 196～206 頁。

鴻臚寺，掌蕃客朝會，吉凶弔祭。統典客、典寺、司儀等署令、丞。
典客署，又有京邑薩甫二人，諸州薩甫一人。典寺署，有僧祇部丞
一人。司儀署，又有奉禮郎三十人〔註178〕。

與前代相比，北齊鴻臚寺下屬機構有兩個變化，一是新增典寺署；二是典客
署內新設薩甫一職。

典寺令並非北齊所創，北魏孝文帝太和中就有典寺令的記載〔註179〕，北
齊當是沿襲北魏舊制。典寺有僧祇部丞一人，顯然與管理佛教有關，但北齊
另有昭玄寺統管佛教事務，《隋書・百官志中》：

昭玄寺，掌諸佛教。置大統一人，統一人，都維那三人。亦置功曹、
主簿員，以管諸州郡縣沙門曹〔註180〕。

是昭玄寺統僧眾甚明，關於典寺署與昭玄寺之區別，清人在《歷代職官表・
理藩院》裏曾有論述：

僧徒初入中國，原待以蕃客之禮，故舍之鴻臚寺。至北魏，而西域
沙門來者益眾，因立監福曹，又改爲昭玄，備置官屬，以斷僧務（見
《魏書・釋老志》）。北齊設典寺署令、丞、僧祇部丞，仍隸於鴻臚，
俾主其事。蓋猶本東漢之遺制，今喇嘛番僧品秩，承襲朝貢之禮，
悉統領於理藩院，亦即其例。至昭玄寺，專以僧徒總領。其置大統、
統、都維那諸名，則猶今之扎薩克、大喇嘛以下各分等級也〔註181〕。

是清人以北齊鴻臚寺下之典寺署專管番僧來華事務，因鴻臚本就職掌四夷之
事，如果是這樣的話，北魏時期也應當是如此，因北魏已經有典寺令；而昭
玄寺是專掌僧侶之機構，不分番漢，只要是落戶境內的寺廟僧人歸其統一管
轄。在沒有更多史料可資參證的情況下，清人這一判斷是比較符合事理的，
或者凡是番僧先需由鴻臚寺下典寺署備案，等到其在某寺隸籍之後，才歸昭
玄寺統一管理〔註182〕。

典客署下新設薩甫官職不見於前代。薩甫即薩保、薩寶，對於這個名稱，

〔註178〕《隋書》卷二七，第 756 頁。
〔註179〕《魏書》卷三八《王慧龍傳》，第 878 頁。
〔註180〕《隋書》卷二七，第 758 頁。
〔註181〕《歷代職官表》卷一七，第 328 頁。括號內爲原注。
〔註182〕關於北魏昭玄寺的管理機構和權力，參見謝重光、白文固著：《中國僧官制度
史》第三章第一節《統轄龐大教團的北魏僧署昭玄寺》，第 49～64 頁，特別
是第 58～64 頁。

學界多有研究〔註183〕。薩保原意爲胡人聚落首領，中央借用這個名稱來設置官職，官名始見於北魏，而爲北齊沿用〔註184〕，以後隋唐也有這個職位，榮新江先生研究表明「北朝隋唐的薩保（薩甫、薩寶），作爲胡人聚落首領，不僅管理胡人的商貿事務，也管理胡人宗教事務」〔註185〕。總之，薩甫爲一管理胡人的官職，那麼，將其歸入鴻臚寺管轄之下是比較合適的。

　　從北朝鴻臚寺新增的機構或官職可以看出，北朝鴻臚寺的職能仍然是漢魏的延續，只是由於北方與西域交通頻繁，番僧胡人絡繹不絕的到來，爲了管理他們，新設了一些機構，鴻臚寺之統御這些機構正是因爲其掌蠻夷的歷史機能。

三、餘論：隋唐繼承漢代舊制

　　隋初猶依北齊制度，《隋書・百官志下》：

　　　　鴻臚寺統典客、司儀、崇玄三署。各置令〔註186〕。

崇玄署即典寺署，所掌包括佛、道等宗教事務。煬帝時有所變革，同書同卷載：

　　　　鴻臚寺改典客署爲典蕃署。初煬帝置四方館於建國門外，以待四方
　　　　使者，後罷之，有事則置，名隸鴻臚寺，量事繁簡，臨時損益〔註187〕。

改典客署爲典蕃署，名異而實同，都是掌四方蠻夷之事。唐承隋制，《唐六典・鴻臚寺》載鴻臚卿職掌：

　　　　鴻臚卿之職，掌賓客及凶儀之事，領典客、司儀二署，以率其官屬，
　　　　而供其職務；少卿爲之貳。凡四方夷狄君長朝見者，辨其等位，以
　　　　賓待之。凡二王之後及夷狄君長之子襲官爵者，皆辨其嫡庶，詳其

〔註183〕如向達、饒宗頤、榮新江、姜伯勤等諸位都有論述，其中以姜伯勤就此問題用力最勤，參見氏著：《敦煌吐魯番文書與絲綢之路》；《薩寶府制度源流略論——漢文粟特人墓誌考釋之一》，饒宗頤主編：《華學》第三輯；《西安北周薩保安伽墓圖象研究——北周安伽墓畫像石圖象所見伊蘭文化、突厥文化及其與中原文化的互動與交融》，饒宗頤主編：《華學》第五輯。羅豐：《薩寶：一個唐朝唯一外來官職的再考察》，榮新江主編：《唐研究》第4卷。榮新江：《中古中國與外來文明》第一篇《胡人遷徙與聚落》「3、北朝隋唐粟特聚落的內部形態」、「4、隋及唐初并州的薩保府與粟特聚落」。《法國漢學》第十輯《粟特人在中國——歷史、考古、語言的新探索》也有多篇文章討論薩保問題。

〔註184〕《中古中國與外來文明》，第115～117頁。

〔註185〕《中古中國與外來文明》，第179頁。

〔註186〕《隋書》卷二八，第777頁。

〔註187〕《隋書》卷二八，第798頁。

> 可否，以上尚書。若諸蕃大酋渠有封建禮命，則受冊而往其國。凡
> 天下寺觀三綱及京都大德，皆取其道德高妙爲眾所推者補充，上尚
> 書祠部。凡皇帝、皇太子爲五服之親及大臣發哀臨弔，則贊相焉。
> 凡詔葬大臣，一品則卿護其喪事；二品則少卿；三品，丞一人往，
> 皆命司儀，以示禮制也〔註188〕。

將唐制與漢制相比，其實完全相同，職能也包括兩個方面：一是有關蠻夷封
拜、大臣喪葬等禮儀之事；二是蠻夷之事。雖涉及佛道之事，但如清人指出
的，當因初涉番僧，遂因襲不改。唐代鴻臚寺雖然仍掌推薦天下寺觀大德之
事，但已非其主要職掌，而且崇玄署也已經被劃入宗正寺，《唐六典·宗正寺》
「崇玄署：令一人，正八品下」條注曰：

> 隋置崇玄署令、丞。煬帝改佛寺爲道場，改道觀爲玄壇，各置監、
> 丞。皇朝又爲崇玄署令。又置諸寺、觀監，隸鴻臚寺，每寺、觀各
> 監一人。貞觀中省。開元二十五年，敕以爲「道本玄元皇帝之教，
> 不宜屬鴻臚。自今已後，道士、女道士並宜屬宗正，以光我本根」，
> 故署亦隨而隸焉。其僧、尼別隸尚書祠部也〔註189〕。

這裏將崇玄署改屬之事講得很清楚，唐代崇玄署只掌道教，是因爲李唐皇室
託名爲道教之祖老子之後的緣故，而且天下僧道統歸尚書祠部管理〔註190〕。
道教已然成爲國教，佛教也非初入華時被視爲西域戎神，唐代佛教更是開宗
立派，異彩紛呈〔註191〕，自不能以番僧之教概括，所以其被劃出鴻臚寺的管
轄是當然之事。鴻臚所轄兩署，典客署即漢之大行、魏之客館、晉之典客，
相沿而不改，所掌爲蠻夷事；司儀署即漢代大行令下治禮郎之改名，所掌爲
官員喪葬事，而鴻臚總其成，以上於尚書禮部〔註192〕。因此，自漢代以來，
歷魏晉南北朝，其間北朝雖將宗教事務歸入鴻臚寺管理，但也是因其有蠻夷
之性，至唐則劃出，唐代鴻臚寺之職掌與漢並無太大差異，只是由漢代之掌
諸侯禮儀變成了唐代之掌官員禮儀，也是由於官重爵輕之故。

〔註188〕《唐六典》卷一八，第505頁。
〔註189〕《唐六典》卷一六，第467頁。
〔註190〕《唐六典》卷四《尚書禮部》，第125～127頁。
〔註191〕湯用彤：《隋唐佛教史稿》第三章《隋唐佛教撰述》、第四章《隋唐之宗派》，
　　　　《湯用彤全集》第二卷。
〔註192〕關於魏晉南北朝隋唐時期尚書省所掌管的外交事務，參見《漢唐外交制度史》
　　　　第五章第一節《尚書主客曹及其外交職能》、第八章第二節《尚書主客司及其
　　　　外交職能》。

第四章　九卿分論四：太僕、宗正、少府

第一節　太僕

太僕，秦官，掌乘輿馬匹。秦的情況不是很清楚，但西漢時期，其所掌不只是提供皇家御用，還包括一般的軍國用度，這從《漢書·百官公卿表上》載太僕屬官中「又邊郡六牧師苑令，各三丞」，且養馬數巨大〔註1〕，可知必非僅供宮廷御用。日本學者加藤繁氏研究西漢財政時指出：

> 太僕掌軍國一般的車輿馬匹，其中最主要的任務，當是掌軍事用的車馬，因此，天子在校獵征伐等所用的乘輿，爲便利起見，仍由太僕製造。

> 太僕除有大廄、未央、路軨等許多廄外，還在西邊、北邊設三十六苑牧養馬匹。這些馬匹主要是供軍國之用的，但也可能從中挑選一部分精壯馬匹作爲少府、水衡之廄的補充〔註2〕。

據此，西漢太僕主管的車馬在很大程度上是爲了一般軍國之用，並非只掌管御用車馬，因西漢帝室財政與國家財政分離，掌管帝室財政的少府和水衡都尉所管理的一部分車馬才是主要供應御用的〔註3〕。東漢光武帝即位以後，對

〔註1〕《漢書》卷一九上，本條引師古曰：「《漢官儀》云牧師諸苑三十六所，分置北邊、西邊，分養馬三十萬頭」，第729頁。

〔註2〕加藤繁：《漢代的國家財政和帝室財政的區別及帝室財政一斑》，收入劉俊文主編：《日本學者研究中國史論著選譯》第三卷，第342、343頁。

〔註3〕《日本學者研究中國史論著選譯》第三卷，第340～343頁。

財政系統進行大改革，廢水衡都尉，裁撤少府機構，合帝室財政與國家財政為一。東漢少府轄下未見有掌車馬的屬官，想是已經將相關職事悉數併入太僕，《續漢書志·百官二》：

> 太僕，卿一人，中二千石。本注曰：掌車馬。天子每出，奏駕上鹵簿用；大駕則執馭。……右屬太僕。本注曰：舊有六廄，皆六百石令，中興省約，但置一廄。後置左駿令、廄，別主乘輿御馬，後或并省。又有牧師苑，皆令官，主養馬，分在河西六郡界中，中興皆省，唯漢陽有流馬苑，但以羽林郎監領〔註4〕。

由上可知，東漢對西漢太僕機構也多有省併，其中最主要的是省河西六郡的養馬所，唯留漢陽一地，太僕恐只負責一般的行政事務，具體掌管則由羽林郎承擔。一般軍國所用車馬雖大幅度減省，但並不是說東漢太僕就只負責宮廷御用車馬，從「置左駿令、廄，別主乘輿御馬」一句可知，如果太僕只負責宮廷御用，則不需要另置左駿令、廄。東漢太仆下轄三令，《續漢書志·百官二》：

> 考工令一人，六百石。本注曰：主作兵器弓弩刀鎧之屬，成則傳執金吾入武庫，及主織綬諸雜工。
>
> 車府令一人，六百石。本注曰：主乘輿諸車。
>
> 未央廄令一人，六百石。本注曰：主乘輿及廄中諸馬〔註5〕。

未央廄令是西漢原有，也就是「中興省約，但置一廄」的御馬官。新設車府令專掌「乘輿諸車」，可見東漢御用車輛由其統一掌管。因此，「別主乘輿御馬」的左駿令、廄自然就被併省了。只是，掌兵器製造的考工令被劃入太僕似乎有點不倫不類。考工令在西漢是屬於少府的，是為少府系統製造兵器以供宮廷御用的，東漢考工令之劃歸太僕，說明其所造兵器非僅供宮廷，而且供應軍國用度〔註6〕。因為，據上揭加藤氏的研究，太僕所掌車馬從西漢開始就是供一般軍國之用的。而且，車府令所掌為「乘輿諸車」，未央廄令所掌為「乘輿諸馬」，「乘輿」一詞在漢代就是指皇帝御用〔註7〕。而考工令職掌中並

〔註4〕《續漢書志》二五，第3581、3582頁。

〔註5〕《續漢書志》二五，第3581頁。

〔註6〕參見本書「少府」節中關於製造兵器的討論。

〔註7〕〔漢〕蔡邕撰：《獨斷》卷上：「漢天子正號曰『皇帝』，自稱曰『朕』，臣民稱之曰『陛下』，其言曰『制詔』，史官記事曰『上』，車馬衣服器械百物曰『乘輿』……『乘輿』出於《律》，《律》曰：『敢盜乘輿服御物』，謂天子所服食

無這類字眼，可見其所作兵器並不是僅供皇室。

由以上可知，兩漢時期的太僕職掌一般軍國所用車馬，其中包括宮廷御用。至東漢，雖然經過省併，但其基本職能未變，而且將兵器的製造也歸入轄下。這爲我們討論魏晉南北朝時期的太僕提供了一個參照基礎。

一、魏晉時期：職官的增減

據洪飴孫《三國職官表》，魏、蜀、吳三國皆有太僕卿之設，曹魏太僕卿下統：

> 典虞都尉一人。……主田獵。魏所置。
>
> 左右中牧官都尉三人。……主邊郡苑馬。魏所置。
>
> 考工令一人。
>
> 車府令一人。
>
> 典牧令一人。……主牧馬。
>
> 乘黃廄令一人。……漢有未央廄令、長樂廄丞，入魏，遂改爲乘黃廄。乘黃，古之神馬，因以爲名。主乘輿及廄中諸馬。
>
> 驊騮廄令一人。魏所置〔註8〕。

是東漢之考工、車府兩令仍舊，未央廄令改名爲乘黃廄令，雖新增驊騮廄令，但驊騮本是駿馬名〔註9〕，所掌蓋同於乘黃。

典虞都尉一職，洪氏曰「主田獵」，當是由「虞」字而來。《尚書正義・舜典》「帝曰：『俞，諮益，汝作朕虞』」條注曰：

> 虞，掌山澤之官〔註10〕。

洪氏可能是由「掌山澤」聯繫到田獵的。田獵除了供君王娛樂，更重要的是爲了演兵講武，這自漢以來就是如此〔註11〕。三國戰亂，各國君主借田獵制

者也。天子至尊，不敢褻瀆言之，故託之於乘輿。乘，猶載也；輿，猶車也。天子以天下爲家，不以京師宮室爲常處，則當乘車輿以行天下，故群臣託乘輿以言之，或謂之車駕」，第1、2頁，《四部叢刊》三編《子部》，上海涵芬樓影印常熟瞿氏鐵琴銅劍樓藏明弘治癸亥刊本。

〔註8〕《三國職官表》，收入《後漢書三國志補表三十種》，第1363～1367頁。

〔註9〕《漢書》卷八七上《揚雄傳上》：「騁驊騮以曲艱兮」條，師古曰：「驊騮，駿馬名也，其色如華而赤也」，第3518頁。

〔註10〕〔唐〕孔穎達疏：《尚書正義》卷三，收入《十三經注疏》，第131頁中。

〔註11〕參見曹勝高：《漢賦與漢代制度——以都城、校獵、禮儀爲例》第二章《漢賦

度來演兵講武是有其現實意義的。典虞都尉屬下還有專司造車的車工，《三國志・魏書・后妃傳》：

> （明悼毛皇后父）嘉本典虞車工，卒暴富貴，明帝令朝臣會其家飲宴，其容止舉動甚蚩騃，語輒自謂「侯身」，時人以爲笑〔註12〕。

上揭加藤繁氏論文就已經指出西漢天子在校獵征伐等所用的乘輿是由太僕製造的，那麼典虞車工所造之車應當就是專門爲天子田獵而準備的。在太僕之下設典虞都尉一職，可以說既有現實意義，也有歷史根據。

牧官都尉一職，《唐六典・太僕寺》「上牧，監一人，從五品下」條注曰：

> 《漢舊儀》：「太僕牧師諸苑三十六所，分布北邊、西邊，以郎爲苑監，官奴婢三萬人分養馬三十萬頭，擇取教習，給六廄；牛、羊無數，以給犧牲。中興省。漢陽有牧馬苑令，羽林郎監領。」魏置牧官都尉，晉因之〔註13〕。

是魏之牧官都尉實即漢代牧師苑令之職，但洪氏以「主邊郡苑馬」爲其職掌，是舉其大而遺其細。因上引《漢舊儀》指漢之牧師除牧馬以外，尚飼養牛羊，魏之承漢，不應有異，我們雖然找不到魏晉時期的例子，但石趙時期卻有，《晉書・石季龍載記上》：

> 又發諸州二十六萬人修洛陽宮。發百姓牛二萬餘頭配朔州牧官〔註14〕。

這裏就明確記載是將牛配給牧官，可見牧官也飼養牛，我想曹魏不當例外，所以，曹魏之牧官都尉是設在中央掌管邊郡放牧之事，而地方牧官除牧馬之外，尚飼養牛羊，同於漢制。而新設之典牧令恐怕才是專職掌管養馬的中央官員。

晉制，據《晉書・職官志》：

> 太僕，統典農、典虞都尉，典虞丞，左右中典牧都尉，車府典牧，乘黃廄、驊騮廄、龍馬廄等令。典牧又別置羊牧丞〔註15〕。

按，中華書局點校本恐有誤，「車府典牧」之間應以頓號隔開，車府、典牧爲

與漢代校獵制度》，第 116〜181 頁。
〔註12〕《三國志》卷五，第 167 頁。
〔註13〕《唐六典》卷一七，第 485〜486 頁。《通典》卷二五《職官七・太僕卿》條略同，第 708 頁。
〔註14〕《晉書》卷一○六，第 2777 頁。
〔註15〕《晉書》卷二四，第 736 頁。

兩官，不當合併。《唐六典・太僕寺》「太僕寺：卿一人，從三品」條注曰：

> 晉太僕……統典農・典虞都尉、典虞丞、牧官都尉、左・右・中典
> 牧都尉、典牧令、諸羊牧丞、乘黃・騂駵・龍馬三廄令〔註16〕。

明載晉有典牧令一職，且《晉書》所載太僕屬官，脫漏牧官都尉一職〔註17〕。
我們現在試將晉太僕屬官分類：（一）典農都尉；（二）典虞都尉、典虞丞；（三）
牧官都尉、典牧都尉、典牧令、羊牧丞；（四）車府、乘黃、騂駵、龍馬諸令。

這四類屬官中最可怪者，乃是以典農都尉劃歸太僕管轄。我們知道，典
農中郎將、典農校尉、典農都尉一系農官爲曹操所創，掌管各地屯田事宜，《通
典・職官八・司農卿》「典農中郎將、典農都尉、典農校尉」條注曰：

> 並曹公置。晉武帝泰始二年，罷農官爲郡縣，後復有之。隋煬帝罷
> 典農官〔註18〕。

可知典農一系官員在晉武帝泰始二年（266年）罷，後又恢復，但典農一系官
員均係地方官員，洪飴孫《三國職官表》考證典農類官員時說：

> 案：《武紀》建安元年注《魏書》、《晉書・食貨志》、《通鑒》皆云建
> 安元年郡國列置田官，即指典農中郎將、校尉、都尉諸官也。正元
> 元年，詔所在郡典農慰卹死事□□傳臣輒移三徵，及州郡國典農安
> 慰所部吏民。《晉宣帝紀》：景初二年，敕郡守典農皆往會焉。是各
> 郡皆有典農也。咸熙元年詔罷屯田官，以均政役。諸典農皆爲太守，
> 都尉皆爲令長。是典農中郎將、校尉分列諸郡國，典農都尉分列諸
> 縣也〔註19〕。

是曹魏典農都尉布於諸縣，現在何以會在中央置一典農都尉，就算新設，似
也應該歸大司農管轄，怎麼會劃入太僕？太僕之掌管車馬與典農都尉之掌管
屯田本不相涉，限於史料，只能存疑待考〔註20〕。

〔註16〕《唐六典》卷一七，第478～479頁。《通典》卷二五《職官七・太僕卿》：「晉
初有之……領典牧、乘黃、騂駵、龍馬等廄令」，第706頁。
〔註17〕《通典》卷二五《職官七・太僕卿》：「魏置牧官都尉，晉因之，自後無聞」（第
708頁）；卷三七《職官十九》載「晉官品表」第六品中也有「水衡、典虞、
牧官、典牧、司鹽都尉」（第1005頁），說明晉確有牧官都尉一職。
〔註18〕《通典》卷二六，第729頁。
〔註19〕《後漢書三國志補表三十種》，第1376～1377頁。
〔註20〕對於太仆下設典農都尉這個問題，我作過一些思考，附此以資討論。
　　　　1、典農或係衍字。〔宋〕孫逢吉：《職官分紀》卷一九《太僕》引《晉職官志》
　　　　　曰：「太僕，統典農都尉，典虞丞，左右中典牧都尉，車府、典牧、乘黃

典虞一系官員上承曹魏，當仍是主管田獵之官。曹魏之典虞有車工，則典虞有造車之職能。考晉之典虞，還掌牲畜之管理。《晉書·食貨志》：

> （咸寧三年）詔曰：「孳育之物，不宜減散。事遂停寢。問主者，今典虞右典牧種產牛，大小相通，有四萬五千餘頭。苟不益世用，頭數雖多，其費日廣。古者匹馬匹牛，居則以耕，出則以戰，非如豬羊類也。」〔註21〕

按，典虞、右典牧為不同職官，點校本於兩詞中間似加頓號為妥。可見典虞也養牛。或問：牛主要用於耕作，典虞為掌田獵之官，養牛何用？實際上，牛之主要用途確在耕種，但魏晉時期，因戰爭關係，馬匹稀少，方用牛駕車，但其後成為一時之風尚〔註22〕，已非如漢初「將相或乘牛車」〔註23〕之比。

廄、驊騮廄等令，典牧又別置羊牧丞。」（第444頁）。這裏就只有典農都尉，而沒有典虞都尉，但太僕之有典虞都尉是可以肯定的，所以，這裏的典農都尉當是典虞都尉之訛。又由於「農」、「虞」兩字形近，所以才發生這種訛誤。可見，孫逢吉所見之《晉書·職官志》只有兩種都尉：典虞都尉和典牧都尉。但是，今本《唐六典》據上引，是有典農都尉的，這也與今本《晉書·職官志》所載同。又〔北宋〕王欽若等編：《冊府元龜》卷六二〇《卿監部一》載晉制：「太僕統典農、典虞都尉，典虞丞，左右中典牧都尉，車府、典牧、乘黃廄、驊騮、龍馬廄等令，典牧又別置羊牧丞」（第7449頁；《宋本冊府元龜》同，第1963頁），《冊府元龜》同《晉書·職官志》，所以單憑《職官分紀》所引認為「典農」為衍字似為單證。

2、典農都尉或為一時權置。但這個說法有個最大的弱點，如果是權置，為何不置於司農，而置於太僕？典農所掌為糧食，這或許與晉初統一戰爭有關。糧食與馬匹直接關係到軍事的勝敗，所以權置典農於太僕以便調配。

3、這個典農都尉是專門為太僕服務的，與曹魏時期司農轄下的典農中郎將、典農校尉、典農都尉無關。太僕的典農都尉為供應牧場內的馬牛羊等牲畜的飼料而設的。《唐六典》卷一七《太僕寺》：「凡象日給蒭六圍，馬、駝、牛各一圍，羊十一共一圍，蜀馬與騾各八分其圍，驢四分其圍，乳駝、乳犢五共一圍；青芻倍之。凡象日給稻、菽各三斗，鹽一升；馬、粟一斗，鹽六勺，乳者倍之；駝及牛之乳者，運者各以斗菽，田牛半之；駝鹽三合，牛鹽二合；羊，粟、菽各升有四合，鹽六勺」（第484頁），可見飼養牲畜時除了草之外，還需要稻、菽（豆類）、粟等糧食。那麼，晉太僕屬下的典農都尉是否為提供這些糧食而設置的呢？除了版本上衍字以外，我想這個解釋比較有說服力，可是，我沒有找到材料可以助成此說，因為如果太僕屬下真設置了這個典農都尉，其存在的時間也非常短，最多只在西晉一朝而已，其後歷朝太僕屬下皆不見有典農都尉之設。

〔註21〕《晉書》卷二六，第788頁。
〔註22〕參見勞幹：《論魯西畫像三石》，《中央研究院歷史語言研究所集刊》第8冊第1分，第121頁。

　　典牧一系官員專掌放牧，牧官都尉與典牧都尉之分不甚清楚，或先稱牧官都尉，後改為典牧都尉，所以《晉書》但載典牧都尉而不及牧官都尉。而且左右中典牧都尉之職能似有劃分，《晉書·食貨志》：

> （泰始四年）詔曰：「使四海之內，棄末反本，競農務功，能奉宣朕志，令百姓勸事樂業者，其唯郡縣長吏乎！先之勞之，在於不倦。每念其經營職事，亦為勤矣。其以中左典牧種草馬，賜縣令長相及郡國丞各一匹。」〔註24〕

參照上引兩段志文，可知三典牧都尉中，右典牧都尉主管養牛，中、左典牧都尉主管養馬，馬為戰略物資，所以有兩都尉掌管。同時，典牧令之下的羊牧丞專門管理牧羊當無疑問。從有四萬五千餘頭牛和賜縣令長相及郡國丞各一匹馬來看，牛、馬之數都相當龐大，必如漢代般在邊郡設置牧場方能放養如此數量的牲畜。

　　車府令掌管乘輿諸車，乘黃等三廄令掌御用馬匹同於曹魏。

　　晉之太僕轄下除典農都尉一職尚不清楚以外，其他諸署同於漢魏，由此，太僕職能可以說仍以掌輿馬為主，而且，也不是僅供皇家宮廷，還供應一般軍國之用。《北堂書鈔·設官部六·太僕》「郭展留心養生」條引《晉諸公贊》：

> 郭展為太僕，留心養生，是以廄馬充丁，其後征吳濟事〔註25〕。

太僕所養之馬是用來伐吳的，也就是供軍國之用。放牧需有廣闊之牧場方可，至晉渡江，北方混亂，漢代以來西北放牧之地非晉所有，所以，東晉太僕或省或置，《晉書·職官志》：

> 太僕，自元帝渡江之後或省或置。太僕省，故驊騮為門下之職〔註26〕。

自桓溫執政，九卿中多卿被裁撤，太僕自此至宋齊均有事權置，《太平御覽·職官部一·總敘官》引《桓溫集略·表》：

> 車駕、郊廟、籍田之屬，凡諸大事於禮宜置者，臨時權兼，事迄則罷〔註27〕。

車駕尚在被省之列，而失去牧地之太僕當然被廢了。

〔註23〕 《史記》卷三〇《平準書》，第1417頁。

〔註24〕 《晉書》卷二六，第786頁。

〔註25〕 《北堂書鈔》卷五四，董治安主編：《唐代四大類書》，第207頁。

〔註26〕 《晉書》卷二四，第736～737頁。

〔註27〕 《太平御覽》卷二〇三，第979～980頁。

二、南朝：宋齊不置與蕭梁重設

宋齊沿晉制，不置太僕，《宋書・百官志上》：

> 太僕，掌輿馬。……晉江左或置或省，宋以來不置。郊祀則權置太
> 僕執轡，事畢即省〔註28〕。

太僕之被省，並不代表太僕之職能也被省卻了，因為太僕所掌輿馬，其中包括天子騎乘所用，這部分的職能是不能夠省略的。故《歷代職官表・太僕寺》曰：

> 謹案：宋齊二代不置太僕，而別有乘黃令屬太常；驊騮丞屬侍中，
> 以掌乘輿廄馬。又御史臺有庫曹以主廄牧，是國馬、王馬，其職固
> 各有所分屬也〔註29〕。

可見太僕雖省，但事關皇帝所用乘輿及馬匹的乘黃令〔註30〕、驊騮丞還是被保留了下來，分屬於太常與侍中。而原來牧養之事則歸御史臺的庫曹。《宋書・百官志下》：

> 侍御史……二漢員並十五人……凡有五曹，一曰令曹，掌律令；二
> 曰印曹，掌刻印，三曰供曹，掌齋祠；四曰尉馬曹，掌官廄馬；五
> 曰乘曹，掌護駕。……晉西朝凡有吏曹、課第曹……凡十三曹，而
> 置御史九人。晉江左初，省課第曹，置庫曹，掌廄牧牛馬市租。後
> 復分庫曹，置外左庫、內左庫二曹。宋太祖元嘉中，省外左庫，而
> 內左庫直云左庫。世祖大明中，復置。廢帝景和元年又省〔註31〕。

是漢代御史臺下本設有「掌官廄馬」的尉馬曹侍御史，魏、西晉不置，東晉置庫曹，「掌廄牧牛馬市租」，是對漢代尉馬曹職能的繼承和擴充。自東晉省太僕，太僕牧養牛馬的職能應該是歸其所掌。不過，《宋書》的這段記載有些模糊。我想應該理解成庫曹的職能包括「掌廄牧牛馬」和掌「市租」兩類，點校本此處似應加頓號隔開，因為「市租」指的是貨物的稅款〔註32〕，那麼能不能理解成將「廄牧牛馬」販賣之後收取「市租」呢？牛馬可以作為貨物

〔註28〕《宋書》卷三九，第1233頁。
〔註29〕《歷代職官表》卷三一，第579頁。
〔註30〕有關宋乘黃令掌乘輿的分析，詳見本節下文。
〔註31〕《宋書》卷四○，第1251頁。
〔註32〕《史記》卷五二《齊悼惠王世家》：「齊臨菑十萬戶，市租千金，人眾殷富，
巨於長安」條，《索隱》曰：「市租，謂所賣之物出稅，日得千金」，第2008
頁。

自無問題，侍御史也不可能親自驅趕牛馬入市交易，而應該有專門人員從事此項工作，但將本曹掌管牛馬交易之後再由本曹收稅，似乎于理不合，況且，廄牧之牛馬是國有資產，自漢代以來馬匹的國有、私有性質就分得很清楚〔註33〕，恐怕國有之牛馬不會允許隨便交易販賣。而御史臺之庫曹掌「市租」也正體現了皇權對於財政的控制〔註34〕。不過，庫曹的分合置省也表現出這一部分職能的不穩定，皇帝絕不會放棄對財物的控制，而牧養牛馬的這部分庫曹職能是否一直存在則頗有疑問。因爲既無廣闊之牧場，又無專司之人員，而南北朝對峙之局面，對於戰馬又迫切需求，《宋書·索虜傳》：

> 先是，（拓跋）燾遣員外散騎侍郎王老壽乘驛就太祖乞黃甘，太祖餉甘十簿、甘蔗千挺。并就求馬〔註35〕。

如有廣闊之牧地和相當數量之戰馬，劉裕當不至向敵國求馬，可見南朝馬匹之匱乏〔註36〕。《太平御覽·職官部·廄令》引《齊職儀》曰：

> 諸廄有圉師。牧人，養馬之官；校人，掌王之馬正也〔註37〕。

是牧人掌一般馬匹，校人掌御用馬匹，也就是說，雖然匱乏，但國家始終牧養馬匹。

梁武帝天監七年（508年）在諸卿中重置太僕卿，《隋書·百官志上》：

> 太僕卿，位視黃門侍郎，統南馬牧、左右牧、龍廄、内外廄丞〔註38〕。

將梁制與晉制相比，似乎梁太僕卿專重於牧養以馬爲主的牲畜，而不過問車輿了。我們上面已經說過，漢代太僕是「掌輿馬」，即掌管車和馬兩個部分，

〔註33〕漢簡中就將官馬、私馬分得很清楚，參見勞幹：《漢代兵制及漢簡中的兵制》，《中央研究院歷史語言研究所集刊》第 10 冊，第 27～29 頁。

〔註34〕中村圭爾：《臺傳——南朝における財政機構》，原載《中國史研究》八，1984年，後收入《六朝江南地域史研究》附編第十四章，第 557～575 頁。筆者參考的是收入專著的該論文。

〔註35〕《宋書》卷九五，第 2350 頁。

〔註36〕這裏還涉及到軍事力與正統性的問題，日本學者堀内淳一就認爲黃柑代表了正統性，南北朝的交換實際上是一種軍事力與正統性的交換，參見氏著：《馬と柑橘——南北朝間の外交使節と經濟交流》，《東洋學報》第 88 卷第 1 號，第 16～21 頁，2006 年。不過，臺灣學者蔡宗憲對該文提出質疑，認爲「堀内的論點甚具想像力，不過，是否符合歷史實情則不無疑慮。爲了軍事力（其實也只是馬匹），南朝會以正統性作爲交換的籌碼嗎？其說法恐怕過度放大黃柑的象徵意義，且偏重於從北魏的立場來設想，忽略了南朝人主觀的意識」，參見氏著：《中古前期的交聘與南北互動》，第 14 頁。

〔註37〕《太平御覽》卷二三○，第 1094 頁。

〔註38〕《隋書》卷二六，第 725 頁。

魏晉時期，新設之典虞都尉下有車工，車府令自漢就「主乘輿諸車」，而南朝無典虞之設，車府令自劉宋就歸尚書駕部，至梁未變〔註39〕，而且其本身職能也發生了改變，就是雖仍造車，但不造乘輿即御用諸車了，這部分職能已經被乘黃令所取代。本來，魏晉的乘黃廄令是由漢代之未央廄令改名而來，而未央廄令「主乘輿及廄中諸馬」，是與當時車府令「主乘輿諸車」相對的，即漢代車府令掌御車，而未央廄令掌御馬。魏晉因襲不變。自東晉廢太僕，其下職官分隸各處，劉宋時，乘黃令屬太常，《宋書·百官志上》：

乘黃令，一人。掌乘輿車及安車諸馬。魏世置〔註40〕。

《唐六典·太僕寺》「乘黃署：令一人，從七品下」條注曰：

宋太常屬官有乘黃令一人，掌乘輿金根車及安車、追鋒諸馬車〔註41〕。

是自宋開始，乘黃令就接收了車府令的職能，掌乘輿諸車，雖然當時其仍掌配備諸御用車之馬，但掌車無疑是宋新增。那麼，尚書駕部所領之車府令所造就當是一般軍國所用，如禮儀等場合所用車了。南齊將乘黃令劃歸大鴻臚，其職掌據《南齊書·百官志》：

掌五輅安車，大行凶器輼輬車〔註42〕。

五輅安車仍是皇帝御用，《唐六典·太僕寺》「凡乘輿五輅」條注曰：

《周禮》：「巾車氏掌王五輅。」有玉、金、象、革、木之制。至秦，唯乘金根車。漢承秦制，以為乘輿。晉武帝始備五輅，為天子法車。宋、齊、梁、陳相因不絕〔註43〕。

〔註39〕《宋書》卷三九《百官志上》：「車府令，一人。丞一人。秦官也。二漢、魏、晉並隸太僕。太僕既省，隸尚書駕部。」（第1238頁）。《南齊書》卷一六《百官志》：「車府令一人，丞一人。屬駕部。」（第322頁）。《唐六典》卷一七《太僕寺》「車府署：令一人，正八品下」條注曰：「秦置車府令……宋、齊、梁、陳並尚書駕部領」，第485頁。

〔註40〕《宋書》卷三九，第1229頁。

〔註41〕《唐六典》卷一七，第480頁。本卷校勘記【二七】另引《太平御覽》卷二三〇「乘黃令」條引《宋書》曰：「主乘輿金根車及安車、追鋒諸眾車馬」，第491～492頁。

〔註42〕《南齊書》卷一六，第319頁。

〔註43〕《唐六典》卷一七，第480頁。不過，《宋書》卷一八《禮志五》：「《禮》所謂金、玉路者，正以金玉飾輅諸末耳。左右前後，同以漆畫。秦改周輅，制為金根，通以金薄，周匝四面。漢、魏、二晉，因循莫改。逮於大明，始備五輅」（第525頁），則謂宋孝武帝大明中始備五輅。

輼輬車明指是大行凶器。則宋齊乘黃令皆掌天子車輿可知。梁仍於太常下設乘黃令，當仍同宋齊之舊，掌天子乘輿。因此，在車的問題上，的確有「國車」、「王車」之別，而且，這部分職能在梁陳並沒有復歸太僕管轄。

明確了乘黃令之職掌以後，再來看驊騮丞的問題。驊騮丞自宋開始由原太僕屬下被劃給了侍中，屬門下省之職，門下之職所掌爲天子之事，可見驊騮丞所養馬匹當爲御馬。而之所以驊騮丞可掌御馬，是因爲自漢代以來掌管乘輿諸馬的乘黃令現在主管乘輿了，所以以驊騮丞來代替其職能，這與庫曹掌一般軍國馬匹是有顯著區別的。

我們再回過頭來看梁太僕職掌，可以說除了掌車之外，掌牧養牲畜的職能都恢復到漢晉之舊了。需要特別指出的是，梁代門下省仍有驊騮廄丞之設〔註44〕，當仍掌御馬管理，則太僕所掌當是一般軍國所用。

南朝太僕至梁重設，其最大的變化就是只掌畜牧而不掌車輿，而原車府令所掌乘輿的職能自宋開始就被乘黃令所取代，而且驊騮廄丞劃入門下，當是管理御馬，與太僕所掌顯然有別，這種情況歷四朝而不變。

三、十六國北朝：延續漢魏舊制與採南朝制度

自五胡亂華，各族政權在北方崛起，馬匹對於戰爭有著極爲重要的作用。十六國政權雖不見有太僕之記載，但上引史料顯示石趙有牧官，則必有放牧牛馬之事可知。自北魏入主中原，放牧之事更時時在意，《魏書・食貨志》：

> 世祖之平統萬，定秦隴，以河西水草善，乃以爲牧地。畜產滋息，馬至二百餘萬匹，駱駝將半之，牛羊則無數。高祖即位之後，復以河陽爲牧場，恆置戎馬十萬匹，以擬京師軍警之備。每歲自河西徙牧於并州，以漸南轉，欲其習水土而無死傷也，而河西之牧彌滋矣。正光以後，天下喪亂，遂爲群寇所盜掠焉〔註45〕。

同書《宇文福傳》：

> （太和）十七年，車駕南討，假冠軍將軍、後軍將軍。時仍遷洛，敕福檢行牧馬之所。福規石濟以西、河內以東，拒黃河南北千里爲牧地。事尋施行，今之馬場是也。及從代移雜畜於牧所，福善於將養，並無損耗，高祖嘉之。尋補司衛監。從駕豫州，加冠軍將軍、

〔註44〕《隋書》卷二六，第722頁。
〔註45〕《魏書》卷一一〇，第2857頁。

> 西道都將、假節、征虜將軍。領精騎一千，專殿駕後。未幾，轉驍
> 騎將軍，仍領太僕、典牧令〔註46〕。

因北魏遷洛之前，仍是馬上之國，本族多以游牧為生，故多騎兵，所以北魏
自立國之初即注意蓄養牛馬等牲畜，太武帝以河西水草良善之地為牧場，馬
匹滋盛，無怪劉宋要遣使求馬。孝文帝遷都洛陽，仍要劃出專門地域以備牧
馬之所。北魏前期，太武帝時有駕部尚書知牛馬驢騾事，獻文帝時有牧曹尚
書，孝文帝初有都牧尚書〔註47〕，當都與畜牧有關。當時，太僕與尚書之間
如何劃分職能尚不清楚，不過，太僕所掌不止畜牧，仍掌車輿等乘具，《魏書·
高祖紀下》：

> （太和十一年）十有一月丁未，詔罷尚方錦繡綾羅之工……太官雜
> 器，太僕乘具，內庫弓矢，出其太半，班賚百官及京師士庶，下至
> 工商皁隸，逮於六鎮戍士，各有差〔註48〕。

是北魏太僕之職掌輿馬與漢魏以來無異〔註49〕。太和二十三年（499 年）復次
職令，然《官氏志》只記官名，因北齊之制多採北魏後期制度，現一併討論。
《隋書·百官志中》載北齊太僕諸官：

> 太僕寺，掌諸車輦、馬、牛、畜產之屬。統驊騮、（掌御馬及諸鞍乘。）
> 左右龍、左右牝、（掌駝馬。）駝牛、（掌飼駝騾驢牛。）司羊、（掌
> 諸羊。）乘黃、（掌諸輦輅。）車府（掌諸雜車。）等署令、丞。驊
> 騮署，又有奉承直長二人。左龍署，有左龍局。右龍署，有右龍局。
> 左牝署，有左牝局。右牝署，有右牝局。駝牛署，有典駝、特牛、
> 犗牛三局。司羊署，有特羊、犗羊局。諸局並有都尉。寺又領司訟、
> 典臘、出入等三局丞〔註50〕。

北齊太僕寺下所統署令繁多，但從其職掌來看，仍為漢魏之舊無疑。與梁陳
最大不同點，就是太僕仍掌車輿。雖曰不同，其襲用南朝之制則甚為明顯。
南朝宋齊兩代不置太僕，故乘黃、車府分隸太常、尚書駕部，上面我們已經
說過，自劉宋始，乘黃令一改漢魏掌御馬之職，而掌乘輿之任，則原掌乘輿

〔註46〕《魏書》卷四四，第 1000～1001 頁。
〔註47〕嚴耕望：《北魏尚書制度考》，《中央研究院歷史語言研究所集刊》第 18 本，
　　　　第 296、298 頁。
〔註48〕《魏書》卷七下，第 163 頁。
〔註49〕俞鹿年：《北魏職官制度考》，第 110～111 頁。
〔註50〕《隋書》卷二七，第 756 頁。括號內為原注。

諸車的車府令之職掌雖不見記載，但從其屬於尚書駕部可知其應當仍掌除御用以外之車。再來看北齊乘黃、車府之職掌，乘黃「掌諸輦輅」，則為御用無疑；車府，則「掌諸雜車」，顯然與乘黃不同，《唐六典・太僕寺》「車府署：令一人，正八品下」條注曰：

> 北齊太僕寺領車府令、丞，遂與乘黃令分職〔註51〕。

是唐人固以北齊車府分乘黃之職，殊不知實際是乘黃分車府之職才對。除乘黃令之職掌可看出北朝襲用南朝之制以外，驊騮署之職掌也是襲用南朝。南朝自宋乘黃令開始掌車輿，就將掌御馬之職能分給了驊騮丞，而且驊騮丞隸屬門下，也可看出其與一般養馬部門的不同。北齊驊騮署明記「掌御馬及諸鞍乘」，是顯然與其他養馬部門，如左右龍署不同，而這種不同始見於劉宋，北朝因襲無疑。只不過北朝在形式上仍用魏晉舊制，將乘黃令、驊騮令等歸於太僕屬下。另外，北方牧場廣闊，所以飼養牛馬名目繁多，故太僕寺諸署分工細緻，遠非南朝可比。

四、餘論：隋唐時期的馬之分與車之分

隋文帝混一區夏，改北周六官之制而承北齊，《隋書・百官志下》載太僕之制：

> 太僕寺又有獸醫博士員。統驊騮、乘黃、龍廄、車府、典牧、牛羊等署。各置令、丞等員〔註52〕。

是全同北齊之制，不過，至煬帝時就有所更改了，《隋書・百官志下》：

> 煬帝即位，多所改革。……分門下、太僕二司，取殿內監名，以為殿內省，並尚書、門下、內史、秘書，以為五省。……太僕減驊騮署入殿內尚乘局，改龍廄曰典廄署，有左、右駁皁二廄。加置主乘、司庫、司廩官。罷牛羊署〔註53〕。

我們首先來討論馬的問題。北朝掌御馬之驊騮署一直屬於太僕，而南朝則屬門下，煬帝以太僕之驊騮入殿內省，殿內省本是為改變門下省皇室事務與國家事務不分而設立的，主管皇家事務。則隋代在馬匹管理上，的確一改漢魏時期的國馬、王馬統於太僕之制，而將王馬置於殿內省管轄之下，以別於太

〔註51〕《唐六典》卷一七，第485頁。
〔註52〕《隋書》卷二八，第776頁。
〔註53〕《隋書》卷二八，第793、798頁。

僕所掌的一般軍國所用馬匹。隋制資料不多，現在以資料較爲充實且繼承隋
制的唐制來討論，唐制，據《唐六典》，太僕寺下有乘黃、典廐、典牧、車府
四署及諸牧監、沙苑監。與畜牧有關的有典廐、典牧、諸牧監與沙苑監，《唐
六典·太僕寺》：

> 典廐令掌繫飼馬牛，給養雜畜之事；丞爲之貳。

> 典牧令掌諸牧雜畜給納之事；丞爲之貳。凡群牧所送羊、犢皆受之，
> 而供於廩犧、尚食之用；諸司合供者，亦如之。

> 諸牧監掌群牧孳課之事。……凡馬各以年、名籍之，每歲季夏造。
> 至孟秋，群牧使以諸監之籍合爲一，常以仲秋上於寺。

> 沙苑監掌牧養隴右諸牧牛、羊，以供其宴會、祭祀及尚食所用，每
> 歲與典牧分月以供之；丞爲之貳〔註54〕。

是唐代太僕所掌諸馬以諸牧監爲主，而諸監散在地方，所養爲軍國所用馬匹
無疑，中央之典牧令所掌爲登記造冊，以備查驗。而且，太僕卿之職，「凡監、
牧所通羊、馬籍帳，則受而會之，以上於尚書駕部，以議其官吏之考課」〔註
55〕，尚書駕部郎中所掌，據《唐六典·尚書兵部》：

> 駕部郎中、員外郎掌邦國之輿輦、車乘，及天下之傳、驛、廐、牧
> 官私馬。

乘黃令掌天子車輅，辨其名數與馴馭之法；丞爲之貳。

車府令掌王公已下車輅，辨其名數及馴馭之法；丞爲之貳〔註58〕。

則乘黃、車府所掌職責明確，一掌天子之車，一掌王公以下車，這種區分也不是北朝制度，如上所說，是劉宋以來的南朝之制。不過，梁代復置的太僕，並沒有掌車職責，但北朝太僕是復漢魏之舊，有掌車職責的。而且，隋煬帝在車的問題上，開始區分車輦之別了，這也涉及到太僕的職掌問題。隋煬帝置殿內省，其下有「尙輦局」〔註59〕，據《唐六典・殿中省》「尙輦局：奉御二人，從五品上」條注曰：

《周禮》：「小司徒中大夫二人，掌六畜、車輦。」又：「巾車下大夫二人，掌王后之五輅，輦車組輓，有翠羽蓋。」古謂人牽爲輦，春秋宋萬以乘車輦其母。秦始皇乃去其輪而輿之，漢代遂爲人君之乘。後漢有乘輿六輦。魏、晉小出則乘之，及過江而亡……秦、漢、魏、晉並太僕屬官車府令掌之，東晉省太僕，遂隸尚書駕部。宋、齊、梁、陳車府、乘黃令・丞掌之，後魏、北齊則乘黃、車府令兼掌之，後周則司車輅主之，隋又乘黃、車府令兼掌之。煬帝置殿內省尚輦局奉御二人，正五品。皇朝因之，爲從五品上。龍朔二年改爲奉輦大夫，咸亨元年復舊〔註60〕。

其實，輦就是車的一種，只不過單純的輦無輪，用人牽而已〔註61〕。輦配上不同的動物，如象、馬等，就是象輦、馬輦，這種輦恐怕有輪，與車輅只在形制上有別，其實差異並不大〔註62〕。漢、魏、晉車府令掌乘輿諸車，所以輦亦歸其掌管，自宋乘黃令掌乘輿車輛，所以自宋以下，輦由乘黃、車府兩令兼掌，這也可證明上述乘黃自宋始分車府之掌不誤。自南北朝以來，輦常用於郊祀等禮儀場合，《梁書・武帝紀下》：

（大同五年春正月）丁巳，御史中丞、參禮儀事賀琛奏：「今南北二郊及籍田往還並宜御輦，不復乘輅。二郊請用素輦，籍田往還乘常

〔註58〕《唐六典》卷一七，第480、485頁。
〔註59〕《隋書》卷二八《百官志下》，第795頁。
〔註60〕《唐六典》卷一一，第331～332頁。
〔註61〕〔東漢〕劉熙撰、〔清〕畢沅疏證、王先謙補：《釋名疏證補》卷七《釋車第二十四》：「輦車，人所輦也。引畢沅曰：《說文》：『輦，輓車也，從車，夫在車前引之也。』鄭注《周禮・鄉師》云：『輦，人輓行』。」第249頁。
〔註62〕《魏書》卷一○八之四《禮志四》，第2811～2812頁。

輦，皆以侍中陪乘，停大將軍及太僕。」詔付尚書博議施行。改素
輦名大同輦。昭祀宗廟乘玉輦〔註63〕。

《魏書·禮志一》：

> （太和）十年四月，帝初以法服御輦，祀於西郊〔註64〕。

但輦、輅的區分究竟為何，實難以判明。唐制，尚輦奉御之職據《唐六典·
殿中省》：

> 尚輦奉御掌輿輦、繖扇之事，分其次敘，而辨其名數；直長為之貳。
> 凡大朝會則陳於庭，大祭祀則陳於廟。凡大朝會及祭祀，則出之於
> 內；既事，復進而藏之。

而乘黃令所掌乘輿五輅，據同書《太僕寺》：

> 一曰玉輅，祭祀、納后則乘之；二曰金輅，饗射、郊征還、飲至則
> 乘之；三曰象輅，行道則乘之；四曰革輅，巡狩、臨兵事則乘之；
> 五曰木輅，田獵則乘之〔註65〕。

是一掌天子之輦，一掌天子之輅。而輦之用多在宮內，輅之用多在宮外，此
或為煬帝於殿內省置尚輦局之因。

　　自漢代以來，太僕所掌為輿馬，包括御用與一般軍國所用。魏晉因襲，
東晉省太僕，使原來太僕屬下諸職分隸於各處，這也是促成這些署改變職能
的一個契機。其中，乘黃令分車府令之職，掌乘輿，自宋隸屬太常，或因乘
輿法駕多與祭祀禮儀等有關，是以隸屬之，歷四朝而不變；車府令則屬尚書
駕部，自被乘黃分權，其所掌恐為一般軍國所用車輛。而驊騮廄之屬於門下，
也自宋始，這是明確將御馬與一般軍國所用馬匹區分開來，而且由兩個不同
的部門管轄，明顯改變了漢晉以來太僕一統的局面。至梁武帝重置太僕卿，
乘黃、車府仍分隸太常、尚書駕部，是梁之太僕無掌車之職；驊騮也仍屬門
下，是梁之太僕雖掌馬匹，但僅備軍國一般所用。北朝則形式上仍沿漢魏之
舊，車馬均在太僕轄下，但乘黃令之掌御車與驊騮令之掌御馬則明顯是承南
朝之制。隋唐一統，雖曰上承北齊之制，但職能變化最大之乘黃、車府則是
由南入北再注入隋唐，隋煬帝更嚴為御用、國用之別，殿內省設尚乘局、尚
輦局以掌天子御用之馬、輦。所以，形式上，漢代太僕掌輿馬與隋唐太僕掌

〔註63〕《梁書》卷三，第83頁。
〔註64〕《魏書》卷一○八之一《禮志一》，第2741頁。
〔註65〕《唐六典》卷一一，第332頁；卷一七，第480～481頁。

興馬相同，但實際上，以南朝劃分御用、國用始，太僕之職逐偏重於國用，隋唐承之，殿中省之兩局遂與太僕諸署分掌興馬。

經過以上的討論，我們可以將魏晉南北朝時期太僕職掌的演變以下圖表示出來。

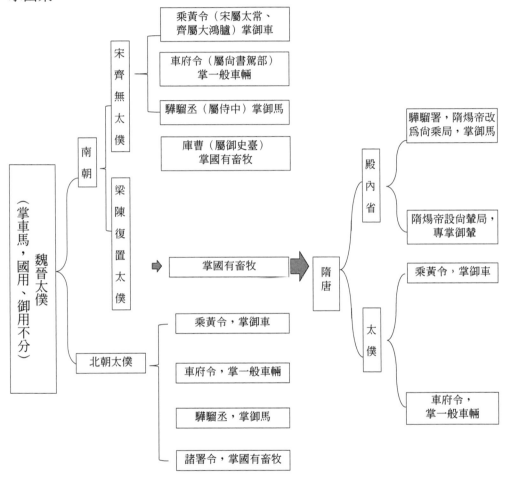

第二節　宗正

宗正作為管理皇室親屬的卿官，據中外學者的研究，從秦開始就已經設置，歷經兩漢一直存在。日本學者櫻井芳朗氏指出在為天子私的方面服務的眾官之中，以宗正為最重要，因為管理皇族，所以是尊貴的官職。安作璋、熊鐵基兩先生認為秦漢時期，宗正是管理皇族和外戚事務的官員，皇族外戚

的名籍也藏於宗正府；孟祥才先生所述與安、熊兩先生相近。這幾本著作都依據正史、政書對宗正制度作了概述性的研究〔註 66〕。對漢代宗正進行全面考察的是沈剛先生，他認爲宗正通過屬籍制度管理宗室，在宗正的選任上逐漸看重實際行政能力，遂使宗正從禮儀性的職官向實權性的職官轉化。袁剛先生則通過對宗正進行組織學上的分析，認爲以宗正爲代表，九寺系統存在組織缺陷，但論文對宗正系統本身並沒有詳細的闡釋〔註 67〕。西漢不論，就東漢而言，據《續漢書志・百官三》「宗正」條本注：

掌序錄王國嫡庶之次及諸宗室親屬遠近，郡國歲因計上宗室名籍。

若有犯法當髠以上，先上諸宗正，宗正以聞，乃報決〔註 68〕。

則後漢時期，宗正的主要職務是：（1）掌握王國　庶、親屬的遠近，這與王國的繼承制度有密切的關係〔註 69〕。（2）管理郡國所上宗室名籍〔註 70〕，這

〔註66〕 和田清編著：《支那官制發達史》（秦漢時代由櫻井芳朗執筆），第 35 頁。安作璋、熊鐵基：《秦漢官制史稿》，第 86、101 頁。白鋼主編、孟祥才著：《中國政治制度通史》第三卷《秦漢》，第 167～168 頁。另請參見〔清〕孫楷：《秦會要》卷一四《職官上・宗正》條所輯與秦有關的宗正資料，第 245 頁。曾資生：《中國政治制度史》第二冊，第 114 頁，收入《民國叢書》第四編第 20、21 冊。

〔註67〕 沈剛：《漢代宗正考述》，刊《社會科學戰線》，2002 年 1 期。袁剛：《漢官宗正寺的組織學分析》，刊《河北科技大學學報（社會科學版）》，2002 年 6 月 2 卷 2 期。

〔註68〕 《續漢書志》二六，第 3589 頁。

〔註69〕 對後漢王國進行專門研究的有日本學者鐮田重雄所撰《後漢の王國》（收入氏著：《秦漢政治制度の研究》第二篇第四章），鐮田氏關注的是中央集權與地方分權的關係，具體到地方，就是郡縣制與王國制的關係。徐復觀從王國的封建制與皇權的專制始終處於矛盾狀態來解釋兩漢郡國並行體制，並從這一矛盾出發，解釋了爲何兩漢王朝必須強幹弱枝（參見氏著：《兩漢思想史》第一卷所收《漢代專制政治下的封建問題》一文，特別是「專制對封建的剋制過程」、「東漢專制政治的繼續壓迫」兩節，第 107～113、115～117 頁）。有關秦漢帝國下王國政治制度的研究，參見嚴耕望：《秦漢地方行政制度史》，特別是第一章〈統治政策與行政區劃〉，簡明的從雙軌與單軌、分權與集權兩個方面描述了漢代的郡國並行體制（第 10～32 頁）。日本學者小嶋茂稔從中央政府在地支配的方面認爲應該把後漢時期諸侯王、列侯的封建、配置與當時的國家統治體制聯繫起來，發現後漢的侯王與中央政府有很高的親和性（見氏著：《『後漢書』所見諸侯王列侯關連記事窺管——後漢の諸侯王・列侯について》，收入池田溫編：《日中律令制の諸相》，第 29～39、45～46 頁）。而從西漢開始，嫡庶之別、親屬遠近與王國繼承就存在密切聯繫，參見牧野巽：《西漢の封建相續法》第一部（收入《牧野巽著作集》第一卷《中國家族研究（上）》，第 279～302 頁）。

〔註70〕 參見上揭沈剛論文，沈氏認爲西漢屬籍以五服爲限，而東漢於此不同，推測

與前一條是相關的內容。（3）宗室犯罪在髡刑以上者需先報宗正〔註71〕。兩
漢皆以皇族任宗正，大概是因爲執掌的特殊性，而且也有以宗正爲宗室表率
的意圖〔註72〕。

　　對於魏晉南北朝時期的宗正的情況，學界研究的並不多。張興成先生通
過對兩晉宗室管理機構、長官人選、朝廷對宗室的政策等方面的研究，認爲
兩晉的政治格局、政治發展的不同特點直接造成了兩晉宗室管理制度上的差
異。劉軍先生研究北魏宗正制度，從宗正一職在北魏得到保存和延續入手，
對北魏宗正任職人員進行了分析，指出宗正的發展在北魏國家結構和拓跋皇
室宗法兩個層面上都標誌著由野蠻急劇躍升至文明的進化軌跡〔註73〕。本節
則準備分三國、兩晉、南朝、北朝四個部分對宗正進行全面的考察，希望明
瞭該時期宗正的全貌。

一、三國時期：延續漢代舊規

　　因《三國志》並沒有專門記載典章制度的志書部分，所以我們對三國時

東漢屬籍應該包括所有宗室成員。

〔註71〕髡，就是把頭髮剃掉，相對於肉刑來説是一種比較輕的刑罰，《續漢書志》卷
　　　　七《祭祀上》注引《東觀書》載杜林上疏，有「除肉刑之重律，用髡鉗之輕
　　　　法」一句（第3160頁）。《後漢書》卷四九《仲長統傳》引其《昌言·損益篇》
　　　　曰「肉刑之廢，輕重無品，下死則得髡鉗，下髡鉗則得鞭笞。死者不可復生，
　　　　而髡者無傷於人。髡笞不足以懲中罪，安得不至於死哉」，注曰「言髡笞太輕，
　　　　不足畏懼，而姦人冒罪，以陷於死」（第1652頁）。髡刑的考證參見程樹德：《九
　　　　朝律考》之《漢律考二·刑名考》（第43頁）。日本學者仁井田陞認爲髡刑應
　　　　該被看做是附屬於主刑上的附加刑。比如唐律上的正刑是五刑，而沒官制
　　　　就作爲其附加刑存在，髡刑應該與其性質類似（參見氏著：《補訂　中國法制
　　　　史研究·刑法》，第241頁）。從秦漢刑法的演變來看髡刑的則有富谷至：《秦
　　　　漢刑罰制度の研究》（第140～145頁）。水間大輔：《秦漢刑法研究》認爲「髡
　　　　鉗的『髡』是剃掉頭髮，『鉗』是用枷來桎梏脖子。髡鉗和黥一樣，是與城旦
　　　　舂相組合的處刑」（第39頁），這與仁井田氏附加刑的觀點基本是一致的。關
　　　　於髡刑學說史的整理請參見堀毅：《秦漢法制史論考》，（第149～152頁）。宗
　　　　室在髡行以上者就需要先上報宗正，可見後漢對於宗室的確刻意保護。

〔註72〕參見上揭沈剛論文。

〔註73〕張興成：《兩晉宗室管理制度述論》，刊《文史哲》2001年第2期。劉軍：《北
　　　　魏宗正考論》，刊《許昌學院學報》2007年第6期。另外對於魏晉南北朝整體
　　　　官制研究的著作，一般都涉及宗正，參見陳仲安、王素：《漢唐職官制度研究》。
　　　　白鋼主編、黃惠賢著：《中國政治制度通史》第四卷《魏晉南北朝》，論述宗
　　　　正的部分，見第187頁。

期宗正的職官地位及其職能並不十分清楚，據《唐六典》、《通典》追述，只知道曹魏宗正亦以宗室出任〔註74〕。據清代學者洪飴孫所考，曹魏共有三位宗正：曹恪、鄭袤、曹楷〔註75〕。《晉書·鄭袤傳》：

> 高貴鄉公即位，袤與河南尹王肅備法駕奉迎於元城，封廣昌亭侯。
> 徙光祿勳，領宗正〔註76〕。

可考的三位宗正中，鄭袤不是宗室，洪飴孫解釋說「魏以皇族爲宗正，袤蓋暫領是官」〔註77〕。宗正只是鄭袤的暫時領官，而非本職這一點，從其本傳也可以看出來。《晉書·鄭袤傳》載「毌丘儉作亂，景帝自出征之，百官祖送於城東，袤疾病不任會。帝謂中領軍王肅曰：『唯不見鄭光祿爲恨。』」〔註78〕。當時鄭袤以光祿勳爲本職，領宗正，所以司馬師稱他爲鄭光祿。《晉書·文明王皇后傳》：

> 武帝受禪，尊爲皇太后，宮曰崇化。初置宮卿，重選其職，以太常諸葛緒爲衛尉，太僕劉原爲太僕，宗正曹楷爲少府〔註79〕。

從曹楷擔任宗正直至晉武帝受禪的情況來看，曹魏一直設有宗正一職。《宋書·禮志三》：

> 至明帝太和三年十一月，洛京廟成，則以親盡遷處士主，置園邑，使令丞奉薦。而使行太傅太常韓暨、行太廟宗正曹恪持節迎高皇以下神主共一廟，猶爲四室而已〔註80〕。

〔註74〕《唐六典》卷一六「宗正寺」條注『魏亦以宗室居之』，第 465 頁。《通典》卷二五《宗正卿》載「兩漢皆以皇族爲之，不以他族。魏亦然」，第 703 頁。
〔註75〕《三國職官表》，《後漢書三國志補表三十種》，第 1373 頁。
〔註76〕《晉書》卷四四，第 1250 頁。
〔註77〕《後漢書三國志補表三十種》，第 1373 頁。
〔註78〕《晉書》卷四四，第 1250 頁。
〔註79〕《晉書》卷三一，第 950 頁。
〔註80〕《宋書》卷一六，第 443～444 頁。明帝迎神主事又見於《晉書》卷一九《禮志上》，「其年(太和三年)十一月，洛京廟成，則以親盡遷處士主置園邑，使行太傅太常韓暨、行太常宗正曹恪持節迎高皇以下神主，共一廟，猶爲四室而已」（第 601 頁）。這兩段記載的是同一件事，只是在曹恪的官職上，《宋書》作「行太廟宗正」，《晉書》作「行太常宗正」，考《資治通鑑》卷七一《魏紀一》「明帝太和三年」條作「十一月，洛陽廟成，迎高、太、文、武四神主於鄴」（第 2258 頁）。溫公可能注意到《宋書》、《晉書》記載上的不同，所以省略了前往迎神主的官員。近人吳士鑑：《晉書斠注》卷一九，對此也無說（第 454 頁）。考「行」有兼攝官職的意思，而據《三國志》卷二四《韓暨傳》，暨任太常時間是從黃初七年（226 年）開始的八年間，太和三年（229 年）正在

奉迎帝室神主自然是屬於宗正的職能範圍。

蜀國宗正無考，洪飴孫認爲「蜀宗人見於史者，惟先主叔父子敬及元起、德然三人。然後主入洛，封侯至數十人，則天瑱亦繁衍矣。宗正爲九寺大卿，蜀承漢制，不容概闕也」〔註81〕。

孫吳據洪氏所考，有兩位：孫楷、孫奕。《三國志・吳書・三嗣主傳》：

　　孫亮廢，己未，孫綝使宗正孫楷與中書郎董朝迎休。休初聞問，意疑，楷、朝具述綝等所以奉迎本意，留一日二夜，遂發〔註82〕。

同書《吳書・孫綝傳》：

　　典軍施正勸綝徵立琅邪王休，綝從之，遣宗正楷奉書於休……〔註83〕

這是派宗正迎接繼任皇帝，與曹魏奉迎神主是一樣的性質。孫奕附見於孫韶傳〔註84〕。

三國史料殘缺，我們很難對宗正做更多的研究，從現有史料來看，戰亂中的三國政權應該是按照後漢制度，以宗正來管理皇室宗親。但是，宗正怎樣來管理這些宗室，或者說宗正怎樣來行使他的職權，我們是不清楚的。

二、兩晉時期：宗師的設置與宗正的廢罷

（一）宗師的設置及其對宗正的影響

《晉書・武帝紀》：

　　（咸寧三年正月）詔曰：「宗室戚屬，國之枝葉，欲令奉率德義，爲天下式。然處富貴而能愼行者寡，召穆公糾合兄弟而賦《唐棣》之詩，此姬氏所以本枝百世也。今以衛將軍、扶風王亮爲宗師，所當施行，皆諮之於宗師也。」〔註85〕

我們知道，宗師這一名號，並不是晉武帝首創。早在西漢平帝元始五年（5年）就設立過。《漢書・平帝紀》：

職，而且本人也親自前往參與迎神主之事，應該不需要宗正曹恪行太常事，疑《晉書》記載有誤。《宋書》所記「行太廟宗正曹恪」，可能在太廟後脫一「令」字，因爲神主之事本歸太廟令具體負責。

〔註81〕《後漢書三國志補表三十種》，第1373頁。
〔註82〕《三國志》卷四八，第1155頁。
〔註83〕《三國志》卷六四，第1449頁。
〔註84〕《三國志》卷五一，第1216頁。
〔註85〕《晉書》卷三，第67頁。

詔曰：「蓋聞帝王以德撫民，其次親親以相及也……漢元至今，十有
餘萬人，雖有王侯之屬，莫能相糾，或陷入刑罪，教訓不至之咎也……
其爲宗室自太上皇以來族親，各以世氏，郡國置宗師以糾之，致教訓
焉。二千石選有德義者以爲宗師。考察不從教令有冤失職者，宗師得
因郵亭書言宗伯，請以聞。常以歲正月賜宗師帛各十匹。」〔註86〕

西漢末年設置的宗師是在地方上，由郡國守相所置，任職條件是有德義者〔註
87〕，職責是「教訓」宗室，如果地方上的宗室「不從教令有冤失職」，宗師則
可以上報宗正，他們應該不屬於宗正系統〔註 88〕。兩晉時期是否如此呢？我
們認爲不是，首先，從制度上來說，關於其職責，上引武帝詔書過於籠統，《晉
書・汝南王亮傳》：

時宗室殷盛，無相統攝，乃以亮爲宗師，本官如故，使訓導觀察，
有不遵禮法，小者正以義方，大者隨事聞奏〔註89〕。

據此，宗師的責任是對宗室進行統攝，並訓導觀察，這與西漢末年地方上的
宗師也有別，漢末宗師雖然也有教訓之責，但並無統攝宗室的權力。同時，
西晉所設宗師對宗室，小事訓導，大事奏聞。據上引《續漢書志》「宗正」條，
宗室犯罪的上奏，本來是宗正的職責，現在轉歸宗師所有，故《晉書・職官
志》：

宗正，統皇族宗人圖諜，又統太醫令史，又有司牧掾員〔註90〕。

所以在制度上，西晉宗正只是管理皇族宗人圖諜，已經沒有對犯罪宗室上奏
的權力。

其次，具體看一下有哪些人擔任過宗師。

扶風王（即後來的汝南王）司馬亮是武帝的叔叔〔註 91〕，他在咸寧三年

〔註86〕《漢書》卷一二，第 358 頁。

〔註87〕 這些在地方上任職的宗師，本身並不一定是宗室，《後漢書》卷一五《李通傳》
載其父李守「初事劉歆，好星曆識記，爲王莽宗卿師」，注曰「平帝五年，王
莽攝政，郡國置宗師以主宗室，蓋特尊之，故曰宗卿師也」（第 573 頁）。李
守就是以異姓任宗師。

〔註88〕《漢書》卷一九上《百官公卿表第七上》「宗正」條，宗正屬官不見有宗師（第
730 頁）。考慮到這一時期王莽正加緊代漢步伐，宗師的設置可能有監視地方
宗室的意圖。關於王莽對西漢宗室的打擊，參見馬彪：《新莽末における旧劉
氏宗室の再生をめぐる》，收入《アジアの歴史と文化》第十一輯。

〔註89〕《晉書》卷五九，第 1591 頁。

〔註90〕《晉書》卷二四，第 737 頁。

〔註91〕《晉書》卷五九《汝南王亮傳》載「汝南文成王亮字子翼，宣帝第四子也」，

（277 年）正月被任命爲宗師，當年八月出鎮，據本傳「三年，徙封汝南，出爲鎮南大將軍、都督豫州諸軍事、開府、假節，之國」〔註 92〕。因爲咸寧三年（277 年）是西晉宗王眞正出鎮、就國的年份，而不像在這以前，諸王多數並未就國，而是留在洛陽〔註 93〕。司馬亮出鎮以後，是否還是宗師，我們並不清楚。

　　可考的第二位宗師是高密王司馬泰，不過他的本傳並沒有記載。《晉書‧梁王肜傳》：

　　　　（趙王）倫滅，詔以肜爲太宰，領司徒，又代高密王泰爲宗師〔註94〕。

同書《高密文獻王泰傳》：

　　　　事視恭謹，居喪哀戚，謙虛下物，爲宗室儀表。當時諸王，惟泰及

　　　　下邳王晃以節制見稱〔註95〕。

高密王司馬泰是司馬懿弟弟司馬馗的兒子〔註 96〕，是武帝的叔叔輩，惠帝的祖父輩人物，雖然何時任宗師不清楚，但無論武帝、惠帝〔註 97〕，他總是當朝皇帝的長輩，加上本傳說他「爲宗室儀表」，他應該是作爲宗室表率而被任命爲宗師的。

　　司馬泰死後，接替他的就是上引史料中的梁王司馬肜。他是司馬懿的兒子，對於惠帝來說，也是祖父輩的人物。不過他任宗師的時間非常短，據上引史料，他是在趙王倫覆滅以後，被惠帝任命爲宗師的。據《晉書‧惠帝紀》，趙王失敗，惠帝反正是在永寧元年（301 年）四月〔註98〕，而據《晉書‧梁王肜傳》：

　　　　永康二年薨，喪葬依汝南文成王亮故事。博士陳留蔡克議諡曰：「肜

第 1591 頁。

〔註92〕　《晉書》卷五九，第 1592 頁。另《晉書》卷三《武帝紀》也有記載，第 67～68 頁。

〔註93〕　唐長孺：《西晉分封與宗王出鎮》，收入氏著：《魏晉南北朝史論拾遺》，特別是第 133～137 頁。越智重明：《西晉の封王の制》，載《東洋學報》第 42 卷 1 號，1959 年。

〔註94〕　《晉書》卷三八，第 1128 頁。

〔註95〕　《晉書》卷三七，第 1095 頁。

〔註96〕　《晉書》卷三七《彭城穆王權傳》載「彭城穆王權字子輿，宣帝弟魏魯相東武城侯馗之子也」（第 1092 頁），司馬泰則是司馬權的弟弟。

〔註97〕　《晉書》卷三七《高密文獻王泰傳》載司馬泰卒於惠帝元康九年（299 年），一生主要活動在武帝、惠帝兩朝。

〔註98〕　《晉書》卷四，第 97 頁。

位爲宰相，責深任重，屬尊親近，且爲宗師，朝所仰望，下所具瞻。
而臨大節，無不可奪之志；當危事，不能捨生取義；愍懷之廢，不
聞一言之諫；淮南之難，不能因勢輔義；趙王倫篡逆，不能引身去
朝。」〔註99〕

司馬肜死於永寧二年（302 年）的五月，任宗師時間至多一年。所以蔡克議諡
時對他的批判，主要是就其宰相職任而言，因爲蔡克所舉梁王的種種劣跡，
都不是他在任宗師時所犯下的。但蔡克特別指出他「屬尊親近，且爲宗師」，
則因爲「愍懷之廢」、「淮南之難」、「趙王倫篡逆」，均發生在宗室內部，他作
爲宗室之長、之師，在緩和、平衡宗室內部矛盾上，有不可推脫之責。

司馬肜以後，中朝不在見到有關宗師的記載。過江以後，史籍所見還有
兩位宗師。一是司馬羕，他是汝南王司馬亮的兒子，晉元帝司馬睿的叔叔輩〔註
100〕。《晉書·汝南王亮傳》：

及元帝踐阼，進位侍中、太保。以羕屬尊，元會特爲設床。太興初，
錄尚書事，尋領大宗師，加羽葆、斧鉞，班劍六十人，進位太宰。
及王敦平，領太尉。明帝即位，以羕宗室元老，特爲之拜〔註101〕。

另據《晉書·元帝紀》，建武元年（317 年）春，平東將軍宋哲至建康，宣愍
帝命丞相（即元帝司馬睿）「使攝萬機」之詔，時愍帝被擄於平陽，於是：

（建武元年）三月，帝素服出次，舉哀三日。西陽王羕及群僚參佐、
州徵牧守等上尊號，帝不許。羕等以死固請，至於再三〔註102〕。

由司馬羕領銜上尊號，可見他的確是宗室元老〔註103〕，以他領宗師是理所當

〔註99〕《晉書》卷三八，第 1128 頁。司馬肜應死於永寧二年（302 年），而非永康二
年（301 年），見該卷校勘記【一二】，第 1140 頁。

〔註100〕元帝是司馬懿曾孫，司馬羕則是司馬懿孫，參見《晉書》卷六《元帝紀》，第
143 頁；卷三八《琅邪王伷傳》，第 1121～1122 頁；卷五九《汝南王亮傳》，
第 1594 頁。

〔註101〕《晉書》卷五九，第 1594 頁。

〔註102〕《晉書》卷六，第 145 頁。

〔註103〕另據《晉書》卷六《元帝紀》載「太安之際，童謠云：『五馬浮渡江，一馬化
爲龍。』及永嘉中，歲、鎮、熒惑、太白聚門、牛之間，識者以爲吳越之地
當興王者。是歲，王室淪覆，帝與西陽、汝南、南頓、彭城五王獲濟，而帝
竟登大位焉」（第 157 頁）。西陽王即司馬羕。汝南王是司馬祐，他是司馬羕
兄長司馬矩的兒子。南頓王是司馬宗，他是司馬羕的弟弟。彭城王是司馬雄，
他是司馬懿弟司馬馗曾孫司馬釋的兒子，已經是元帝的侄兒一輩。所以在過
江的五王之中，確以司馬羕輩分最高。參見《晉書》卷五九《汝南王亮傳》，

然的。值得注意的是，司馬兼領大宗師是在太興初，即元帝剛剛成爲皇帝的時候，可見宗師對於元帝來說是很重要的。

二是司馬紘，他是彭城王權的曾孫，是元帝的侄兒輩，據《晉書・彭城穆王權傳》：

> （司馬）雄之誅也，紘入繼本宗。拜國子祭酒，加散騎常侍，尋遷大宗正、秘書監。有風疾，性理不恒。或欲上疏陳事，歷示公卿。又杜門讓還章印貂蟬，著《杜門賦》以顯其志。由是更拜光祿大夫，領大宗師，常侍如故〔註104〕。

可知司馬紘任宗師在成帝時，他在宗室中是成帝的叔叔輩。

我們認爲晉武帝所設宗師顯然與西漢末年不同。首先，兩晉宗師似乎僅一位，職屬中央，像西漢末年那樣分散在郡國的宗師並未見到；其次，宗師必以宗室擔任，而且，必然是當朝皇帝的長輩。

如《汝南王亮傳》所載，除皇帝以外，宗師實際上統領著整個宗室。那麼，宗正這個在兩漢就管理宗室的機構還留下些什麼權力呢？當然，據《職官志》，宗正還管理著宗室的圖譜。要解決這個問題，必須先考察兩晉時期的宗正，看他們是否還掌握其他權力。

宗正從西晉開始，就不一定需要宗室擔任，《通典・職官典・宗正卿》「晉兼以庶姓」條引《山公啓事》曰：

> 羊祜忠篤寬厚，然不長理劇。宗正卿缺，不審可轉作否〔註105〕。

從本條不僅可以看出宗正可以以異姓擔任，而且宗正職司清閒，並不需要「理劇」。正如上文所提到的那樣，兩晉的宗正只需要管理皇族宗人的圖譜，兩漢以來對於宗室犯罪的上奏權已歸宗師所有〔註106〕。另據《晉書・禮志下》載

　　　卷三七《彭城穆王權傳》。

〔註104〕《晉書》卷三七，第1093頁。

〔註105〕《通典》卷二五，第703頁。《山公啓事》諸條的輯佚與校勘，以及《山公啓事》在探討晉初選舉中具有的意義，參見葭森健介：《〈山公啓事〉の研究》，收入礪波護、川勝義雄編：《中國貴族制社會の研究》，輯佚文見該書第145～150頁。另趙超：《漢魏南北朝墓誌彙編》所收《晉賈皇后乳母美人徐氏之銘》有「泰始六年歲在庚寅正月，遣宗正卿泗澮子陳惶聘爲東宮皇太子妃」文，或爲臨時攝任，但也是異姓，見該書第9頁。

〔註106〕沈剛論文認爲漢代宗正通過屬籍制度實現對宗室的管理。魏晉南北朝時期是門閥士族的時代，當時對於是否是士族的認定，很大程度上取決於戶籍上的記載。從這個意義上說，入不入宗室屬籍，對於如皇室疏屬來說非常重要，因爲進入宗室屬籍，就意味著在法律、政治上會享有一些特權，所以，宗正

有穆帝升平元年（357 年）迎娶皇后何氏的詳細禮儀章程，文繁不錄，其中需由宗正前往納采、問名、納吉、請期〔註107〕，這與兩漢以來的傳統並無不同，可視為漢代宗正職掌的延續〔註108〕。《晉書・武悼楊皇后傳》：

> 永嘉元年，追復尊號，別立廟，神主不配武帝。至成帝咸康七年，下詔使內外詳議。衛將軍虞潭議曰：「世祖武皇帝光有四海，元皇后應乾作配。元后既崩，悼后繼作，至楊駿肆逆，禍延天母。孝懷皇帝追復號謚，豈不以鯀殛禹興，義在不替者乎！又太寧二年，臣忝宗正，帝譜泯棄，罔所循按。時博諮舊齒，以定昭穆，與故驃騎將軍華恒、尚書荀崧、侍中荀邃因舊譜參論撰次，尊號之重，一無改替。」〔註109〕

依據這段史料，宗正的職責是依據圖譜以定昭穆順序，因為帝譜泯棄，所以只能參用舊譜。說明皇室宗譜的確歸宗正所管，這也與《職官志》所記吻合。

我們既然並未發現宗正在魏晉時期被賦予新的權力，那麼不禁要問，既然兩漢以來的舊規是宗正管理宗室，為什麼晉武帝無端的要任命一位宗師出來？而且不止武帝一朝，從現有史料來看，兩晉時期的宗師至少延續到成帝時期。宗師與宗正在權力上是怎樣分割的，宗師又處於一個什麼樣的地位？

我們知道，魏晉時期是門閥制度形成的時期，而曹魏由於曹操個人的努力，在一定程度上抑制了門閥形成的傾向，魏文帝、明帝基本上「政由己出」。直到司馬懿戰勝曹爽，司馬氏進而控制朝局，取魏代之，這一切之所以發生地如此迅速，正是由於司馬氏保證了魏王朝下貴族們的種種特權〔註110〕。司

掌握宗室圖譜，可以在一定程度上對宗室加以管理，這是與漢代相同的。本節所論的宗師對宗正權力的分割，是指除宗室屬籍以外的方面來說的。

〔註107〕《晉書》卷二一，第 666～667 頁。
〔註108〕楊樹達：《漢代婚喪禮俗考》第一章第二節《婚儀》，第 10～24 頁。
〔註109〕《晉書》卷三一，第 956 頁。
〔註110〕萬繩楠整理：《陳寅恪魏晉南北朝史講演錄》第一篇。宮崎市定：《九品官人法の研究——科舉前史》第 1 編六《魏晉革命》，宮崎氏認為有名的五等爵的實施，就是為了防止貴族群體的動搖，《宮崎市定全集》第 6 卷，第 27 頁。對於曹魏政權性質的研究，見渡邊義浩：《三國政權の構造と「名士」》第四章《曹魏政權論》。渡邊氏指出「曹操以確立君主權力為目標，施行法術主義，同時收斂人事權，通過宣揚『文學』以對抗儒教的價值基準……而墨守原有文化價值的儒教，力圖保全『名士』既得利益的司馬懿則得到了『名士』層

馬炎建立西晉以後，面對易代革命並沒有受到多大衝擊的貴族們，他當然需要培養本家族的勢力，這就有了西晉的宗王出鎮，正如唐長孺先生在《西晉分封與宗王出鎮》一文中指出的：

> 人所共知，當時高踞於政權上層的是門閥貴族，西晉政權機構是以皇室司馬氏爲首的門閥貴族聯合統治。皇室作爲一個家族駕於其他家族之上，皇帝是這個第一家族的代表以君臨天下，因而其家族成員有資格也有必要取得更大權勢以保持其優越地位〔註111〕。

不僅宗王出鎮是保持第一家族利益的手段，宗師的設置同樣也是武帝爲保家族利益採取的手段之一。上引《汝南王亮傳》明記武帝設宗師的目的是爲了統攝宗室，所以在史籍中所見兩晉時期的宗師均由當朝皇帝的長輩來擔任。同時，我們還注意到，《晉書·職官志》並無關於宗師的記載，《通典·職官典·宗正》雖然記載了宗師的設置，但同書所載晉官品表裏卻沒有宗師〔註112〕，所以，宗師或許不是正式的職官。像宗師這樣，本身不是正式職官，卻統轄整個宗室，而且代替宗正具有上奏宗室犯罪的權力，這不能不使我們聯想到魏晉南北朝時期特有的中正制度〔註113〕。我們知道，「中正的任務是品第人物，以備政府用人的根據」〔註114〕。宮崎市定氏曾指出：

> 宗室的官僚生活與一般貴族有別，恐怕處於中正的操作範圍以外，應該是歸宗正卿掌管。稱爲宗室選。《晉書》卷三十七《司馬虓傳》『以宗室選，拜散騎常侍』，這應該是起家官。宗室起家多

廣泛的支持」，見該書第476、478頁。

〔註111〕唐長孺：《魏晉南北朝史論拾遺》，第140頁。

〔註112〕《通典》卷二五，第703頁；同書卷三七載有晉官品表。

〔註113〕宮川尚志在《八王の亂について》一文中，已經指出晉武帝讓汝南王亮「作爲宗師對一族諸王加以監督，其職務就有如與臣下任官有關的中正那樣」，但宮川氏沒有對宗師加以分析，也沒有論證兩者之間的異同，見氏著：《六朝史研究——政治·社會篇》，第40頁。

〔註114〕唐長孺：《九品中正制度試釋》，收入《魏晉南北朝史論叢（外一種）》，第101頁。對於九品中正制經典性的研究，參見宮崎市定的《九品官人法の研究——科舉前史》。另請參見中村圭爾：《六朝貴族制研究》序章第二節《貴族制研究の諸論點》，特別是第13～17頁討論了九品中正制對貴族制形成起的巨大作用，指出宮崎氏的研究明晰了九品中正制的輪廓，包括其創立理由、原因等等，不過中村氏同時也指出「這並不是現在貴族制研究的焦點（指到作者寫作本書的上個世紀八十年代末——筆者按），反倒是鄉品與官品問題，具體的，是鄉品和官品哪一個才是更本質的東西，與這有密切關係的是鄉品的本質到底是什麼，才是問題的所在」，第18頁。

以散騎常侍、或諸校尉（四品），依據怎樣的標準並不清楚。反正，臣下是絕不可能以四品以上的官為起家官的，所以宗室是在等外錄取的〔註 115〕。

同樣的觀點又見於宮崎氏《清談》一文：

中正所能品狀的人物自有其一定的範圍，大體上限於士的階級。即是指官吏的子弟或者特定的就師受學的生徒，這是被記載在特別的戶籍——吏籍，或稱為士籍之上的。但因為士籍有時有兵籍的意思，所以必須與所指為貴族階級的士進行嚴格的區分。但作為帝室一族的宗室是被置於中正操作範圍之外的〔註 116〕。

宮崎氏認為宗室並不在中正品狀的範圍之內，雖有待進一步的實證研究，但仍是極具啟發意義的卓見〔註 117〕。那麼品評宗室的人是誰？宮崎氏認為是宗正卿。我認為，與其說是宗正卿，還不如說是宗師。據上所考，宗正只是管理皇族宗人的圖譜，而宗師卻管理宗室的教育與選舉。

我們知道，中正向吏部提供關於待任官員的資料有三：一是家世，二是狀，三是品〔註 118〕。宗室家世，即是否具有宗室資格，反映在宗正所掌握的宗族圖籍上，這不歸宗師管理。正如士人之有戶籍。戶籍只記載是否士族，是否免役，這並不歸中正管理一樣。中正真正能管理的是「狀」和「品」，這是中正對於士人的評價和基於這種評價之上，給予士人任官的資格和標準。「狀」是「舉主、府主對於所舉人道德、才能的具體敘述……漢魏之間對於具體的道德評價業已感到厭倦，喜歡用簡短的概括式批評……魏晉之間，尤

〔註 115〕《九品官人法の研究——科舉前史》第 2 編第 2 章《魏晉の九品官人法》「十三　九品官人法の貴族化」，第 148～149 頁。

〔註 116〕原載《史林》第 31 卷 1 號，1946 年。收入《宮崎市定全集》第 7 卷《六朝》，第 169 頁。

〔註 117〕但宮崎氏認為宗室中存在「宗室選」則值得商榷。宮崎氏上舉《晉書》卷三七《范陽康王綏傳》，斷句為「以宗室選，拜散騎常侍」，但中華書局點校本《晉書》該句不斷，作「以宗室選拜散騎常侍」，第 1099 頁。意思應是「以宗室，選拜散騎常侍」，即點校者認為司馬鳩之所以選拜散騎常侍，是因為其宗室的身份。所謂選拜，就是在宗室裏挑選之後再拜授官職。而且在魏晉南北朝，並沒有見到專門面對宗室的選舉項目，所以我並不認為存在一種叫「宗室選」的選舉專案。不過，宗室畢竟與一般人有別，所以其起家官絕非一般士人所能企及。

〔註 118〕唐長孺：《九品中正制度試釋》，收入《魏晉南北朝史論叢（外一種）》，第 102 頁。

爲盛行」〔註119〕。而上考宗師的職責是「訓導觀察，有不遵禮法，小者正以義方，大者隨事聞奏」〔註120〕。「訓導觀察」的是什麼？正是諸宗室的道德、才能，不過似乎更偏重「道德」方面，所以強調「禮法」。宗師對於宗室的「訓導觀察」，是否也像中正的「狀」那樣，有簡短的評語，而且還被記錄在案，這一點我們是不清楚的〔註121〕。一般士人根據狀來決定品，「狀只考慮才德，品卻須參考家世資歷」〔註122〕，三者構成任官或陞遷的資格。宗室則由宗師對其「訓導觀察」之後，再將親疏遠近的家世考慮進去，應該也形成像「品」那樣的上下秩序〔註123〕，然後由皇帝來任官。宗師不就是宗室的「中正」麼？

　　宗師的設置充分體現了司馬氏作爲西晉第一家族的特性。「西晉之重用宗室，表現在西晉諸王在內即身居朝廷最高官職，在外則身任都督擁有一方強兵」〔註124〕。當時貴族們都是由中正定品，吏部銓選，然後任官。皇室自然不能也不應該例外。可是，中正又不能品評宗室，所以晉武帝在咸寧三年（277年）設置宗師一職，負責對宗室訓導管理。宗師不是官，就如同中正一樣。我想宗室的設立無非是給宗室諸王出任高官提供一方便途徑，同時表明皇室選任與一般士人選舉並無不同，也要由宗室的中正——宗師來鑒別。給人的感覺自然是相對貴族們的九品中正制度，宗室除了起家官品高之外，兩者在原則上是一致的。但皇室畢竟與凡人有別，所以正如宮崎市定氏指出的那樣，宗室的起家官品絕非臣下所能企及，相應的，宗室所能升任的官也就比一般臣下要高〔註125〕。這樣，通過宗師的確可以達到諸王在內身居朝廷最高官職

〔註119〕《魏晉南北朝史論叢（外一種）》，第102～103頁。
〔註120〕《晉書》卷五九《汝南王亮傳》，第1591頁。
〔註121〕有關中正所下「狀」，具體的研究請參見矢野主稅：《狀の研究》，矢野氏爬梳史料，製成「狀復原表」，但因以中正之狀爲研究對象，故不可能收有關宗室的品評（刊《史學雜志》第76編2號，1967年），復原表見第36～42頁。同樣的，我們在葭森健介輯佚的《山公啓事》內也找不到對於宗室的評論，見上揭葭森氏論文。
〔註122〕唐長孺：《九品中正制度試釋》，收入《魏晉南北朝史論叢（外一種）》，第103頁。這裏需要注意的一點是，一般士人在決定品的時候需要參考家世，而要參考家世，就必然要參考譜牒，所以江左譜牒之學特爲發達。而上考宗正一官實際掌握著皇室的譜牒，宗師在確定皇室子弟親疏遠近之時，當然需要參考宗譜以定先後之序。這也應該是宮崎市定氏認爲宗正爲宗室定品的原因。
〔註123〕宗室繁盛，也是武帝設立宗師的一大原因。很難想像所有宗室，不加甄別，一律任官。而應該是由宗師品其上下，德才兼備者由皇帝進行選任。
〔註124〕唐長孺：《魏晉南北朝隋唐史三論》，第52頁。
〔註125〕關於鄉品、起家官品和將來能升任的品級之間的關係請參見宮崎市定：《九品

的目的。漢代宗正本對宗室犯罪有上奏之權，可是這個權力到西晉轉歸宗師所有。實際上，也並不是晉武帝有意削弱宗正權力，而是因爲時代的需要設立了宗師，而宗師又是宗室的「中正」，作爲中正，理論上自然要關心評判對象的道德、才能，是否犯罪是關係到道德評價的重要項目，對宗室犯罪認定的權力自然轉歸宗師所有，而宗正的權力就僅剩下統皇族宗人圖譜了。不過，我們也不能過分誇大宗師的作用。從以上史料看，很難說宗師也像中正那樣，是連續不斷的。在晉成帝以後，我們就找不到有關宗師的材料。

（二）東晉宗正的廢罷

既然宗正僅剩下管理皇族宗人圖譜的權力，而自晉初以來，關於尚書、九卿應該加以省併的話題就屢屢有人提及〔註126〕。所以在晉哀帝興寧年間終於在桓溫的主持下廢罷了宗正〔註127〕。《晉書·職官志》：

> 宗正……及渡江，哀帝省并太常，太醫以給門下省〔註128〕。

官人法の研究──科舉前史》第 2 編第 2 章《四　鄉品と起家官との關係》。宗室應該不是按中正九品分級，中正所能給的鄉品，最高就是二品。而貴族一般均以二品起家。宗室既然不歸中正品評，而且也不可能有鄉品一品，那麼正如上述，宗師應該有另外一套評價系統，不過其實質應當是與九品中正制共通的，即起家官品越高，則能升任的官職品級也越高。

〔註126〕《晉書》卷三九《荀勖傳》，第 1155 頁；卷四五《裴秀傳》，第 1041 頁；卷四六《劉頌傳》，第 1303 頁；卷七六《王彪之傳》，第 2008 頁。從尚書權力變遷的觀點出發，祝總斌認爲這幾段材料反應了西晉時期尚書臺已經是宰相機構，參見氏著：《兩漢魏晉南北朝宰相制度研究》，第 175〜178 頁。

〔註127〕這裏不准備探討桓溫省併官職對於整個九卿系統，乃至整個官僚系統的影響。桓溫主持省併官職的考證，參見胡秋銀：《桓溫併官省職考釋》（刊《武漢大學學報（人文社會科學版）》第 53 卷 4 期，2000 年）。該文認爲此次省官併職由桓溫強制推行，桓溫死後即人亡政息。川合安：《桓溫の「省官併職」政策とその背景》（刊《集刊東洋學》第 52 號，1984 年）。川合氏認爲桓溫之所以要推行「省官併職」政策，有兩點原因，第一，爲了壓制桓溫政權的對抗勢力，這些對抗勢力主要是存在於侍中和宿衛組織中；第二，爲了適應始於西晉，而到東晉中期時，呼聲越來越高的「省官併職」論。不過川合氏也指出，桓溫雖然以強大的軍事力作爲後盾，但還是尊重貴族社會的輿論，希望獲得貴族們的支持。我們在這裏還有一點需要說明的是，東晉是一個門閥勢力最爲強盛的時代，皇權極度衰弱，對此，田餘慶的《東晉門閥政治》已有詳細論證。所以，皇朝官職的設置，這本應由皇帝決定的事（北魏就是由孝文帝主持頒佈）在東晉卻由世家大族的桓溫來主持。

〔註128〕《晉書》卷二四，第 737 頁。《唐六典》卷一六《宗正寺》「宗正寺：卿一人，從三品」條注曰：晉桓溫奏省屬太常。第 465 頁。《通典》卷二五《職官七·宗正卿》「東晉省之，屬太常」，注曰：桓溫奏省。第 703 頁。

而在《太平御覽》所收《桓溫集略·表》則直接記錄了桓溫此次省併官職的理由〔註129〕。

宗正自從宗師設置以後，僅剩掌管宗譜之權。宗師的設立的確使宗正成了桓溫所說「務寡」的官員，而且他本身主張事歸尚書，廢罷九卿，那麼宗正自然是首選對象了。只是宗正廢罷之後，宗師是否也被廢了呢？東晉在桓溫省併官職以後，沒有找到宗師的實例，但我們在《宋書·江夏文獻王義恭傳》發現有如下史料：

> 義恭請罷兵，凡府內兵仗，並送還臺。進位太保，進督會州諸軍事，
> 服侍中服，又領大宗師〔註130〕。

《宋書·元凶劭傳》：

> 江夏王義恭以太保領大宗師，諮稟之科，依晉扶風王故事〔註131〕。

劉宋雖然不再設置宗正，卻可以設置大宗師。雖然這是劉劭在弒殺文帝之後頒佈的詔命，卻說明劉宋武、文兩帝是不設宗師的，不然用不著按照西晉的舊例辦事。「依晉扶風王故事」，也就是讓劉義恭對宗室「訓導觀察，有不遵禮法，小者正以義方，大者隨事聞奏」。同時，這段史料也說明了宗師不是職官，是否設置完全由皇帝決定。

三、南朝：宗正的重置〔註132〕

自晉哀帝興寧年間，桓溫省官併職以後，一直要到梁武帝天監七年（508年）才重新設立宗正一官。在這之間，的確如桓溫所奏「於禮宜置者，臨時權兼，事迄則罷」〔註133〕。《梁書·武帝紀中》：

> （天監七年）五月己亥，詔復置宗正、太僕、大匠、鴻臚，又增太
> 府、太舟，仍先為十二卿〔註134〕。

〔註129〕《太平御覽》卷二〇三《職官部一·總敘官》，第979～980頁。
〔註130〕《宋書》卷六一，第1645頁。
〔註131〕《宋書》卷九九，第2428頁。
〔註132〕所謂重置，是指到梁武帝時穩定設置宗正這一官職，並非如東晉以後，有事權置，無事則省般的臨時性措施。
〔註133〕如《宋書》卷七九《盧江王褘傳》載「乃遣大鴻臚持節，兼宗正為副奉詔責褘，逼令自殺，時年三十五，即葬宣城」（第2042頁），明帝逼令盧江王自殺時權置宗正。另外，皇帝大婚，禮儀上也需要宗正，參見楊樹達：《漢代婚喪禮俗考》。
〔註134〕《梁書》卷二，第47頁。

與此相比,《隋書》記載要詳細得多。《隋書‧百官志》:

> 諸卿,梁初猶依宋、齊,皆無卿名。天監七年,以太常爲太常卿,
> 加置宗正卿,以大司農爲司農卿,三卿是爲春卿……宗正卿,位視
> 列曹尚書,主皇室外戚之籍。以宗室爲之……中書令,列曹尚書,
> 國子祭酒,宗正、太府卿,光祿大夫,爲十三班。〔註135〕

南朝梁所設立的宗正在制度上屬於春卿〔註136〕,在梁朝十八班官制內是十三班,諸卿系統中僅次於太常卿,要高於其他十卿〔註137〕;職責上主管皇室外戚籍;任官人選爲宗室。以宗室爲宗正,這是採用的兩漢成例,而僅掌管皇室外戚屬籍,卻又是西晉以來舊法。不過,西晉所設宗師一職在梁、陳時期卻未見到。如上所考,兩晉的宗師有品評宗室之權,就如同中正品評士人一樣。而蕭梁既然未見到宗師的記載,宗正又沒有品評宗室的權力,那麼宗室又是怎樣任官的呢?

　　眾所周知,貴族官僚社會走到南朝齊、梁之際已經是非常的固定。梁武帝適應這種貴族的定型化,在天監年間施行了官制的改革〔註138〕。不過,我

〔註135〕《隋書》卷二六,第 724、730 頁。

〔註136〕春官宗伯掌邦禮,典禮以祭祀爲最重要,這是漢代鄭玄意,不過《周禮正義》卷三二「春官宗伯第三」條疏引「《書‧周官》僞孔傳訓宗伯爲宗廟官長,與鄭意異,亦通」(第 1245 頁)。而中國古代的國家祭祀一般分爲兩種,即對祖先和對天的祭祀。無論採用鄭玄意,還是採用僞孔傳,都與宗正有關,所以宗正當然在春卿。關於魏晉南北朝的宗廟制度,參見金子修一:《魏晉より隋唐に至る郊祀‧宗廟の制度について》該文主要通過從魏晉到隋唐的宗廟制度與郊祀制度對比,指出宗廟祭祀制度自後漢以來變化不大,而郊祀制度卻有很大變化,特別是在東晉和唐代。從漢至唐,與宗廟相比,郊祀(郊天)的意義漸漸重要起來。通過強調昊天上帝的唯一絕對性,以及皇帝的親祭儀式來看皇帝權威的形成,刊《史學雜誌》第 88 編第 10 號,1979 年。

〔註137〕據《隋書‧百官志》所載,太府卿與宗正卿一樣,也列於十三班。但同時又記載「太府卿,位視宗正」,就如同「宗正卿,位視列曹尚書」一樣(第 724、725、730 頁)。「視」就是比照、比擬的意思。〔漢〕鄭玄注:《禮記‧檀弓下》:「公室視豐碑,三家視桓楹。」〔唐〕孔穎達疏:「凡言視者,不正相當,比擬之辭也」,(《十三經注疏》,第 1310 頁)。「公室視豐碑」就是指魯之公室僭用天子儀禮;「三家視桓楹」就是指魯之三家僭比於諸侯,參見〔清〕孫希旦撰,沈嘯宸、王星賢點校:《禮記集解》卷一一(第 281 頁)。所以宗正雖然與列曹尚書處於同一班位,但是不是完全對等的。同理,太府也要比宗正地位略低一點。

〔註138〕參見《九品官人法の研究》第四章《梁の武帝の制度改革》、《梁武帝の貴族主義》、《學館と試經制度》、《梁代の秀孝及び中正制度》。宮崎氏指出「梁武帝特地將六品以上的官位分割成九品,也不過是士庶區別在官制上的反映罷

們也看到在東晉南朝時廢時興的國子學教育得到了大力的提倡。宮崎市定氏
指出：

> 武帝的學校不單是講學的場所，還承擔著考試，即舉行射策而縮短
> 起家年限的任務……梁代的考試甚為貴族化……唯一的魅力大概
> 是，對貴族來說，起家的年齡可以更早一點；對於寒士來說，給予
> 了起家的機會……不過，對於名流貴族來說，使他們認為不是單憑
> 門地起家，而是進學修業、通過考試再起家的方法是一種名譽，這
> 樣的政策獲得了成功。貴族不是因門地、而是因教養而貴，武帝這
> 樣的信念在貴族社會中也漸漸有了追隨者〔註139〕。

既然武帝認為貴族之所以成為貴族的條件是因其修養，那麼他自然也不會使
自己的宗族例外。宮崎氏所製《梁代射策起家表》內就收有幾位宗室〔註140〕。
這應該是梁武帝將宗室納入秀孝系統的證明。當然，我們從未以為蕭梁宗室
會與平常人一樣去參加考試、參加選拔。不過，這種「貴族化」的教育除了
裝飾效果外，實際上自有其象徵意義。上面已經說過，西晉宗師的設立是為
了使貴族們覺得宗室們除了起家官品高一點之外，與他們並沒有什麼不同。
現在梁武帝要讓貴族們因修養而貴，自然也要讓宗室子弟因修養而貴，表面
上大家都是憑修養而獲官的，在貴族們看來，宗室與他們還是一樣。既然宗
室是以經學來起家，而且在南北朝門閥制度業已確立以後，「中正品第只是例
行公事，無足重輕」〔註141〕，那麼，梁武帝的確沒有必要設置如同中正那樣

　　了」，參見同書第三編《餘論》「三、士人と胥吏」，第445頁。
〔註139〕《九品官人法の研究》，第293、297～298頁。同氏又指出「南朝梁的秀孝制
　　　　度已經脫離了貴族主義，與之相反的性質開始顯露出來。」（第458頁）。對
　　　　於這種政策，安田二郎稱之為「新貴族主義」，參見氏著：《梁武帝の革命と
　　　　南朝門閥貴族体制》，收入《六朝政治史の研究》，第372～373頁。
〔註140〕《九品官人法の研究》，第294頁。梁武帝對於宗室的教育，參見海野洋平：
　　　　《梁武帝の皇子教育》，刊《集刊東洋學》，第75號，1996年。另外，這種
　　　　通過教育而保持身份的措施與春秋時期貴族們保持身份的手段是一致的，兩
　　　　者具有共通性，宮崎氏在《東洋史に於ける孔子の位置》一文中說「孔子時
　　　　代，社會相當的進步，身份高的貴族子弟，為了保持其地位，教養是必須的；
　　　　下層階級的貧者，為了學到有用的技能，為了能被君主徵召甚至得到重用，
　　　　更是遍求良師以請教」，收入《宮崎市定全集》3《古代》，第225頁。
〔註141〕唐長孺：《九品中正制度試釋》，載《魏晉南北朝史論叢（外一種）》，第118
　　　　頁。宮崎氏也有相同觀點，他認為「因此，中正的職務很快就發生了變質…
　　　　…至東晉以後，幾乎無視個人，而僅就家格進行評價……像這樣，中正的工
　　　　作，只要將人事信用記錄做完就沒事了」，上揭宮崎氏：《九品官人法の研究》

的宗師，也沒有必要將宗師的這種權力移交給宗正。所以，宗正雖然在蕭梁時期得到重置，並爲陳所繼承，其權力與兩晉比起來並沒有什麼不同〔註142〕。不過，兩晉南朝以來，皇帝對於宗室的管理卻煞費苦心，在貴族聯合統治的時代中盡量爲宗室創造優越的任官環境，無非是爲了保證皇族作爲第一家族的不可動搖性。

四、北朝：宗師與宗正

（一）北魏、北齊〔註143〕

鮮卑拓跋部以異民族入主中原，在太祖道武帝皇始元年（396年）才建立模仿中原的官僚機構，《魏書・太祖紀第二》：

（皇始元年）秋七月，右司馬許謙上書勸進尊號，帝始建天子旌旗，

第三編《餘論》「四、中正と科舉」，第453頁。

〔註142〕宗室犯罪，從兩晉以來就由皇帝或者廷尉處理，宗師雖有上奏之權，但無處理權力，參見張興成：《兩晉宗室管理制度述論》。我認爲這一點與中正也是相同的。

〔註143〕五胡十六國有關宗正的史料太少，所以本節不擬專列一節敘述。十六國中，前秦符氏記載宗正的史料較多，但也僅僅幾段，而且都是關於符融的。《晉書》卷一一四《符堅載記附符融傳》：「久之，徵拜侍中、中書監、都督中外諸軍事、車騎大將軍、司隸校尉、太子太傅、領宗正、錄尚書事。俄轉司徒，融苦讓不受」（第2935頁）。同書同卷《符堅載記》「堅兄法子東海公陽與王猛子散騎侍郎皮謀反，事泄，堅問反狀，陽曰：『《禮》云，父母之仇，不同天地。臣父哀公，死不以罪，齊襄復九世之仇，而況臣也！』皮曰：『臣父丞相有佐命之勳，而臣不免貧餒，所以圖富也。』堅流涕謂陽曰：『哀公之薨，事不在朕，卿寧不知之！』讓皮曰：『丞相臨終，託卿以十具牛爲田，不聞爲卿求位。知子莫若父，何斯言之征也！』皆赦不誅，徙陽於高昌，皮於朔方之北。符融以位忝宗正，不能肅遏奸萌，上疏請待罪私藩。堅不許。」（第2909頁）這兩段史料說明，前秦宗室犯罪，即使與宗正無關，宗正也需要承擔未能「肅遏奸萌」之罪。也就是說，宗正對宗室有教育監督的責任。這很明顯不是漢代的舊制，因爲漢代宗正對於宗室犯罪，只是在相當於「髡」刑以上的處罰時，向皇帝報告而已。對於宗室負有教育監督責任的，毋寧說是上面所考，由西晉所設的宗師更加合適一些，《晉書・汝南王傳》說的很明白。所以，前秦的宗正，雖然名稱是漢代之舊，其實質恐怕是繼承西晉新創。另外，從其他零星的材料，我們知道，十六國中可以以異姓任宗正，如劉淵以呼延攸爲宗正，見《晉書》卷一〇一《劉元海載記》（第2652頁）。以異姓爲宗正的做法，始見於西晉，是否也說明十六國宗正制度繼承西晉，而非兩漢呢？史料殘缺，只能存疑以就教於方家。對於五胡十六國民族意識、國家結構的系統研究，參見三崎良章：《五胡十六國の基礎の研究》。

出入警蹕，於是改元……初建臺省，置百官，封拜公侯、將軍、刺
史、太守，尚書郎已下悉用文人〔註144〕。

宗正不知是否是在此時設立的〔註145〕。不過，對於宗室這樣的特殊群體，道
武帝在天賜元年（404 年）也設立了宗師。《魏書・太祖紀第二》：

（天賜元年）十有一月，上幸西宮，大選朝臣，令各辨宗黨，保舉
才行，諸部子孫失業賜爵者二千餘人〔註146〕。

《魏書・官氏志》：

（天賜元年）十一月，以八國姓族難分，故國立大師、小師，令辯
其宗黨，品舉人才。自八國以外，郡各自立師，職分如八國，比今
之中正也。宗室立宗師，亦如州郡八國之儀〔註147〕。

道武帝設立宗師的目的說得很明白，即「如州郡八國之儀」。八國，就是指東
南西北、前後左右這八部，是拓跋族為容納異族投奔者而增設的〔註148〕，在

〔註144〕《魏書》卷二，第 27 頁。另同書卷一一三《官氏志》也載「皇始元年，始建
曹省，備置百官，封拜五等，外職則刺史、太守、令長已下有未備者，隨而
置之」，第 2972 頁。

〔註145〕頗疑宗正之類的卿官及其以上官職，並非皇始元年（396 年）所置。上引《魏
書》卷二《太祖紀》本條，本卷校勘記【八】「封拜公侯將軍刺史太守尚書郎
已下悉用文人諸本『封』下無『拜』字，北史卷一有。按將軍以下官不得云
『封』，若『將軍、刺史、太守』連下『尚書郎已下』讀，則是將軍也悉用文
人，更誤。知這裏脫『拜』字，今據補」。但《資治通鑑》卷一〇八《晉紀三
十・孝武帝太元二十一年》：「魏王珪遂取并州。初建臺省，置刺史、太守、
尚書郎以下官，悉用儒生為之」（第 3431 頁）。溫公或另有所據，或依《官氏
志》而將「將軍」刪去。這時的拓跋珪只是建天子旌旗，仍然是代王，而未
稱帝。陳仲安在研究麴氏高昌時期門下諸部時指出「我們知道，建立臺省是
建號稱帝的政權規模。十六國時期，凡稱帝號或天王者，大體上都建立了臺
省，有尚書、門下、中書等省及其他機構……而有些政權在沒有採取帝號以
前，就沒有建立臺省……可見置官限於丞郎以下，是諸涼稱王時的通例。」
（見氏著：《麴氏高昌時期門下諸部考源》，收入唐長孺主編：《敦煌吐魯番文
書初探》，第 6～7 頁）。這個結論，我們也認為同樣適用於北魏初期，那麼拓
跋珪在當時只置尚書郎以下官就好理解了，在皇始元年（396 年）時，他還
沒有突破代王的政權規模，雖然初建臺省，也只是置丞郎以下。所以品位較
高的宗正在當時是否設置，還不能斷定。

〔註146〕《魏書》卷二，第 42 頁。

〔註147〕《魏書》卷一一三，第 2974 頁。

〔註148〕嚴耀中：《北魏前期政治制度》第二章「三、六部與八部」。我本來以為「八
國」是指穆、陸、賀、劉、樓、於、嵇、尉八姓，並舉《魏書》卷一一三《官
氏志》所載孝文帝太和十九年（495 年）詔：「代人請冑，先無姓族，雖功賢
之胤，混然未分。故官達者位極公卿，其功衰之親，仍居猥任。比欲制定姓

所統內攝大師、小師，以辯宗黨，別人才。這解釋得還不是十分清楚，後面對「郡各自立師」解釋得就很明白了，所謂「師」，就相當於中正。那麼，八國的大、小師也好，郡立之師也好，宗師也好，從道武帝設立之初，在制度上，都相當於中正的職務〔註 149〕。道武帝在設官分職上多仿魏晉，此又轉可證明以上所考，西晉宗師的確相當於宗室的中正〔註 150〕。有魏一代，一直有關於宗師的記載。據《魏書·彭城王傳》：

> 及至豫州，高祖為家人書於勰曰：「教風密微，禮政嚴嚴，若不深心日勸，何以敬諸？每欲立一宗師，肅我元族。汝親則宸極，位乃中監，風標才器，實足師範。屢有口敕，仍執沖遜，難違清抑，荏苒至今。宗制之重，捨汝誰寄？便委以宗儀，責成汝躬，有不遵教典，隨事以聞，吾別肅治之。若宗室有怨，隱而不舉，鍾罰汝躬。綱維相屬，庶有勸改。吾朝聞夕逝，不為恨也。」勰翌日面陳曰：「奉詔令專主宗制，糾舉非違。臣聞『其身正不令而行，其身不正雖令不從』。臣處宗乏長幼之順，接物無國士之禮，每因啓請，已蒙哀借。不謂今詔，終不矜免。猶願聖慈，賜垂蠲遂。」高祖曰：「汝諧，往欽哉。」〔註 151〕

彭城王元勰是孝文帝的弟弟。上引史料是孝文帝專門就宗師問題與他商議。

族，事多未就，且宜甄擢，隨時漸銓。其穆、陸、賀、劉、樓、於、嵇、尉八姓，皆太祖已降，勳著當世，位盡王公，灼然可知者，且下司州、吏部，勿充猥官，一同四姓。」（第 3014 頁）為證據，幸為川本師芳昭指出謬誤，在此表示感謝。

〔註 149〕《資治通鑑》卷一一三《晉紀三十五·安帝元興三年》，溫公記載得更明白：「（天賜元年）十一月，魏主珪如西宮，命宗室置宗師，八國置大師、小師，州郡亦各置師，以辯宗黨，舉才行，如魏、晉中正之職」（第 3576 頁）。周一良在《魏晉南北朝史札記》中《〈魏書〉札記·宗師》條對北魏的宗師提出了如下看法：「知魏初之宗師職能同於宗正。以後孝文帝設立宗師……則為宗室之監察機構，目的在於糾舉非違，不在品舉人才矣。……蓋宗師主彈舉，治罪猶待宗正耶？……蓋北方漢人重宗族，甚於南朝，加以鮮卑氏族部落舊習，故宗師、宗正等具有一定權力」（第 330 頁）。本節則認為宗師之監察亦可從其具有中正的性質來考察。

〔註 150〕北魏前期尚書制度也大抵模仿西晉舊制。嚴耕望在《北魏尚書制度考》一文中指出「一、前期——創始期（太祖道武帝皇始元年至太宗明元帝初）組織命官近規北方五胡諸國，遠紹西晉之緒；惟最重要之南北二尚書則由本國舊制（大人制）脫胎而來。」收入《中央研究院歷史語言研究所集刊》第 18 冊，第 255 頁。

〔註 151〕《魏書》卷二一下，第 574 頁。

歸納起來：一、宗師之設，是爲了整肅皇族；二、任宗師之人，在血緣上要親，在官位上要近，且應當爲人師範；三、宗師對宗室負有教導職責，如果有不遵教令者，應向皇帝奏報；四、如果宗室有過，而宗師隱匿不報，則要受罰。這與西晉武帝任汝南王司馬亮爲宗師並無不同。孝文帝寫這封信是在太和二十二年（498 年）〔註 152〕。我們知道，太和十九年（495 年），孝文帝「在新形勢下制定新的標準重新編制門閥序列。這個新標準便是依據先世官爵判別姓族高低」〔註 153〕。而且，北魏自太祖時設立宗師一職，模仿的就是西晉中正制度。在剛剛完成遷都洛陽的背景之下，孝文帝任元勰爲宗師，並且如此強調宗師的地位和作用，其目的是什麼呢？唐長孺先生在分析孝文帝定姓族後指出：

> 孝文帝定士族的意圖如前所說，是爲了謀取鮮卑貴族和漢士族之間，漢族舊士族和新興門户之間，進一步合作以鞏固拓跋政權的統治。這一意圖部分地實現了，比如鮮卑貴族的門閥化，新士族的形成，士族的四級制，都說明了這一點〔註 154〕。

鮮卑勳貴的門閥化由孝文帝定姓族來實現。但這只是針對臣下，而並未將元魏宗室包括進去。從太和十九年到太和二十二年的四年間，在處理鮮卑貴族和北方士族任官的同時，孝文帝也不得不考慮宗室的利益。如果將孝文帝致元勰的信放在這樣的背景之下，我們認爲，孝文帝在遷都以後，作爲徹底漢化中的一個步驟，將北魏初年仿效中正制度的宗師制在維護宗室利益這一點上的作用發揮了出來。這麼做，一方面是使宗室能夠步入漢魏以來門閥化、貴族化的行列，以便於漢人士族之間更好的合作；另一方面，正如西晉時一樣，形式上依靠宗師，使皇室成爲第一家族。

明確了宗師的職責之後，我們再來看宗正〔註 155〕。

〔註 152〕我本來以爲孝文帝這封信寫在太和十七年（493 年），並舉《魏書》卷七下《高祖紀》：「冬十月戊寅朔，幸金墉城。詔徵司空穆亮與尚書李沖、將作大匠董爵經始洛京。已卯，幸河南城。乙酉，幸豫州」（第 173 頁）。證明孝文帝給元勰的這封信寫於巡幸至豫州時。但劉軍先生已指出筆者錯誤，因爲《資治通鑒》就此事有明確紀年，在太和二十二年（三月），見氏著：《拓跋宗師考述》，《唐都學刊》2012 年 1 期。在此表示感謝。

〔註 153〕《魏書》卷一一三《官氏志》，3014 頁。參見唐長孺：《論北魏孝文帝定姓族》，《魏晉南北朝史論拾遺》，第 80 頁。

〔註 154〕《論北魏孝文帝定姓族》，收入《魏晉南北朝史論拾遺》，第 91 頁。

〔註 155〕對北魏宗正整體的研究，參見劉軍：《北魏宗正考論》。

正如宗師的設置模仿西晉一樣，我們認爲北魏在宗正的設置上同樣也有模仿西晉的成分。一個很明顯的例證就是擔任宗正之人並非全是宗室，而有異姓。這並不是兩漢制度，異姓出任宗正是從西晉開始的。如果僅從異姓擔任宗正一事上來看，與其說北魏初期的君主受到本族固有習俗的影響，還不如說他們直接繼承西晉制度〔註 156〕。即使是醉心於漢化的孝文帝，也曾想以異姓高祐爲宗正〔註 157〕。而且經過孝文帝一系列的華化政策以後，我們在孝明帝時期仍然可以看到由異姓李世哲擔任宗正〔註 158〕。不過，宗室擔任宗正一職佔了絕大多數〔註 159〕，也是不能否認的事實。所以，北魏在宗正的人選問題上，也像晉代一樣「兼以庶姓」，給人以漢晉雜糅的感覺。

北魏宗正的職權是否也像其設置那樣，是漢晉雜糅呢？《魏書・趙郡王

〔註 156〕劉軍《北魏宗正考論》認爲「從道武帝到太武帝將近半個世紀的時間裏，帶著部族血緣臍帶進入國家階段的北魏朝廷，在體制上初具規模。但由於尚處少數民族政權的發展初期，它不可避免的帶有某些不成熟、不完善，甚至是與國家禮法秩序背道而馳的部落殘留物。這種不徹底性的突出表現是宗正的設置問題。首先，早期宗正選用異族，而非由拓跋宗室擔任，這與漢晉宗正的選授原則截然不同（底線爲筆者所加）。比如穆崇、娥清，雖爲代人，甚至可能與拓跋氏有著千絲萬縷的聯繫，但他們畢竟不是拓跋皇室成員。杜銓的情況更爲特殊，他出身京兆士族，與北魏皇室不存在任何親緣關係。看來早期的拓跋國主雖然嚮往先進的漢晉制度，但在對很多關鍵問題的理解上由於受到本民族習俗的束縛而難免會產生種種誤解和偏差」。北魏以異姓任宗正與漢代宗正的選授原則截然不同，但與西晉是一樣的。

〔註 157〕《魏書》卷五七《高祐傳》：「轉宋王劉昶傅……昶薨後，徵爲宗正卿，而祐留連彭城，久而不赴。於是尚書僕射李沖奏祐散逸淮徐，無事稽命，處刑三歲，以贖論。詔免卿任，還復光祿。」（第 1261～1262 頁）。可知孝文帝調任高祐爲宗正卿在劉昶死後。據同書卷五九《劉昶傳》知劉昶死於太和二十一年（497 年），此時已經遷都，且屬行華化。所以，孝文想以高祐爲宗正，用部落遺風來解釋似乎不通。

〔註 158〕《魏書》卷六六《李崇傳》，第 1475 頁。

〔註 159〕上揭劉軍《北魏宗正考論》有所統計。又《太平御覽》卷二三〇《職官部二十八・宗正卿》「宗正少卿」條引《後魏職令》曰「宗正卿，第四品上，第二請（清），用懿清和，識參教典者，先盡皇宗，無，則用庶姓。」（第 1093 頁）。不過此段引文有脫漏錯訛，校以《職官分紀》卷一八「宗正・卿」條引《後魏職令》曰：「宗正卿，第四品上，第三清。選用忠懿清和，識參教典者。先用皇宗，無，則用庶姓。」（第 434 頁）。上引《御覽》及《分紀》兩條中的「宗正卿」，據上引《御覽》本條目錄應該是「宗正少卿」之誤，又考《魏書》卷一一三《官氏志》，孝文帝於太和二十三年（499 年）第二次頒佈的職令，宗正少卿正是第四品上階（第 2996 頁）。本條明確記載至遲至孝文帝第二次頒佈職令爲止，北魏對於宗正卿、宗正少卿人選以宗族爲首選，但也並非不任異姓。

傳》：

> 子謐，世宗初襲封。幹妃穆氏表謐母趙等悖禮恣常，不遜日甚，尊
> 卑義阻，母子道絕。詔曰：「妾之於女君，猶婦人事舅姑，君臣之禮，
> 義無乖二。妾子之於君母，禮加如子之恭，何得瀆我風政！可付宗
> 正，依禮治罪。」〔註160〕

同書《良史·竇瑗傳》：

> 除大宗正卿，尋加衛將軍。宗室以其寒士，相與輕之。瑗案法推治，
> 無所顧避，甚見仇疾〔註161〕。

同書《刑罰志》：

> 先是，皇族有譴，皆不持訊。時有宗士元顯富，犯罪須鞫，宗正約
> 以舊制。尚書李平奏：「以帝宗磐固，周布於天下，其屬籍疏遠，蔭
> 官卑末，無良犯憲，理須推究。請立限斷，以為定式。」詔曰：「雲
> 來綿遠，繁衍世滋，植籍宗氏，而為不善，量亦多矣。先朝既無不
> 訊之格，而空相矯恃，以長違暴。諸在議請之外，可悉依常法。」
> 〔註162〕

分析第一段史料，我們看到，是皇帝下詔給宗正，要求宗正依禮治罪。第二段
史料表明宗正的確可以依法治宗室之罪。宗正參與宗室犯罪的審理是漢代制
度，而非西晉制度〔註163〕。第三段史料則表明，皇族犯罪與一般人有別，宣武
帝詔書是要說明〔註164〕，除「在議請」之列的宗室，其他均以常法處理。而所
謂「宗正約以舊制」中的「舊制」，指的就是皇族有罪，須由宗正先向皇帝「議
請」。宗室有罪，上宗正，然後呈報皇帝，是兩漢的制度。而且，該段史料也表
明當時宗室眾多，似乎都在宗正管理之下，以至於宣武帝要下詔重申「議請」
之制。我們知道，西漢宗正所掌屬籍遵循五服以內原則；而東漢，宗正所掌的
屬籍已經包含了所有宗室成員〔註165〕。西晉應該也是如此。因此，北魏在宗正

〔註160〕《魏書》卷二一上，第543頁。

〔註161〕《魏書》卷八八，第1912頁。

〔註162〕《魏書》卷一一一，第2883頁。

〔註163〕沈剛《漢代宗正考述》認為「宗正雖然在特定時候也參與治理宗室之獄，卻
　　　　不負責對刑獄的具體審理，只是因為這種刑獄與宗室相涉，才需由宗正過
　　　　問」，宗正的這項職能，西晉時已經沒有了。

〔註164〕據《魏書》卷一一一《刑罰志》，此事應該發生在宣武帝永平年間，第2878
　　　　～2883頁。

〔註165〕上揭沈剛論文。

的屬籍方面也沿襲了漢晉舊制。與西晉宗正只掌管皇族宗譜不同，北魏宗正尚保有處理宗室犯罪的權力，這是漢代以來的舊規，而非北魏新創。

結合宗正與宗師兩個方面，我們也的確看到了西晉與北魏在宗室管理上的一些差異。上引孝文帝寫給宗師彭城王元勰的信中說「便委以宗儀，責成汝躬，有不遵教典，隨事以聞，吾別肅治之。若宗室有愆，隱而不舉，鍾罰汝躬。綱維相屬，庶有勸改」，而西晉汝南王司馬亮這位宗師的職責是「使訓導觀察，有不遵禮法，小者正以義方，大者隨事聞奏」。兩者比較可知西晉宗師在宗室所犯小事上尚有處理之權，而北魏宗師則沒有此項權力，對於宗室之事，無論大小，都必須「隨事以聞」。那麼，孝文帝所言「吾別肅治之」，這個「別」又是指哪個機構呢？我們認為，應該是宗正，這從上面宣武帝時期元謐案，下詔「可付宗正，依禮治罪」可以見之。所以，北魏的宗師在孝文帝以後，已經完全相當於魏晉中正，只有觀察上奏權力，而無處理之權〔註166〕，有這種權力的是宗正。而西晉的宗師是具備這兩方面的權力的。同時，從上引宣武帝的詔書可以知道，似乎北魏的宗室分成需要「議請」與不需「議請」兩部分。也就是說，根據宗室的親疏遠近的不同，對於他們所用的禮法也不同。我們可以作一些推測，可能關係親近的宗室歸宗師管轄，對於其犯罪的處理需要先議請；而一般的宗室則歸宗正管轄，所以，宗正寶瑗可以案法推治宗室，這些宗室看來應該是不需要議請的疏屬。

陳寅恪先生在《隋唐制度淵源略論稿·禮儀》中指出：

> 魏孝文帝之欲用夏變夷久矣，在王肅未北奔之前亦已有所興革，然當日北朝除其所保存魏晉殘餘之文物外，尚有文成帝略取青齊時所俘南朝人士如崔光、劉芳、蔣少游等，及宋氏逋臣如劉昶之倫，可以略窺自典午南遷以後江左文物制度。然究屬依稀恍忽，皆從間接得來，仍無居直接中心及知南朝最近發展之人物與資料可以依據……魏孝文帝所以優禮王肅固別有政治上之策略，但肅之能供給孝文帝當日所渴盼之需求，要為其最大原因〔註167〕。

孝文帝久欲改革鮮卑舊俗，但任何改革總須有參考、依據的條件。魏自統一黃河流域以後，魏晉殘餘文物自然被積極吸收，而太和十七年（493年）王肅

〔註166〕北魏在孝文帝以前，宗師對宗室「不遵教典」之事是否有處理之權，我們並不清楚。

〔註167〕陳寅恪：《隋唐制度淵源略論稿》，第15頁。

的北奔的確又給北朝帶來新近宋、齊的典章文物。但據上文所引史料，宗正一職，自東晉哀帝興寧年間廢罷，至梁武帝天監七年（508 年）才重新設置。所以，王肅北奔之日，在其所知東晉南朝的典章文物中已經沒有宗正一官。那麼，怎樣來看待北魏一朝的宗正制度呢？如唐長孺先生所言，孝文帝一心想以魏晉南朝門閥制度為藍本，塑造北族社會的門閥體制，借由宗師一職，將北魏宗室納入到中正評價的範圍之內，而對於南朝所沒有的宗正一官，孝文則遠採東漢制度。從宗室的管理上來看，北魏似乎是紹襲漢晉舊制，而非南朝文物，但是，由於南朝並無相對應的宗正職官，所以，與其說孝文帝不想模仿東晉南朝之制，還不如說是沒有參照物可供仿效。

北齊制官，多循後魏，前賢論著已多〔註 168〕。在處理宗室問題上，也設有宗師與宗正。由於史料所限，我們對於北齊宗師的職掌並不是很清楚。至於宗正，《隋書‧百官志中》：

　　大宗正寺，掌宗室屬籍。統皇子王國、諸王國、諸長公主家〔註 169〕。

《北史‧元文遙傳》：

　　武成即位，任遇轉隆，歷給事黃門侍郎、散騎常侍、侍中、中書監。

　　天統二年，詔特賜姓高氏，籍屬宗正，子弟依例，歲時入廟朝祀〔註 170〕。

說明北齊的宗正與西晉宗正幾乎一樣，只是掌管皇室屬籍，或者說是皇室圖譜。與北魏不同的是，北齊可考出的任宗正者全是宗室〔註 171〕。在這一點上，與南朝梁、陳之制倒是一致的。

（二）北周

宇文泰雖依《周禮》設官，然而「其制度實非普遍於全體，而僅限於中央文官制度一部分……要言之，即陽傅《周禮》經典制度之文，陰適關隴胡漢現狀之實而已」〔註 172〕。不過，宗正無疑是屬於這類被改的中央文官中的一員。據《通典‧職官典七》「宗正卿」條：

〔註 168〕《隋書》卷二七《百官志中》「後齊制官，多循後魏」，第 751 頁。陳寅恪：《隋唐制度淵源略論稿》「職官」章。

〔註 169〕《隋書》卷二七，第 756 頁。

〔註 170〕《北史》卷五五，第 2005 頁。《北齊書》卷三八《元文遙傳》已佚，後人以《北史》補，見該卷校勘記【一】。

〔註 171〕就史籍所考，北齊任宗正者有高隆之、高岳、高淑、高睿四人，全是宗室。

〔註 172〕陳寅恪：《隋唐制度淵源略論稿》「職官」章，第 91、101 頁。

後周有宗師中大夫，屬大冢宰。

注曰：掌皇族，定世系，辨昭穆，訓以孝悌〔註173〕。

據杜君卿所注，我們可以知道北周是由宗師中大夫來管理宗室。今本《周禮》中並不存在一個稱爲宗師中大夫的職官名稱，這應該是西魏北周所創。而且，《周禮》之中，「掌三族之別，以辨親疏」的是春官府的小宗伯〔註174〕，現在在大冢宰府下設立宗師中大夫一職以專主宗室，明顯是爲了提高宗室的地位。而且，其職掌應該是將西晉以來的宗師、宗正相分離的職掌在六官的體制下又重新糅合在了一起。北周的「復古主義」雖然想要反對已經定型化的貴族社會，但是最後還是造就了以八柱國、十二大將軍爲首的「關隴集團」〔註175〕，即武勳貴族集團。怎樣在已經形成的勳貴序列中保持皇室的優勢，西晉以來的宗室政策不失爲一個很好的參考。所以宇文泰在大冢宰之下設宗師中大夫一職以總統宗室，而在北周武帝時期則將兄弟子侄派往各地，這分明是西晉宗王的出鎮政策〔註176〕。只是到了宣帝時期，「他聽信側近的讒言，殺了有大功的叔父宇文憲……不准大家留在都城，而將他們趕往遠方，將權力僅僅集中於自己的小家之中」〔註177〕，宗室就國而無絲毫權力，這恐怕也是楊隋代周如此迅速的原因之一。

五、餘論：從魏晉南北朝到隋唐

三國分裂，魏、蜀、吳皆以軍事爲第一要務，在不斷的對抗、合作中求生存。這個時期，各國統治者無暇改變擁有巨大影響力、延續四百年的兩漢

〔註173〕《通典》卷二五，第703頁。

〔註174〕《周禮正義》卷三六《春官‧小宗伯》，第1437頁。

〔註175〕陳寅恪：《隋唐制度淵源略論稿》。宮崎市定：《九品官人法の研究》第2編第5章「十四　北周の復古主義」。

〔註176〕《周書》卷一三《文閔明武宣諸子》。不過，應該注意的一點是，西晉宗王是以都督領兵，北周諸王是以地方總管或刺史領兵，谷霽光在《府兵制度考釋》一書中指出「西魏以來，州郡兵一直不曾削弱，有時候還是繼續加強，隋的都尉，唐的州都督府，兵數是增加的」（收入《谷霽光史學文集》第一卷《兵制史論》，第18頁）。宗王藩國的兵是不強的，所以北周宣帝讓宗王就國，而不給予實際的地方職務，他們是沒有多少權力的。參見唐長孺：《西晉分封與宗王出鎮》。

〔註177〕宮崎市定：《隋の煬帝》「三　隋の文帝の登場」，收入《宮崎市定全集》第7卷《六朝》，第268頁。

制度。宗正以及宗室的管理也是如此。三國均以宗室任宗正，直接承自漢代。

晉武帝藉父祖遺資，混一南北，作爲繼漢帝國之後的一個新帝國，必然要對前面混亂期的制度進行整理、補充。而且，西晉的立國恰恰又處於一個新的歷史條件之下，那就是門閥士族已經悄然成爲國家的政治主導〔註178〕。怎樣在世家大族的包圍之中確立帝室的優越性，是司馬炎不能不考慮的問題。其實，整個魏晉南北朝時期帝室與眾多的高門大族之間一直是一種微妙的關係。皇帝自然想大權獨攬，高門則希望聯合統治，在此消彼長之間延續著兩者的歷史〔註179〕。傳統上，認爲西晉之亡，亡於八王，追本溯源則在於分封。唐長孺先生並不認同這種看法，提出西晉分封有名無實，王國軍隊不足以造成對中央的威脅，亡國原因在於宗王出鎮，以宗室都督地方軍事。但就是這樣一種有潛在威脅制度，南北朝都繼承了下來。因爲這一時期的政權體制是以聯合統治的形式出現的〔註180〕。那麼，晉武帝除了宗王出鎮以外，還有沒有其他措施來維護皇室利益呢？我們認爲是有的，那就是設立宗師以統管宗室。與該時期保證門閥貴族們利益的中正制度一樣，宗師實際上就是宗室的「中正」。一般士人通過中正品評，經由吏部銓選而獲得官位，但宗室卻由宗師定品以獲得官職，其起家官要高於任何門閥貴族，也就決定了將來他們能到達的官職也高於一切門閥士族，他們應該也是形式上由吏部授予官職。如同日益流於形式的中正品評一樣，我們從來不認爲宗師會依照條條框框去對宗室定品分級，這麼做的目的無非是表示皇室與貴族並無差異而已。這樣，形式上通過宗師，使宗室佔據了官僚的最高層。宗師的出現使原本管理宗室的宗正被架空。晉武帝爲何不以宗正來行使這種職能呢？我想，首先，因爲門閥貴族的品評是由中正來擔當，而中正本身不是官職，相應的，在宗室的品評上，不能以高位的宗正來直接擔任這一角色。其次，西晉的宗正並不一定要以宗室來擔任，這恐怕與曹魏嚴防宗室，宗正漸漸不重

〔註178〕 內藤湖南著、夏應元監譯：《中國中古的文化》第十章「以貴族爲中心的時期」，收入《中國史通論》，第304～311頁。

〔註179〕 田餘慶：《釋「王與馬，共天下」》，收入《東晉門閥政治》。

〔註180〕 唐長孺：《西晉分封與宗王出鎮》，載《魏晉南北朝史論拾遺》，第140頁。不過，南北朝雖然以宗室出鎮，卻已經與西晉完全不同，這又涉及另外一個問題，即皇權的排他性問題，也就是皇帝與處於同一家族宗室之間的關係問題。所以，在南朝，我們看見地方重鎮以皇子、宗室據守，但又有典簽制約，就是這種矛盾的反映，參見〔清〕趙翼著、王樹民校正：《廿二史札記校正》卷一二「齊制典簽之權太重」條，第250頁。

要有關〔註 181〕。以異姓擔任宗正，很容易被宗室輕視，這樣的事例即使到了北魏也還有。所以，到了東晉時期，門閥勢力比起以前、以後都大得多的時候，譙國龍亢的桓溫在掌握軍政大權的基礎上，終於對官制進行了改革，宗正也隨之被省併。

南朝梁武帝天監七年（508年）改革，久已被廢的宗正制度得到了恢復，而且規定以宗室擔任，這與門閥勢力的衰弱自然有關。同時，我們在梁、陳並沒有看到宗師，而宗正也只是管理皇族的圖譜，那麼原來在西晉由宗師所承擔的職責去哪了呢？我們認為，梁武帝重視孝秀之制與加強考試制度，雖然還沒有辦法完全破除門閥體制，但是卻為貴族體制導入了一個新的標準，即貴族之為「貴」，原因是在他們的修養。皇族自然也不能例外。當然，如同西晉宗師未必真正品評宗室一樣，梁陳的宗室進入國子學，恐怕多數也是掩人耳目，裝點門面的招數而已。不過，我們在梁代的確看到了由國子學射策起家的宗室。既然宗室有了別的起家途徑，宗師的設置自然也就沒有必要了。

北魏立國，多採漢晉舊制，宗室的管理上，宗師與宗正並存。道武帝立宗師的目的很明確，以宗師為宗室的中正〔註 182〕。宗正制度則依西晉舊制，未必一定以宗室擔任。即使到了以漢化著稱的孝文帝及其以後的時代，我們仍然看到有異姓出任宗正的史料。北魏太和職員令雖然規定宗正的人選以皇族優先，卻也認可以異姓出任該官。這說明北魏的宗正制度是以西晉為藍本。及至東晉宗正被省併，王肅北奔之時，南朝並無宗正制度可以依據，所以北魏也就一仍西晉之舊了。北齊制官，多循後魏，同樣也有宗師與宗正。北周

〔註181〕松本幸男：《曹植の悲劇的生涯について》，《立命館文學》1957 年 6 號，總 145 號。不過，渡邊義浩以「公」與「私」的關係來解釋魏文帝時期的政治，指出將本族、外戚排除在政治以外，文帝期的政治是以「公」的國家權力的運營為目標的，而這也正是名士們的價值基準，參氏著：《三國政權の構造と「名士」》（第 389～390 頁）。「公」與「私」的關係，以及外戚、宦官在政權中的位置問題，參見同氏著：《後漢國家の支配と儒教》第二篇《儒教國家の展開》。

〔註182〕周一良：《魏晉南北朝史札記》中《〈魏書〉札記・宗師》條說：「蓋北方漢人重宗族，甚於南朝，加以鮮卑氏族部落舊習，故宗室、宗正等具有一定權力。」（第 330 頁）。道武帝就是因鮮卑舊習，採漢人舊制而設宗師。當時北方漢人重宗族鄉黨之辨，甚於南朝，參見唐長孺：《讀〈顏氏家訓・後娶篇〉論南北嫡庶身份的差異》（收入氏著：《唐長孺社會文化史論叢》）道武帝當是有見於北方漢人的重宗族同姓，所以以宗師制來適應這種形式，同時加強對鮮卑勳貴的管理。

則行六官體制，宗正一職，改爲宗師中大夫。

　　隋文帝即位，一改北周六官之制，還依魏晉。其多數制度淵源於南朝、北齊，此點陳寅恪先生已有詳證〔註183〕。在宗正制度上，《隋書·百官志下》：

> 太常、光祿、衛尉、宗正、太僕、大理、鴻臚、司農、太府等九寺，並置卿、少卿各一人。各置丞，主簿、錄事等員……宗正寺不統署〔註184〕。

宗正的具體職掌當是延北齊之制，即「掌宗室屬籍。統皇子王國、諸王國、諸長公主家」〔註185〕。我們上面已經說過，北齊宗正職掌與西晉一樣，不一樣的是北齊宗正全由宗室出任。隋代宗正與北齊一致，以宗室擔任宗正〔註186〕。而隋與北齊不同之處，在於隋已經沒有宗師一職。我們知道，南朝梁、陳在宗室的管理上是只有宗正而無宗師，而且《隋書》所載「梁官制」也明確記載梁宗正職掌「主皇室外戚之籍，以宗室爲之」〔註187〕，所以隋宗正制度與梁倒是完全一致的。陳寅恪先生在《隋唐制度淵源略論稿·禮儀》中指出：

> 隋文帝繼承宇文氏之遺業，其制定禮儀則不依北周之制，別採梁禮及後齊儀注。所謂梁禮並可概括陳代，以陳禮幾全襲梁舊之故，亦即梁陳以降南朝後期之典章文物也。所謂後齊儀注即北魏孝文帝摹擬採用南朝前期之文物制度，易言之，則爲自東晉迄南齊，其所繼承漢、魏、西晉之遺產，而在江左發展演變者也〔註188〕。

據此，隋代宗正制度或也如同禮儀一般，採自梁陳？因南朝前期文物制度中並無穩定的宗正建置，北方不得已因仍西晉之舊，而北周又獨樹一幟。及至隋文帝混一南北，南朝後期即梁、陳之制始爲採用。襲用北齊宗正制度的隋遂以梁制代齊制。如推斷不誤，則在宗正制度上確爲捨北而用南。

　　唐代吏部尚書下轄司封郎中與宗正寺是對應關係〔註189〕，我們上面論證

〔註183〕陳寅恪：《隋唐制度淵源略論稿·禮儀》。

〔註184〕《隋書》卷二八，第775～776頁。

〔註185〕《隋書》卷二七《百官志中》載北齊宗正之制，第756頁。

〔註186〕可考者有楊异、楊雄、楊約、楊義臣（義臣本姓尉遲，不過隋文帝賜姓楊氏，而且編之屬籍，參見《隋書》卷六三《楊義臣傳》，第1499頁）。

〔註187〕《隋書》卷二六《百官志上》，第724頁。

〔註188〕《隋唐制度淵源略論稿》，第13頁。

〔註189〕嚴耕望：《論唐代尚書省之職權與地位》，收入《嚴耕望史學論文集》，第298頁。

過，兩晉、北魏的宗師有如中正，有品評宗室的權力。梁陳雖然沒有宗師，但北齊有。而唐代沒有宗師〔註190〕，是否將這部分權力併入宗正了呢？我們認為不是的。中正之職既然在隋已被廢〔註191〕，再設同於中正的宗師就完全沒有必要。所以，《唐六典・宗正寺》載唐宗正職掌：

> 宗正卿之職，掌皇九族、六親之屬籍，以別昭穆之序，紀親疏之列，
> 並領崇玄署；少卿為之貳……凡太皇太后、皇太后、皇后之親分五
> 等，皆先定於司封，宗正受而統焉〔註192〕。

宗正之職完全是西晉以來舊規，只掌皇親圖籍而已，崇玄署也只是因為老子姓李，將天下道教徒都歸入宗正，以崇玄元皇帝（老子）之教罷了。而對於皇親的鑒定，則由吏部司封郎中，所謂「皆先定於司封」，這樣，上行下承的關係就很清楚了。唐代的宗正在職掌上與西晉最為相近，不過，已經沒有宗師與其分權，這雖然又回到了起點，但是卻代表了三百年宗正制度的一次總結。

第三節　少府

　　少府在西漢原是掌管帝室財政的機構，自東漢光武帝改革財政制度，「少府成為僅掌管宮廷雜務的機關」〔註193〕。《續漢書志・百官三》記少府職掌及

〔註190〕在唐初曾經設立過宗師一職，事在高祖武德年間。《舊唐書》卷一《高祖本紀》：「二月丙戌，詔天下諸宗人無職任者，不在徭役之限，每州置宗師一人，以相統攝。」（第 8 頁）。《新唐書》卷一《高祖本紀》同（第 8 頁）。〔宋〕王溥：《唐會要》卷六五《宗正寺》：「（武德）二年二月十六日，詔曰：『宗緒之情，義超常品，宜有旌異，以明等級。天下諸宗姓任官者，宜在同列之上。無職任者，不在徭役之限。每州置宗師一人。以相統攝。』」（第 1348 頁）。唐初的宗師，很像是西漢平帝年間設置的宗師，不過這些宗師是不是上歸宗正管轄不得而知，中央也並沒有宗師的設置。況且此時唐並未統一全國，這麼做多少有擡高同姓，以便拉攏的意思，應是權宜之計。《新唐書》卷四八《百官三・宗正寺》：「武德二年，置宗師一人，後省」（第 1251 頁），也明確提到了宗師的撤銷。《唐六典》、《通典》中也並未見有關唐代宗師的記載，可見只是武德一朝臨時的舉措而已。

〔註191〕宮川尚志：《六朝史研究——政治・社會篇》第四章《中正制度の研究》。

〔註192〕《唐六典》卷一六，第 465～466 頁。

〔註193〕加藤繁：《漢代的國家財政和帝室財政的區別及帝室財政一斑》，收入劉俊文主編：《日本學者研究中國史論著選譯》第三卷《上古秦漢》，第 383 頁。另參見沈振輝：《少府官制考析》，《江西師範大學學報（哲社版）》31 卷 2 期，1998 年；同氏：《從少府制的形成看周秦間土地私有觀的發展》，《復旦學報（社會科學版）》1998 年 6 期；史衛：《從收支專案看秦漢二元財政的源流》，

屬官：

> 少府，卿一人，中二千石。掌中服御諸物，衣服寶貨珍膳之屬。
> 太醫令。太官令。守宮令。上林苑令。
>
> 侍中。中常侍。黃門侍郎。小黃門。黃門令。黃門署長。畫室署長。
> 玉堂署長。中黃門冗從僕射。中黃門。掖庭令。永巷令。御府令。
> 祠祀令。鉤盾令。中藏府令。内者令。尚方令。尚書令。符節令。
> 御史中丞。
>
> 右屬少府。本注曰：職屬少府者，自太醫、上林凡四官。自侍中至
> 御史，皆以文屬焉〔註194〕。

少府在諸卿中屬官最多，屬官分職屬與文屬兩類。職屬少府者，僅太醫等四令，其他則為文屬。「文屬」，就是在三公九卿的體制之下，直屬於皇帝的諸官，這些文屬官員的存在體現了後漢制度制定者的意志〔註195〕。少府的職掌是「掌中服御諸物，衣服寶貨珍膳之屬」，其實是混合了職屬、文屬兩類職官的職掌而言。這樣一個龐大的機構，在魏晉南北朝時期的演變是怎樣的呢？簡而言之，是職屬官員的變更與文屬官員的獨立。

一、魏晉：所部職官的調整

《三國志》沒有專志記載典章制度，清人洪飴孫製《三國職官表》，據考，計曹魏少府屬官如下：

> 材官校尉一人。太醫令一人。太官令一人。上林苑令一人。御府令
> 一人。鉤盾令一人。中藏府令一人。中、左、右尚方令各一人。平
> 準令一人〔註196〕。

洪氏所考為見於記載並參照漢晉之制得出的曹魏少府屬官，並非代表曹魏少府屬官僅有這些。如後漢之守宮令，雖無可考，但不能據此論定守宮令已省併或轉屬其他部門。

《南都學壇（人文社會科學學報）》25 卷 2 期，2005 年。

〔註194〕《續漢書志》二六，第 3592～3600 頁。

〔註195〕山田勝芳：《後漢の大司農と少府》，刊北海道教育大學史學會：《史流》第
　　　　 18 號，第 13 頁。

〔註196〕《三國職官表》，《後漢書三國志補表三十種》，第 1386～1391 頁。〔清〕楊晨：
　　　　 《三國會要》卷九《職官上》載少府卿所部官員同，第 147～148 頁。

從洪氏所考可知，後漢少府職屬的四令中有三令可考，並無變化。

東漢的文屬官員到了魏晉時期的發展則分兩類。

第一類，因爲「魏晉以來，尚書臺和中書、門下省、御史臺等都從少府中分立出來，侍中、尚書、黃門侍郎、尚書令、僕、御史中丞等官員不再文屬少府，成爲比少府重要得多的機構和官員」〔註197〕，少府屬官因而減少了很多，所以洪飴孫將這些部門及屬官單列。

第二類，如中藏府、御府、鉤盾、尚方本是文屬少府，且前兩者爲皇帝私庫，鉤盾掌皇帝遊宴之地，尚方掌御用刀劍器物〔註198〕。不過，他們與第一類獨立出少府的文屬官員不同。第一類文屬官員如尚書、侍中、御史等或本來就有、或業已形成自己獨立的機構〔註199〕，且品級與少府大抵相當〔註200〕，少府不能干涉其運作。而第二類文屬官員品級較低〔註201〕，且未有專門機構統攝，此時應當已經劃歸少府，少府就可以干預。但是他們所掌爲皇家事務，與其他官員多少有些不同。《三國志·魏書·三少帝紀》載高貴鄉公即位：

> 減乘輿服御，後宮用度，及罷尚方御府百工技巧靡麗無益之物〔註202〕。

同書《魏書·彭城王據傳》：

> 景初元年，據坐私遣人詣中尚方作禁物，削縣二千戶。

> 注引《魏書》載璽書曰：「制詔彭城王：有司奏，王遣司馬董和，齎珠玉來到京師中尚方，多作禁物，交通工官，出入近署，踰侈非度，慢令違制，繩王以法，朕用憮然，不寧於心。」〔註203〕

這兩段材料說明了這些官員作爲掌管皇家事務的部門，所掌均爲皇家私用之物，即「禁物」，他人不得覬覦。同書《魏書·王觀傳》：

〔註197〕白鋼主編、黃惠賢著：《中國政治制度通史·魏晉南北朝卷》，第190頁。
〔註198〕參見上揭山田氏論文，第17～26頁。
〔註199〕祝總斌：《兩漢魏晉南北朝宰相制度研究》，第六章第一節「二、曹魏三公權力向尚書進一步轉移及其原因」（特別是第147頁）；第八章第二節《漢代的侍中寺》、第三節「一、三國時期的侍中寺問題」（特別是第266頁）；第九章第二節「一、曹魏的中書省」（特別是第317頁）。
〔註200〕《通典》卷三六《職官十八》所載「魏官品表」，尚書令、中書監、令與九卿同在第三品，御史中丞在第四品，第991、992頁。
〔註201〕這類文屬官員在後漢均爲六百石，洪飴孫都定爲第七品，參見《後漢書三國志補表三十種》，第1386～1391頁。
〔註202〕《三國志》卷四，第132頁。
〔註203〕《三國志》卷二○，第581～582頁。

太尉司馬宣王請觀爲從事中郎，遷爲尚書，出爲河南尹，徙少府。
大將軍曹爽使材官張達斫家屋材，及諸私用之物，觀聞知，皆錄奪
以沒官。少府統三尚方御府內藏玩弄之寶，爽等奢放，多有干求，
憚觀守法，乃徙爲太僕〔註204〕。

同書《魏書・楊阜傳》：

後遷少府……阜又上疏欲省宮人諸不見幸者，乃召御府吏問後宮人
數。吏守舊令，對曰：「禁密，不得宣露。」阜怒，杖吏一百，數之
曰：「國家不與九卿爲密，反與小吏爲密乎？」〔註205〕

上引第一段史料表明曹魏少府「統三尚方御府內藏玩弄之寶」，也就是三尚
方、御府已經職屬少府，所以曹爽想要據爲己有，必須將守法的少府王觀調
任太僕。第二段史料，御府小吏守舊令卻挨了一頓板子，舊令就是東漢御府
等所掌皆關皇家事務，當時御府文屬於少府，少府不得過問御府所掌之事，
而曹魏則不同，少府楊阜對御府吏則能召之即來，公然杖之，就因爲御府職
屬之故。

　　新增之材官校尉，據《北堂書鈔・城門校尉八三》「主天下材木」條注引
《魏略》：

材官校尉，黃初中置。秩比二千石，主天下材木，屬少府〔註206〕。

材官校尉秩比二千石，黃初中初置時似品秩較高，而在《通典》所載魏官品
中爲第六品〔註207〕，當是後來品級有所下降。材官所掌爲天下材木，而材木
爲營造宮觀、製造車騎等不可或缺的材料。之所以將材官校尉屬少府，是因
爲自前漢以來少府就一直掌管與皇帝有關的宮廷事務，而木材也主要是用來
營造宮殿樓閣的，即大部分是用於皇家事務的，所以轄於少府。

　　洪飴孫所考之平準令在東漢本屬司農，洪氏置其於曹魏少府管內，據其
自注，依據爲《通典》，恐有誤〔註208〕。

〔註204〕《三國志》卷二四，第694頁。
〔註205〕《三國志》卷二五，第705～706頁。
〔註206〕《北堂書鈔》卷六一，第250頁。
〔註207〕《通典》卷三六《職官一八》，第992頁。
〔註208〕《三國職官表》，第1391頁。據《通典》卷二六《太府卿・平準署》「晉少府
　　　　屬官有平準令」條，校勘記【三五】：「『晉』原訛『魏』。按：《晉書・職官志》、
　　　　《宋書・百官志》均不見『魏少府屬官有平準令』。《晉志》七三七頁記晉制
　　　　有此文。《唐六典》卷二〇云：『魏氏闕文，晉少府屬官有平準令』。今據以訂
　　　　改。」（第747頁）。是點校者認爲《通典》有誤，且《六典》明記曹魏闕文，

因此，曹魏制度除尚書、中書、御史等系列官員獨立以外，其他則多同於東漢。

兩晉時期，少府屬官據《晉書‧職官志》：

> 少府，統材官校尉、中左右三尚方、中黃左右藏、左校、甄官、平準、奚官等令，左校坊、鄴中黃左右藏、油官等丞。及渡江，哀帝省并丹楊尹，孝武復置。自渡江唯置一尚方，又省御府〔註209〕。

另東晉時少府還有冶令，據《宋書‧百官上》：

> 東冶令，一人。丞一人。南冶令，一人。丞一人。漢有鐵官，晉置令，掌工徒鼓鑄，隸衛尉。江左以來，省衛尉，度隸少府〔註210〕。

我們試將東漢與兩晉少府所部做一比較，發現東漢職屬少府的四令有了很大的變化〔註211〕。太醫令劃歸宗正，東晉哀帝省併宗正於太常，太醫又歸了門下省；太官令、守宮令劃歸光祿勳；上林苑令在西晉尚有，東晉則不置〔註212〕。是職屬之官殆盡，材官校尉因曹魏之舊而屬少府，新增官員有左校、甄官、平準、奚官、冶等令，我們下面對新增官員進行考察。

（一）左校。左校在東漢本屬將作大匠，因兩晉將作大匠一職「有事則置，無事則罷」〔註213〕，所以左校改屬少府。據《唐六典‧將作監》「左校署：

今從之。

〔註209〕《晉書》卷二四，第737頁。

〔註210〕《宋書》卷三九，第1232頁。

〔註211〕因三國職官統屬僅能據洪氏所考，並無專書記載各官職機構與統屬關係，洪氏也是參考諸書，雖功績卓著，但終究不是正史之職官、百官之志，故將漢晉之制作比較。

〔註212〕《晉書》卷二四《職官志》，第736、737頁。上林苑令，據《唐六典》卷一九《司農寺》「上林署：令二人，從七品下」條注曰：「後漢上林苑令一人……魏、晉因之。江左闕其官。」（第525～526頁）。《通典》卷二六《職官八》同（第727～728頁）。《歷代職官表》卷四〇《內務府奉宸苑》引《通典》「上林苑丞，晉因之，江左無聞」，注曰：「謹案：《晉志》園苑之職，光祿、鴻臚皆有華林園令。鴻臚又有鄴元武苑丞。而瑤圃、靈芝等園不與焉。蓋皆統轄於華林令也。《通典》又稱上林苑令，晉與漢同，而史志無之，意即華林之誤稱歟？」（第758頁）。按：上林之稱，不獨西京，東京也有，（說見《三國職官表》，第1388頁），且《唐六典》所記與《通典》同，非「史志無之」，蓋上林因漢司馬相如《上林賦》而成皇家園林之代稱，東晉建康不置，或有寄託重返洛陽之意。魏晉時期，華林園漸漸重要，但未必能取上林之象徵意義而代之，關於魏晉時期的華林園，參見李文才：《魏晉南北朝時期的華林園——以洛陽、建康兩地為中心論述》，收入《魏晉南北朝隋唐政治與文化論稿》，第126～166頁。

〔註213〕《晉書》卷二四《職官志》，第737頁。

令二人，從八品下」條注曰：

> 魏并左校於材官。晉過江，省將作大匠，而左右校隸少府；又改材
>
> 官校尉爲將軍，罷左校令〔註214〕。

說明曹魏曾一度將左校並於材官，即左校與材官在職務上有一定相似之處，據《唐六典·將作監》所載唐制：

> 左校令掌供營構梓匠之事，致其雜材，差其曲直，制其器用，程其
>
> 功巧〔註215〕。

這說的還不是很清楚，《通典·將作監》「左校署令、丞二人」條注曰：

> 掌營構、木作、採材等事〔註216〕。

唐代左校所掌是爲建造提供木材，或許魏晉時左校所掌就是木材，因少府屬官材官校尉掌天下材木，故將作大匠被省以後，左校可轉移至少府，進而因職務重疊，故併左校於材官。

（二）甄官。甄官情況與左校相類，東漢本隸將作大匠，應當也是由於晉省將作大匠而併入少府的〔註217〕。

（三）平準。平準在東漢屬司農，《續漢書志·百官三》：

> 平準令一人，六百石。本注曰：掌知物價，主練染，作彩色〔註218〕。

據山田勝芳氏的研究，東漢平準以掌知物價，從中取利爲主，而染色則爲附屬功能〔註219〕。魏晉時期，因爲大司農已經開始轉爲專門管理糧食收支的部門，而無論掌知物價還是主練染，都與少府有關，所以將平準劃歸少府。

〔註214〕《唐六典》卷二三，第595頁。《通典》卷二七《職官九》載「左右校署……魏併左校、右校於材官。晉左、右校屬少府」，第762頁。

〔註215〕《唐六典》卷二三，第595～596頁。

〔註216〕《通典》卷二七《職官九》，第762頁。

〔註217〕今本《續漢書志》將作大匠轄內不見有甄官令。但《唐六典》卷二三《將作監》「甄官署：令一人，從八品下」條注曰：「後漢將作大匠屬官有前、後、中甄官令·丞。」（第597頁）。《資治通鑑》卷六〇《漢紀五十二·獻帝初平二年》「（孫）堅乃掃除宗廟，祠以太牢，得傳國璽於城南甄官井中」條胡注曰：「甄官署之井中也。《晉職官志》：少府之屬有甄官令，而《續漢志》無之。蓋屬於他署，未置專官也。」（第1920頁）。但《歷代職官表》卷一四《工部上》認爲「後漢實有是官」。（第276頁）。我認爲甄官令在後漢似應屬將作大匠，《唐六典》當有所據，或在後漢爲一時所置。

〔註218〕《續漢書志》二六，第3590頁。

〔註219〕上揭山田氏論文，第5～7頁，另該論文注21認爲「因爲上繳的布帛多爲白色，所以當放出市場以及供給宮廷御府使用時需要染色」，第34頁。

（四）奚官。奚官所掌爲有關宮廷內服務之人，如官婢之類，劃歸少府是自然的〔註220〕。

（五）冶令。冶令本屬衛尉，東晉南渡，省衛尉，始隸少府。冶令所掌據上引《宋書》爲鑄造銅鐵金屬之事，銅鐵之最大作用在於鑄造兵器，所以開始隸屬衛尉。而文屬少府的尙方職「掌上手工作御刀劍諸好器物」〔註221〕，也是與銅鐵直接相關，所以省衛尉以後，將冶令置於少府管轄之下。

從《晉書・職官志》所記少府屬官來看，所記爲東晉制度。如果除去東晉時期歸於少府的左校、甄官、冶令的話，西晉少府所部令一級的官員就是中黃左右藏、中左右三尙方、平準、奚官、御府五個部門。其中，中黃左右藏、中左右三尙方、在東漢本是文屬少府，魏晉時期，其他文屬少府的部門相繼獨立時，他們由於尙不能構成一獨立的機構而職屬少府。而東晉新進入少府的三個部門則是因爲省併了將作大匠和衛尉以後的結果，他們是否能夠融入少府職掌之中還有待於時間的檢驗。也就是說，到了東晉時期，由於官僚機構之間的省併，使原本不屬於少府的一些屬官進入到少府之中，這肯定會對東漢以來少府的職掌造成影響，進而改變少府。

二、劉宋：少府職掌的突破

《宋書・百官志上》：

> 少府，一人。丞一人。掌中服御之物。
>
> 左尙方令、丞各一人。右尙方令、丞各一人。
>
> 東冶令，一人。丞一人。南冶令，一人。丞一人。
>
> 平準令，一人。丞一人〔註222〕。

試將劉宋少府與漢晉少府做一比較，可以發現屬官大規模減省，所轄僅剩尙方、冶、平準三令。僅僅是一般的省併還是另有原因？

我們先來研究少府屬官問題，只有明瞭了屬官職掌的變化，方能探討少府的變化。

首先從消極方面，即從劃出的官員來看。

〔註220〕 《唐六典》卷一二《內侍省》「奚官局」條，第359頁；《通典》卷二七《內侍省》「奚官局」條，第758頁。

〔註221〕 《續漢書志》二六《百官三》，第3596頁。

〔註222〕 《宋書》卷三九，第1232頁。

　　曹魏新設於少府，兩晉繼承，而宋時已經劃出少府的材官校尉，據《宋書·百官志上》：

> 材官將軍，一人。司馬一人。主工匠土木之事。漢左右校令，其任也。魏右校又置材官校尉，主天下材木事。晉江左改材官校尉曰材官將軍，又罷左校令。今材官隸尚書起部及領軍〔註223〕。

因尚書起部不常置，平時材官隸領軍管理〔註224〕。雖隸領軍，所主並非與軍事有關，《宋書·夷蠻傳》：

> 世祖寵姬殷貴妃薨，爲之立寺，貴妃子子鸞封新安王，故以新安爲寺號。前廢帝殺子鸞，乃毀廢新安寺，驅斥僧徒，尋又毀中興、天寶諸寺。太宗定亂，下令曰：「先帝建中興及新安諸寺……頃遇昏虐，法像殘毀，師徒奔迸，甚以矜懷。……可招集舊僧，普各還本，並使材官，隨宜修復。」〔註225〕

則材官將軍所掌確如《百官志》所說爲工匠土木之事。那麼爲什麼將其劃出少府而歸尚書起部呢？除了尚書已是政本，材官所統與起部尚書直接相關以外，我想是因爲劉宋時期材官所掌已經非少府所能囊括。關於這一點，還可以從少府轄下原將作大匠的屬官來說明。東晉省併將作，原將作所部諸官並於少府，蓋少府與將作職掌本有可相通之處，但到了劉宋，原將作所部一個也不在少府轄內，說明經過東晉的短暫嘗試，將作與少府並不能有效融合。

　　從積極方面看，兩晉新併入少府的平準、冶令已經固定爲少府屬官。《宋書·百官志上》記平準職掌：

> 平準令，一人。丞一人。掌染。秦官也，漢因之。漢隸司農，不知何世隸少府。宋順帝即位，避帝諱，改曰染署〔註226〕。

東漢平準掌知物價及染色，劉宋僅掌染色，所以宋順帝可以直接將其改成染署。染布用現代的話說，屬於手工業，即傳統的「百工伎巧」之列，說明宋時少府職掌與百工有關。《宋書·百官志上》記冶令職掌：

〔註223〕《宋書》卷三九，第1238頁。
〔註224〕《宋書》卷三九《百官志上》載「若營宗廟宮室，則置起部尚書，事畢省」，第1235頁；卷四〇《百官志下》載「江左以來，領軍不復別置營，總統二衛驍騎材官諸營；護軍猶別有營也」，第1247頁。據前引《唐六典·將作監》條史料，可知東晉時已經改材官校尉爲材官將軍，至宋時劃歸尚書起部。
〔註225〕《宋書》卷九七，第2387～2388頁。
〔註226〕《宋書》卷三九，第1232頁。

> 東冶令……南冶令……漢有鐵官，晉置令，掌工徒鼓鑄，隸衛尉。
> 江左以來，省衛尉，度隸少府。宋世雖置衛尉，冶隸少府如故。江
> 南諸郡縣有鐵者或置冶令，或置丞，多是吳所置〔註227〕。

冶令在兩晉本屬衛尉，東晉省衛尉而歸少府。但是冶令並沒有像材官、將作屬官那樣，後來又脫離少府，「宋世雖置衛尉，冶隸少府如故」，說明此時冶令職能已經屬於少府一部分。冶令所掌爲冶煉金屬，也是「百工伎巧」的內容。那麼是否可以說劉宋時的少府職掌百工伎巧呢？我們下面著重研究一下尚方令。

劉宋時尚方令的變化在少府下屬職官中最爲引人注目。尚方令從西漢開始就一直是少府的屬官，延續時間之長，爲少府屬官中第一，東漢雖曰文屬，但究在少府名下。《漢書·百官公卿表上》「鉤盾、尚方、御府」條顏師古注曰：

> 鉤盾主近苑囿，尚方主作禁器物，御府主天子衣服也〔註228〕。

《續漢書志·百官三》記尚方令職掌：

> 本注曰：掌上手工作御刀劍諸好器物〔註229〕。

魏晉因之。但劉宋則不然，《宋書·百官志上》：

> 左尚方令、丞各一人。右尚方令、丞各一人。並掌造軍器。……晉
> 江右有中尚方、左尚方、右尚方，江左以來，唯一尚方。宋高祖踐
> 阼，以相府作部配臺，謂之左尚方，而本署謂之右尚方焉。又以相
> 府細作配臺，即其名置令一人，丞二人，隸門下。世祖大明中，改
> 曰御府，置令一人，丞一人。御府，二漢世典官婢作褻衣服補浣之
> 事，魏、晉猶置其職，江左乃省焉。後廢帝初，省御府，置中署，
> 隸右尚方。漢東京太僕屬官有考工令，主兵器弓弩刀鎧之屬，成則
> 傳執金吾入武庫，及主織綬諸雜工。尚方令唯主作御刀綬劍諸玩好
> 器物而已。然則考工令如今尚方，尚方令如今中署矣〔註230〕。

劉宋尚方令的最大變化在於「掌造軍器」，這個軍器是否僅指皇帝御用的刀劍之類呢？答案是否定的。沈休文特意指出兩漢那種「主作御刀綬劍諸玩好器物」的尚方令如宋時的中署，而東漢的考工令的職掌才是宋尚方令的職掌

〔註227〕《宋書》卷三九，第1232頁。
〔註228〕《漢書》卷一九上，第732頁。
〔註229〕《續漢書志》二六，第3596頁。
〔註230〕《宋書》卷三九，第1232頁。

〔註231〕。我們知道，兩漢均有考工令，這裏爲什麼要特別強調劉宋之考工令是與「漢東京太僕屬官」的考工令相同，而不是與西京少府屬官的考工令相同呢？原因是兩漢考工令的職掌不同。西漢考工令雖也掌武器製造，但職屬少府，其所造武器雖也入武庫儲存，但與地方工官所造武器有別，是爲皇家製造，是歸少府系統使用的〔註232〕。而東漢則不同，加藤氏曾指出：

> 《後漢書‧百官志》載考工令屬太僕，其職掌爲：「主作兵器弓弩刀鎧之屬，成則傳執金吾入武庫，及主織綬諸雜工。」涉及少府諸制度，因到後漢進行了改革，所以應承認考工的制度前漢和後漢也多少有些不同。考工從少府轉屬太僕很明確是在後漢時期，上面引文中提到的考工和執金吾的關係也是在後漢時期確定的，但沒有理由將主作兵器刀鎧之屬的考工也看作後漢的新制度〔註233〕。

考工之掌造軍器的確不是東漢的新制度，新制度是考工轉屬於太僕。而東漢的太僕所掌是包括天子乘輿在內的一般軍國所用的車輿〔註234〕。即東漢的太僕職掌包括「私」——天子和「公」——一般軍國兩個方面。那麼此時考工令所造武器也應該包括「公」與「私」兩個方面。而且，東漢考工令被劃出少府，就說明其職掌已非掌「宮廷雜務」的少府所能涵蓋，雖然它仍有可能爲宮廷製造一些武器，但其生產的主要部分當是用於軍國〔註235〕。當然，我

〔註231〕沈約爲梁人，或有疑所稱之「今」爲梁，《通典》卷二七《職官九‧少府監》載「則漢之考工令如宋之尚方令，尚方令如宋中署矣。」（第760頁），明指爲宋無疑。

〔註232〕張頷：《檢選古文物秦漢二器考釋》「一、秦呂不韋『少府』戈」，刊《山西大學學報》（哲社版），1979年第1期；陸德富：《西漢工官制度諸問題研究》，刊《文史》2009年第3輯，特別是第52～53頁及注107。關於西漢地方工官與中央工官的區別、職掌等問題，受陸氏此文啓發甚多。

〔註233〕參見上揭加藤氏論文，第338～339頁。

〔註234〕上揭加藤氏論文指出西漢天子乘輿主要由少府製造和保管，太僕所掌爲一般軍國用車輿，但天子校獵征伐時的車輿爲便利起見，仍由太僕製造（第340～342頁）；《續漢書志》二五《百官二》（第3581～3582頁）。東漢時少府因大規模合併和裁撤，從《百官志》來看，天子乘輿的製造和保管已經歸太僕。

〔註235〕陳直認爲「人多疑爲考工所造爲官用器物，尚方所造爲御用器物，其實不然，即以弩機而論，現在出土的皆尚方所造，考工所造的很少」，見氏撰：《兩漢經濟史料論叢》「關於兩漢的手工業‧兵器製造」（第151頁）。我認爲，並不能僅就出土器物的多少就論斷考工與尚方的職能劃分，毋寧說，正因尚方所造爲御用，所以流傳下來的實物較多，而考工所造爲官用，很多在戰爭中消耗掉，又因製作工藝絕非尚方所造可比，更易隨時間推移而朽壞。在西漢時期，因尚方與考工同屬少府，且都有兵器製造權，所以很難截然劃分。但東

們並不是說，考工令所造爲軍國武器的唯一來源，它只是一個象徵，象徵全國兵器的鑄造權歸於中央。

我們回過頭來再看劉宋的尚方令就比較清楚了，在此之前，尚方令職掌皇帝御用的刀劍器物；從此時開始，尚方令職掌全國兵器的鑄造。因此，即使劉宋重設衛尉，原本屬於衛尉的冶令也沒有回歸，而是隸屬少府，因爲尚方製造兵器是需要大量銅鐵的。這已經很明顯地突破了兩漢以來尚方令的職能，從僅掌御用到掌國用。相應的，少府職掌自然也突破了東漢的掌「宮廷雜務」，在相當程度上涉及國政了。《南齊書·高帝紀上》：

> 大明泰始以來，相承奢侈，百姓成俗。太祖輔政，罷御府，省二尚
> 方諸飾玩〔註236〕。

蕭道成輔政，罷御府，省二尚方的「諸飾玩」，其實說的是一件事，因爲御府是隸右尚方的。爲皇帝造刀劍玩好的御府可以罷，但尚方不能罷，因爲尚方所造兵器已非限於御用，而涉及到了軍國之用。

當然，這種突破並非以犧牲皇帝的利益爲前提的，在尚方令職掌變化的同時，我們看到了，劉宋統治者從設置細作令，到改稱御府，到省御府而置中署隸右尚方，一句「（漢）尚方令如今（宋）中署矣」道出了皇家御用刀劍玩好的鑄造仍舊寓在其中。少府之爲「小府」、「天子之府」，是不能不掌管皇家事務的。

因此，劉宋少府之職掌並不僅僅是《宋書·百官志上》所載「掌中服御之物」，而是在一定程度上突破了這個「中」，而涉及到了「外」，而且，也不再是什麼樣的宮廷雜務都管理，而是傾向於手工業，即「伎巧」之事的管理，無論是刀劍玩好的鑄造、布匹的染色還是銅鐵的冶煉，都說明了這個傾向。

三、蕭梁：採晉宋制度、加強天子之府的性質

南齊置官，多仿劉宋，少府也不例外。新設之「鍛署丞」，或爲尚方令屬官，主要應是負責鍛造銅鐵；上林令也是漢晉舊官，劉宋復置，取其舊名而已。《南齊書·宗室·蕭遙光傳》：

> 帝誅江祏後，慮遙光不自安，欲轉爲司徒還第，召入喻旨。遙光慮
> 見殺，八月十二日晡時，收集二州部曲，於東府門聚人眾，街陌頗
> 怪其異，莫知指趣也。遙光召親人丹陽丞劉渢及諸傖楚，欲以討劉

漢，尚方與考工已分屬不同部門，職能記載明確，應當區分開來。
〔註236〕《南齊書》卷一，第14頁。

暄爲名。夜遣數百人破東冶出囚，尚方取仗〔註237〕。

蕭遙光要造反，所以要「出囚」以增加自己軍隊的人數，所出囚徒不可能很少。第二步就是「尚方取仗」，仗就是兵器，既然要裝備這麼多人，尚方武器必不少，如果尚方僅造皇帝御用刀劍，則不可能裝備那麼多人，所以此處似也可證上面所說尚方執掌已突破「御用」之性質。

「梁武受命之初，官班多同宋、齊之舊」〔註238〕，至天監七年（508 年）官班改革，增卿數爲十二，所部職官也多有變更，《隋書‧百官志上》載梁少府屬官：

> 少府卿，位視尚書左丞，置材官將軍、左中右尚方、甄官、平水署、
>
> 南塘邸稅庫、東西冶、中黃、細作、炭庫、紙官、柒署等令丞〔註239〕。

梁少府屬官較宋齊一下子多出很多，一方面，在繼承宋齊的基礎上，並有所發展，我們看到除了尚方、平準（平水）、東西冶之外，新增之炭庫、紙官、柒（漆）署無一不與手工業有關，只是種類的增加，並無性質的改變。

而另一方面，又恢復了晉制。之所以這麼說，是因爲材官將軍、甄官歸少府管轄，是晉制而非宋制。除此以外，自晉以後就不見記載的中黃又重新恢復。據第三章第一節所考，中黃就是中黃藏，左右藏這時已經歸新設之太府掌管，梁武帝恢復中黃藏，而歸少府，似乎說明他有意恢復少府掌管皇帝財政的制度，即加強少府的天子私有性。

而僅見於梁太府屬官的「南塘邸稅庫」，似乎也說明了這個問題。《唐六典‧少府監》記梁屬官全同《隋書》，但陳仲夫先生點斷爲「南塘、邸稅庫」〔註240〕，我傾向於陳先生的點斷法。南塘就是南塘倉，《隋書‧食貨志》記南朝倉制：

> 其倉，京都有龍首倉，即石頭津倉也，臺城內倉，南塘倉，常平倉，
>
> 東、西太倉，東宮倉，所貯總不過五十餘萬。在外有豫章倉、釣磯
>
> 倉、錢塘倉，並是大貯備之處〔註241〕。

南塘是建康城內儲糧之地，在秦淮河邊〔註242〕。糧食自漢以來，久爲司農管

〔註237〕《南齊書》卷四五，第 790 頁。
〔註238〕《隋書》卷二六《百官志上》，第 720 頁。
〔註239〕《隋書》卷二六，第 725 頁。
〔註240〕《唐六典》卷二二，第 571 頁。
〔註241〕《隋書》卷二四，第 674～675 頁。
〔註242〕《資治通鑑》卷九三《晉紀十五‧明帝太寧二年》「劉遐、蘇峻自南塘橫擊，

轄範圍，此時爲何獨將一倉劃歸少府？且僅舉南塘，而不及其他，又不像是以南塘爲諸倉代表〔註243〕。我想，可能是因爲少府爲「天子之府」，既然南塘倉歸少府管轄，就說明它的性質是天子私倉，糧食專供皇家，而不像太倉般是天下糧倉。至於「邸稅庫」，就是放置徵收來的「邸稅」的倉庫。邸有宿舍、市店、糧倉等意義，它在南朝儲藏和出賣屯所產的物資，並從事高利貸經營〔註244〕。而儲藏物資的邸舍至遲在東漢就是要收稅的，《禮記‧王制》「市廛而不稅」條鄭注曰：

> 廛市物邸舍，稅其舍，不稅其物〔註245〕。

我們雖然不知道稅率是多少，怎樣收稅，但這筆收入是不小的，因爲公私皆有邸。而現在這筆收入是歸少府，很有可能就是進入了中黃藏，也就是進了皇帝的腰包。

如果說兩晉由於繼漢魏而起，不得不繼承前朝制度的話，那麼梁武帝在繼承宋齊的同時，卻是有意去效仿魏晉制度，甚至在錢糧問題上要建置天子私藏的專門機構，這已經直逼西漢少府的功能了。可以說，少府的職掌與屬官在南朝以齊梁爲界，「漢魏故事」發展到劉宋在一定程度上突破了原來的天子私府的框架；而梁武帝在不改變這個框架的前提下，又有意加強其皇帝私有的性質。那麼，少府職能的走向究竟如何，這就有待於隋唐帝國的選擇了。

四、北朝：少府改爲太府

十六國時期的少府情況我們不是很清楚，不過，少府作爲天子之府的性質應該不會改變，《晉書‧石勒載記上》：

> 劉曜又遣其使人郭汜等持節署勒太宰，領大將軍，進爵趙王，增封七郡，并前二十郡，出入警蹕，冕十有二旒，乘金根車，駕六馬，如曹公輔漢故事，夫人爲王后，世子爲王太子……（勒）又知停殊禮之授，怒甚，下令曰：「孤兄弟之奉劉家，人臣之道過矣，若微孤兄弟，豈能南面稱朕哉！根基既立，便欲相圖。天不助惡，使假手

大破之」條胡注曰：「南塘，秦淮之南塘岸也」，第 2928 頁。

〔註243〕按照《隋書‧食貨志》所列順序，則當舉龍首倉爲代表，且當時太倉歸司農管轄，則南塘不能概括他倉甚明。

〔註244〕唐長孺：《南朝的屯、邸、別墅及山澤佔領》，收入氏著：《山居存稿》，第 3～8 頁；中村圭爾：《六朝江南地域史研究》，第 242 頁。

〔註245〕《禮記正義》卷一二，收入《十三經注疏》，第 1337 頁。

靳準。孤惟事君之體當資舜求瞽瞍之義，故復推崇令主，齊好如初，
何圖長惡不悛，殺奉誠之使。帝王之起，復何常邪！趙王、趙帝，
孤自取之，名號大小，豈其所節邪！」於是置太醫、尚方、御府諸
令，命參軍晁讚成正陽門〔註246〕。

石勒正式與劉曜決裂，自稱爲帝。稱帝的步驟中，史籍記載了其「置太醫、
尚方、御府諸令」，說明了這些令只有皇帝才能設置。太醫、尚方、御府在東
漢、曹魏都是少府屬官，而上引劉曜準備封石勒爵爲「趙王」時特別指出了
是「如曹公輔漢故事」，說明此時劉曜所依據的是漢魏制度。石勒自然也不例
外，所以，太醫、尚方、御府的設立也就是少府的設立，而這正體現了少府
作爲天子私府，是天子專有的性質。

　　《魏書·官氏志》只記官名，不及統屬，至唐修《五代史志》，記北朝官
制則從北齊開始。故北魏一朝部門統屬關係不明，後人也只能依據後世制度
（主要是北齊制度）逆推北魏。俞鹿年先生鉤沉史籍，成《北魏職官制度考》
一書，也是採用這個辦法。俞先生將北魏職官制度以孝文帝改革爲分界點，
分前、後兩期，由於本文考論的少府，在孝文帝太和二十三年（499 年）改爲
太府，這對於少府來說是一個重要的變化，所以先依俞先生所考討論北魏前
期的少府問題。

　　這裏的北魏前期，也主要是以孝文帝爲中心的時期，因爲在孝文帝以前，
雖然也設官分職，但「每於制定官號，多不依周漢舊名，或取諸身，或取諸
物，或以民事，皆擬遠古雲鳥之義。諸曹走使謂之鳧鴨，取飛之迅疾；以伺
察者爲候官，謂之白鷺，取其延頸遠望。自餘之官，義皆類此，咸有比況」〔註
247〕，當時即使有類同於少府的官員，也沒有少府之名，恐怕更沒有漢魏般嚴
密的統屬制度，只是因事立命，胡漢雜糅而已〔註248〕。至孝文帝頒佈前後兩
次《職員令》，官名方大致齊備。依俞先生所考及推測，北魏前期少府屬官除
少府卿、少卿、丞之外，屬官尚有中尚方、尚方；內署；御府；諸冶；司空
少卿〔註249〕。尚方、內署、御府本爲漢魏少府屬官，而諸冶所掌爲冶煉金屬，
司空少卿職掌同於甄官，則俞先生此處除依北齊制度推論以外，尚比照了東

〔註246〕《晉書》卷一○四，第 2728～2729 頁。
〔註247〕《魏書》卷一一三《官氏志》，第 2972～2973 頁。
〔註248〕嚴耀中：《北魏前期政治制度》，第 10～11 頁。
〔註249〕《北魏職官制度考》，第 119～122 頁。

晉制度。因爲據上所考，諸冶、甄官是東晉時才歸入少府職掌的。當時少府統屬是否如此，還需要更爲詳細的比對與研究。如果從傳統的尚方、御府等屬官來看，北魏前期少府職掌仍同於魏晉。《魏書·食貨志》：

> 自太祖定中原，世祖平方難，收穫珍寶，府藏盈積。和平二年秋，詔中尚方作黃金合盤十二具，徑二尺二寸，鏤以白銀，鈿以玫瑰。
>
> （太和）十一年，大旱，京都民饑。加以牛疫，公私闕乏，時有以馬驢及橐駝供駕挽耕載。……然主者不明牧察，郊甸間甚多餒死者。時承平日久，府藏盈積，詔盡出御府衣服珍寶、太官雜器、太僕乘具、内庫弓矢刀鋌十分之八、外府衣物繒布絲纊諸所供國用者，以其太半班賚百司，下至工商皀隸，逮於六鎮邊戍，畿内鰥寡孤獨貧癃者，皆有差〔註250〕。

同書《高祖紀下》：

> （太和十一年）十有一月丁未，詔罷尚方錦繡綾羅之工，四民欲造，任之無禁。其御府衣服、金銀、珠玉、綾羅、錦繡，太官雜器，太僕乘具，内庫弓矢，出其太半，班賚百官及京師士庶，下至工商皀隸，逮於六鎮戍士，各有差〔註251〕。

從上引史料來看，尚方、御府所掌均爲天子衣物，與外朝無關。孝文帝太和十一年（487年）因天災出内府之物以頒賜天下更與魏晉時期因災害出内府御用之物以賑災如出一轍。

孝文帝太和二十三年（499年）第二次頒佈職員令，此時少府已不見記載，據第三章第一節所考，少府雖併入太府，不再另設機構，但從職掌記載來看，是與太府掌管金帛的職能互相分開的，也就是說，北魏太府機構中的原少府系統更像是文屬於太府的一個相對獨立的部門，只是沒有部門長官而已，營造器物的職能與金帛府庫的職能並不混淆。《唐六典·少府監》「少府監：監一人，從三品」條注曰：

> 太和末，改少府爲太府。北齊不置少府，其左·中·右三尚方、司染、諸冶及細作、甄官等署並隸太府寺〔註252〕。

據此，更可知原北魏少府下轄尚方、司染、諸冶及細作、甄官等署。我認爲，

〔註250〕《魏書》卷一一〇，第2851、2856頁。
〔註251〕《魏書》卷七下，第163頁。
〔註252〕《唐六典》卷二二，第571頁。

這是孝文帝太和十七年（493 年）以後至太和二十三年（499 年）復次職令改少府爲太府之前，少府的統屬機構。因爲少府屬官中出現了細作署，我們知道，細作的名稱是始見於劉宋少府的下轄機構，北魏少府機構中出現這樣的屬官，很顯然是受劉宋影響，而太和十七年（493 年）王肅的北奔是造成這種影響的關鍵〔註253〕。因此，北魏在改少府爲太府之前，從其統屬的機構來看，是糅合了晉宋之制而成。

自孝文帝改少府爲太府，北齊因循，不設少府。但從《北齊書‧宋遊道傳》和《唐六典》的記載來看，太府機能兩分，原少府機構相對獨立，發展下去只有兩種可能性，一是太府吸收原少府職能和機構；二是重設少府。這也有待於隋唐帝國的選擇。

五、餘論：隋唐帝國的選擇──少府所轄機構及其職能

楊堅即位，繼承北齊制度，有太府而無少府，至煬帝，始分太府寺而置少府監。《隋書‧百官志下》：

> 煬帝即位，多所改革。……分太府寺爲少府監。……少府監置監，從三品，少監，從四品，各一人。丞從五品，二人。統左尚、右尚、內尚、司織、司染、鎧甲、弓弩、掌冶等署。復改監、少監爲令、少令。倂司織、司染爲織染署，廢鎧甲、弓弩二署〔註254〕。

隋煬帝並沒有延續北朝不置少府的傳統，而是重新將少府從太府中分離出來成爲一個專門的機構，設立之初，少府下轄左、右、內三尚方，司織，司染，鎧甲，弓弩，掌冶等署。從形式上看，煬帝新設少府機構是合南北制度而成。尚方、掌冶、司染南北皆有，司織則採自北齊〔註255〕。而鎧甲、弓弩似爲煬帝新設，我認爲不是的，因是煬帝採劉宋制度而成。據《唐六典‧少府監》「左尚署：令一人，正七品下」條注曰：

> 隋開皇中，三尚方並屬太府寺，左尚令三人，掌造車輦、繖扇、稍耗、弓箭、弩戟、器仗、刀鑷、膠漆、竹木、骨角、畫素、刻鏤、蠟燭等〔註256〕。

〔註253〕陳寅恪：《隋唐制度淵源略論稿》，第 15 頁。
〔註254〕《隋書》卷二八，第 793、799 頁。
〔註255〕《隋書》卷二七《百官志中》載北齊太府所轄中尚方所領曰：「中尚方，又別領別局、涇州絲局、雍州絲局、定州紬綾局四局丞。」第 757 頁。
〔註256〕《唐六典》卷二二，第 574 頁。

既然左尚方已經掌造弓箭、弩戟等軍器，煬帝又何必多此一舉新設鎧甲、弓弩兩署呢？我想原因就在於煬帝仿劉宋制度，少府掌國用軍器之製造。據上文所探討的劉宋少府制度，少府下轄的左右尚方令掌造軍器大部是為國用，其中右尚方令下轄的中署才是為皇帝製造御用軍器。煬帝所設意也在此，只是形式不同，隋左尚令掌造天子御用軍器，而新設的鎧甲、司染二署可能就是掌造國用軍器。雖然煬帝又廢鎧甲、弓弩二署，但是未必是廢罷，而可能是併入尚方職掌，這從下文所述唐制可以看出來。

唐沿隋制，不過少府一度被廢，取而代之的就是由附庸蔚為大國的掌造軍器的軍器監。《通典・少府監》：

> 大唐武德初，置軍器監，廢少府監〔註257〕。

《唐會要・少府監》：

> 武德初，以兵革未定，置軍器監，廢少府監。貞觀元年正月，分太
> 府中尚方、左尚方、右尚方、織染方、掌治方五署，置少府監〔註258〕。

軍器監之所以能夠取少府監而代之，除了武德初兵革未息以外，更重要的是因為少府系統本身就包含著製造軍器的職能，而且不僅僅是為皇帝製造，更是為國家製造。而這種掌造國用軍器的職能發端於劉宋，為隋唐所繼承。不過，軍器監時廢時置，能夠包含其職能的仍然是少府。《唐會要・軍器監》：

> 武德元年置，貞觀元年三月十日廢，併入少府監。開元三年十二月
> 二十四日，以軍器使為監，領弩甲二坊。十一年十月二十五日罷，
> 隸入少府監，為甲弩坊，加少監一員以統之。天寶六載五月二十八
> 日，復置〔註259〕。

《新唐書・百官志三》「軍器監」注曰：

> 武德初，有武器監一人，正八品下。掌兵杖、廄牧。少監一人，丞
> 二人，主簿一人。七年廢軍器監，八年復置，九年又廢。貞觀六年，
> 廢武器監。開元以前，軍器皆出右尚署，三年置軍器監，十一年復
> 廢為甲弩坊，隸少府，十六年復為監。有府八人，史十二人，亭長
> 二人，掌固四人〔註260〕。

〔註257〕《通典》卷二七，第 759 頁。
〔註258〕《唐會要》卷六六，第 1155 頁。
〔註259〕《唐會要》卷六六，第 1163 頁。
〔註260〕《新唐書》卷四八，第 1275 頁。

只要注意到上引史料中「開元以前，軍器皆出右尚署」一句，即可明瞭開元以前少府轄下右尚署有爲軍國製造武器的職能。也就是說，唐代少府職能也不僅僅只掌皇家事務，而是涉及到了國政，這種職能上的突破，是繼承了劉宋制度。

　　當唐王朝設置軍器監的時候，其所領的是「甲坊署、弩坊署」；當不設軍器監、隸入少府監的時候，則合併成「甲弩坊」，據《唐六典・北都軍器監》「北都軍器監：監一人，正四品上」條：

　　　　軍器監掌繕造甲弩之屬，辨其名物，審其制度，以時納於武庫；少
　　　　監爲之貳焉。

同書同卷「甲坊署：令一人，正八品下」條注曰：

　　　　隋少府有甲鎧署，皇朝改焉。

同書同卷「弩坊署：令一人，正八品下」條注曰：

　　　　隋有弓弩署，皇朝改焉〔註261〕。

則軍器監之職掌爲製造甲弩以輸入武庫，其實就是東漢考工令的職掌。而通過唐制軍器監兩署的職能來看，隋煬帝所設的鎧甲、弓弩兩署應該就是掌製造國用軍器的。

　　我們再來看唐代少府監的職掌，《唐六典・少府監》：

　　　　少府監之職，掌百工伎巧之政令，總中尚、左尚、右尚、織染、掌
　　　　冶五署之官屬，庀其工徒，謹其繕作；少監爲之貳〔註262〕。

如果就形式而論，唐代少府監下轄機構最似於劉宋。一方面，「掌百工伎巧」，也就是管理手工業；另一方面，由於製造國用軍器，我們知道少府的職能已經突破了皇室御用器物製造機構的這個限制，這種突破，不僅表現在尚方一署，在唐代，還表現在其他方面。《唐六典・少府監》「織染署」條：

　　　　織染署令掌供天子、皇太子及群臣之冠冕，辨其制度，而供其職務；
　　　　丞爲之貳〔註263〕。

織染署所掌已經不僅僅是皇室御用，而且也爲群臣供冠冕，這同樣體現了少府職能的轉變。當然，如同劉宋時期一樣，少府職能的轉變並不是以犧牲皇帝利益爲前提的，唐代的三尚仍然以御用器物的製造爲主，尤其是中尚署，

〔註261〕《唐六典》卷二二，第577、578頁。
〔註262〕《唐六典》卷二二，第571頁。
〔註263〕《唐六典》卷二二，第575頁。

無論名實兩方面，都承擔著自漢代以來御府的職能〔註264〕。

自東漢光武帝將國家財政與帝室財政合二爲一，少府遂退出財政管理機構，演變爲專管宮廷事務的機關。東漢少府屬官分文屬與職屬兩大類，文屬類職官如尙書、御史等在魏晉時期相繼獨立成一專門機構，且權力較少府爲大。魏晉時期是少府下轄機構的調整時期，特別是東晉，由於對官僚機構整體多有變更，使原本不屬於少府的機構被劃歸少府，不過是否能夠形成統屬關係尙有待時間的檢驗。及至劉宋，可以說，少府的職能基本上固定下來，而且有很大的突破。突破的關鍵就在於劉宋少府轄下的尙方令職掌全國軍器的製造，當然，這是象徵意義上的，不過這種轉變卻導致了少府突破了原來只爲宮廷服務的基本職能，使少府走出了濃厚的家臣色彩，多少帶有了朝臣的性質。不過，蕭梁在繼承宋齊制度的基礎上，反過來加強少府天子私有的性質。由於王肅的北奔，爲北魏帶去了最新的南朝制度，北魏少府很明顯受到了劉宋的影響，由於史料所限，我們不清楚北朝少府轄下的尙方令是否也突破了原來的職能，至孝文帝改少府爲太府，少府在北朝就不見記載了。不過，雖無少府之名，卻在太府統轄下有少府之實，北朝太府職能兩分，原少府機構相對獨立，很像是文屬於太府。這種制度一直延續到隋文帝時期。煬帝即位，就從太府中重新劃出少府監，又回歸到南朝的舊路上。唐沿隋制，少府機構與劉宋最爲相似，其尙方職掌全國軍器的製造更是對劉宋的直接繼承。經過魏晉南北朝近四百年的演變，少府從管理宮廷雜務到主管手工業，且因職掌全國軍器的製造而突破了漢代的舊規，發展成了唐代的少府。

〔註264〕《唐六典》卷二二《少府監》「中尙署」條，第572～573頁。

第五章　九卿綜論

第一節　從家臣到朝臣

　　中國很早就形成了比較完備的官僚體系，如果撇開《周禮》所載完備的六官制度不談，單從秦帝國開始，這一整套的官僚機構也延續了兩千年以上，直至今天。在封建時代，天子封邦建國，諸侯各有自己的國土，但一人不能治天下，勢必需要組織一批人來處理公務，這就是官僚。樓勁、劉光華兩位先生在研究早期國家的政治秩序時指出：

　　　　幫助天子或諸侯處理公務的人們，其所處理的事務，自然大都限於
　　　　畿內或都內，亦即經過各種封賜後所保留下來的，天子或諸侯的本
　　　　族之事或他們的家務。不難想像，如果當時確實存在著某些全國性
　　　　的事務，那也會由他們來兼任。這種合家務與國務於一體的狀態，
　　　　在官僚制度確立以後的部分官僚——如漢代的諸卿——身上，還可
　　　　以看到〔註1〕。

他們在研究秦漢帝國的官僚體系時也指出：

　　　　秦漢帝國的中央行政機關，大體皆由若干個協助皇帝通盤處理國務
　　　　的公，十餘個在此之下分別負責各類專門事務的卿，外加一些直屬
　　　　於皇帝的其他部門所組成……這種建制狀態，與相傳西周王畿中以
　　　　師、保、六卿爲骨架的狀態相當接近。同時，帝國的中央官僚也在

〔註1〕 樓勁、劉光華：《中國古代文官制度（修訂本）》第一章《中國古代官僚制度
　　　　的建立》，第11頁。

很多方面保留了天子家臣的性質，尤其是諸卿及其所屬機構，大量
都只涉及皇帝的私人事務，或職責限於京師事務〔註2〕。

兩位先生特意指出，漢代九卿及其所屬機構，最能體現秦漢帝國官僚體系中
合家務與國務的特性。一方面，諸卿是國家大臣，秦漢時期的三公九卿體制
決定了他們可以參與國家政務的管理；另一方面，諸卿所掌一部分甚至全部
涉及的是皇家、宮廷等事務。日本學者加藤繁氏在《漢代的國家財政和帝室
財政的區別及帝室財政一斑》一文中〔註3〕，將西漢財政區分爲由大司農所掌
管的國家財政和由少府所掌管的帝室財政，使我們對西漢時期國家、帝室兩
部分財政的來源、支出、管理有了清晰的認識。加藤氏探討的大司農和少府
就是西漢列卿中的兩個，少府所掌全然爲皇室事務就很明顯。但到了東漢時
期，光武帝將帝室財政與國家財政合二爲一，統一由大司農管理，又將家國
財政合併到了一起。但我們無意去嚴格界定九卿中哪些是專爲皇室服務的，
哪些是專爲國家服務的，只是說九卿中很多卿本身職掌包括著皇室家務與國
務，是一種不分的狀態〔註4〕。下面以東漢九卿職掌爲例加以說明。《續漢書
志·百官二》：

太常

本注曰：掌禮儀祭祀，每祭祀，先奏其禮儀；及行事，常贊天子〔註5〕。

既然掌禮儀祭祀，自然包括皇帝宗廟，而且歷代皇陵也是由太常掌管。同書
同卷：

光祿勳

本注曰：掌宿衛宮殿門户，典謁署郎更直執戟，宿衛門户，考其德
行而進退之〔註6〕。

宮殿門户，自然是爲了宿衛皇帝，其轄下五官中郎將、虎賁中郎將、羽林中
郎將所統郎衛，就是宿衛諸殿以及出充車騎，保衛皇帝與皇室的安全。同書
同卷：

〔註2〕《中國古代文官制度（修訂本）》第二章《行政體制及其人事部門》，第43頁。
〔註3〕劉俊文主編：《日本學者研究中國史論著選譯》第三卷《秦漢》。
〔註4〕卜憲群就不同意將諸卿劃成爲皇室還是爲國家，認爲諸卿所掌多與國政有
關，見氏著：《秦漢官僚制度》第四章《秦漢三公九卿制度探微》，第129～141
頁。
〔註5〕《續漢書志》二五，第3571頁。
〔註6〕《續漢書志》二五，第3574頁。

　　衛尉

　　本注曰：掌宮門衛士，宮中徼循事〔註7〕。

衛尉職掌守衛宮門及宮中巡邏，而宮中主要也是皇室所在地。同書同卷：

　　太僕

　　本注曰：掌車馬。天子每出，奏駕上鹵簿用；大駕則執馭。

　　車府令……本注曰：主乘輿諸車。

　　未央廄令……本注曰：主乘輿及廄中諸馬〔註8〕。

太僕轄下兩令所掌特意指出其是主「乘輿」的車和馬，就是御用車馬。同書同卷：

　　大鴻臚

　　本注曰：掌諸侯及四方歸義蠻夷……諸王入朝，當郊迎，典其禮
　　儀……皇子拜王，贊授印綬……王薨則使弔之，及拜王嗣。〔註9〕。

大鴻臚所掌涉及諸侯王事，也就是宗室之事，廣義上來說，這也是屬於皇帝
的家事。《續漢書志・百官三》：

　　宗正

　　本注曰：掌序錄王國嫡庶之次，及諸宗室親屬遠近，郡國歲因計上
　　宗室名籍〔註10〕。

宗正所掌為宗室，全為皇家事務。同書同卷：

　　少府

　　本注曰：掌中服御諸物，衣服寶貨珍膳之屬〔註11〕。

東漢少府雖然不再掌帝室財政，但其所掌仍是御用諸物，而非國家用度。其
轄下文屬諸官，也多是為皇室或宮廷服務而設。東漢的大司農如上所述，其
所掌財政已經包括帝室財政在內，是不能說其與皇室無關甚明。由此可見，
東漢九卿中大部分卿官所掌職事均與皇室有關，如宗正、少府更是單純為了
皇室服務而設。

　　不過，這種情況，到了唐代則完全改變，《唐六典・太常寺》：

〔註7〕　《續漢書志》二五，第3579頁。
〔註8〕　《續漢書志》二五，第3581頁。
〔註9〕　《續漢書志》二五，第3583頁。
〔註10〕　《續漢書志》二六，第3589頁。
〔註11〕　《續漢書志》二五，第3592頁。

太常卿之職，掌邦國禮樂、郊廟、社稷之事，以八署分而理焉〔註12〕。

同書《光祿寺》：

光祿卿之職，掌邦國酒醴膳羞之事……修其儲備，謹其出納〔註13〕。

同書《衛尉寺》：

衛尉卿之職，掌邦國器械、文物之政令〔註14〕。

同書《太僕寺》：

太僕卿之職，掌邦國廐牧、車輿之政令〔註15〕。

同書《大理寺》：

大理卿之職，掌邦國折獄詳刑之事〔註16〕。

同書《司農寺》：

司農卿之職，掌邦國倉儲委積之政令〔註17〕。

同書《太府寺》：

太府卿之職，掌邦國財貨之政令〔註18〕。

九卿之中，據上所引，很明顯其中多卿職掌爲「邦國」之事，也就是國務，而很少涉及皇室家務。當然，唐代宗正所掌仍然是皇家譜牒之事，太僕卿下之乘黃署，所掌也是天子之車，俱見相關章節分析。這裏只是指出，唐代九卿所掌更多的是國務，也就是說，從漢到唐，九卿職能從多與皇室有關的「家務之臣」變成了多與國政有關的「國務之臣」，即發生了從家臣到朝臣的轉變。那麼，九卿原本具備的爲皇帝或皇室服務的功能到哪去了呢？在皇帝制度下，省卻爲皇帝及皇室服務的機構是不可能的，也就是說，原本由九卿承擔的一部分職能在唐代轉移了。在唐代的官僚機構中，存在著殿中省、宮官、內侍省這三個系統，是專門爲皇帝及皇室服務的。《唐六典・殿中省》：

殿中監掌乘輿服御之政令，總尚食、尚藥、尚衣、尚乘、尚舍、尚

輦六局之官屬，備其禮物，而供其職事；少監爲之貳〔註19〕。

殿中監所掌全爲皇帝服務，有六局以分司其職。而宮官下有尚宮、尚儀、尚

〔註12〕《唐六典》卷一四，第394頁。
〔註13〕《唐六典》卷一五，第443頁。
〔註14〕《唐六典》卷一六，第459頁。
〔註15〕《唐六典》卷一七，第479頁。
〔註16〕《唐六典》卷一八，第502頁。
〔註17〕《唐六典》卷一九，第523頁。
〔註18〕《唐六典》卷二〇，第540頁。
〔註19〕《唐六典》卷一一，第323頁。

服、尚食、尚寢、尚功諸職，負責的是以皇太后、皇后爲首的後宮諸事，內侍省機構則以宦官負責宮廷具體事務，主要特點就是「在內侍奉」〔註 20〕。本來，東漢本有大長秋以司「奉宣中宮命」，所統皆宦官〔註 21〕，歷代沿置以掌後宮事務。大長秋不屬我們所討論的九卿範圍，可以不論，我們現在專就爲皇帝服務的殿中省諸官進行討論。《唐六典‧殿中省》「尚食局：奉御二人，正五品下」條注曰：

> 秦置六尚，有尚食之名……漢因之，後遂省并其職於太官、湯官〔註22〕。

而太官令、湯官丞在東漢是屬於少府轄下的。同書同卷「尚藥局：奉御二人，正五品下」條注曰：

> 自梁、陳、後魏已往，皆太醫兼其職〔註23〕。

其實，東漢少府屬下太醫令，本有藥丞、方丞各一人，藥丞即主藥〔註 24〕。只是梁陳以後，併其職與太醫而已。同書同卷「尚衣局：奉御二人，從五品上」條注曰：

> 秦、漢少府屬官有御府令、丞，掌供御服。後漢又掌宦者，典官婢作中衣服及補浣之事〔註25〕。

是尚衣局之職能在東漢本屬御府令，而御府令又屬於少府。同書同卷「尚舍局：奉御二人，從五品上」條注曰：

> 漢少府屬官有守宮令、丞。掌宮殿陳設〔註26〕。

守宮令東漢屬少府。同書同卷「尚乘局：奉御二人，從五品上」條注曰：

> 自秦、漢以來，其職皆在太僕〔註27〕。

是尚乘局之職能，東漢本在太僕。同書同卷「尚輦局：奉御二人，從五品上」條注曰：

〔註20〕《唐六典》卷一一《宮官內侍省》，第 348〜361 頁。
〔註21〕《續漢書志》二七《百官四》，第 3606〜3608 頁。
〔註22〕《唐六典》卷一一，第 323 頁。《通典》卷二六《職官八‧殿中監》載「尚食局奉御：始秦置六尚，有尚食焉。後漢以後，并其職於太官、湯官」，第 742 頁。特意指出其職之並在後漢。
〔註23〕《唐六典》卷一一，第 324 頁。
〔註24〕《續漢書志》二六《百官三》，第 3592 頁。
〔註25〕《唐六典》卷一一，第 326 頁。
〔註26〕《唐六典》卷一一，第 328〜329 頁。
〔註27〕《唐六典》卷一一，第 330 頁。

秦、漢、魏、晉並太僕屬官車府令掌之〔註28〕。

是尚輦局之職能，東漢亦原屬太僕。則唐代殿中省六局之職能在東漢本皆屬於九卿之少府、太僕，而唐代之少府、太僕則已無此項職掌，就是因爲這些職能已經統歸爲皇帝服務之殿中省掌管。少府、太僕雖然只是九卿中之兩卿，但較其他諸卿，其家臣性質更爲濃厚，及殿中省之設，遂改變其家臣性質，而更多賦予諸卿朝臣之色彩，因此，殿中省之由來當是解決九卿由家臣到朝臣的關鍵所在。

《唐六典・殿中省》「殿中省：監一人，從三品」下條注曰：

> 魏氏初置殿中監，品第七，晉、宋因之。齊有內殿中監八人，外殿中監八人。梁初，位不登七班者別署薀位、勳位，殿中外監爲三品薀位，內監爲三品勳位。陳因之，然其官甚微。後魏殿中監從五品下。北齊門下省屬官有殿中監四人，掌駕前奉引行事，東耕則進耒耜。隋改爲殿內局，監二人，品正第六下。大業三年，分門下省尚食、尚藥、御府、殿內等局，分太僕寺車府、驊騮等署，置殿內省，監正四品，少監從四品，丞從五品，各一人，掌諸供奉；又有奉車都尉十二人，掌進御輿馬；統尚食、尚藥、尚舍、尚衣、尚乘、尚輦等六局。皇朝因改曰殿中省〔註29〕。

這一段將殿中省的來歷講得很清楚，是曹魏初創，歷代因之，至隋煬帝始置殿內省，唐因之，改爲殿中省。這裏應該注意的是，這個職位是由曹魏初創的。在職官制度史上，我認爲，曹魏有其特殊的歷史地位。曹操挾天子以令諸侯，不過他並沒有眞正的稱帝，只是將漢朝廷架空而已，相對於漢廷那套沿用許久的正式職官機構，曹操則需要掌握實權、隨時設置的官僚群體，以便其南征北討、控制朝廷。從魏晉南北朝時期，衛尉、光祿勳職能的衰弱，是由於曹魏設立領、護軍系統以奪其權就可以看出。因操並未稱帝，所以他不能嚴格按照已有的職官系統來遍設群官以掌諸權；又因爲其是實際的掌權者，不能沒有諸署以分司眾職，所以曹操時期設置的一些官職漸奪正式職官之權，而以後曹丕沿用了下來，構成了魏晉官制的一個基礎，我想，殿中監之設很可能最初也是臨時設置，而曹丕稱帝以後因襲不改的一個官職。但是，在整個魏晉南朝時期，殿中監的品位一直很低，所謂「其官甚微」，不可能統

〔註28〕《唐六典》卷一一，第 332 頁。
〔註29〕《唐六典》卷一一，第 322～323 頁。

領如唐代般諸官屬。而北朝殿中監職位比南朝雖高，但也只是「掌駕前奉引行事」，並不領官署。殿中監之品位提高及領官署，是隋煬帝分門下、太僕之職置殿內省，也就是說，殿中監的情況直至隋時方改變，似與魏晉南北朝無關，但細讀上引文，可發現除太僕之職官分出以外，其餘均來自門下省，包括殿內局本身也來自門下省，所以，問題就轉變爲魏晉南北朝時期的門下省是否掌皇帝事務。

我們再回過頭來看其他四局的沿革。上面所說的尚食局，在東漢其職在太官、湯官，《唐六典・光祿寺》「太官署：令二人，從七品下」條注曰：

> 晉光祿勳屬官有太官令。宋侍中屬官有太官令一人，齊因之。梁門下省領太官，陳因之。後魏、北齊分太官令爲尚食、中尚食。尚食，門下省領之；中尚食，集書省領之；太官，光祿卿領之。尚食、中尚食掌知御膳，太官掌知百官之饌〔註30〕。

可見，南朝之太官均屬門下，北朝亦屬門下，更分太官爲掌百官與掌御膳，俱見上光祿勳節。尚藥局之任，其職本在太醫，《唐六典・太常寺》「太醫署：令二人，從七品下」條注曰：

> 晉氏宗正屬官有大醫令、丞……過江，省宗正，而太醫以給門下省。宋、齊太醫令，丞隸侍中。梁門下省領太醫令、丞，令班第一，丞爲三品蘊位。陳因之〔註31〕。

是南朝太醫之職在門下省，即掌藥之職在門下，而北朝門下省本統尚藥局〔註32〕。尚舍局所掌本爲曹魏殿中監之職，《唐六典・殿中省》「尚舍局：奉御二人，從五品上」條注曰：

> 漢少府屬官有守宮令、丞。掌宮殿陳設。魏殿中監掌帳設監護之事。

> 晉、宋已下，其職並在殿中監〔註33〕。

而尚衣局之職掌沿革，南北朝確實不同，南朝一直在少府屬下之尚方，北齊門下省則專門設有主衣局〔註34〕。從隋唐淵源來看，其繼承北齊制度固無疑

〔註30〕《唐六典》卷一五，第444頁。
〔註31〕《唐六典》卷一四，第408～409頁。
〔註32〕《唐六典》卷一一《殿中省》「尚藥局：奉御二人，正五品下」條注曰：「北齊門下省統尚藥局，有典御二人、侍御師四人、尚藥監四人，惣御藥之事。」第324頁。
〔註33〕《唐六典》卷一一，第328～329頁。
〔註34〕《唐六典》卷一一，「尚衣局：奉御二人，從五品下」條注，第326頁。

問，但尚乘、尚輦兩局，均與太僕有關，而除尚衣局以外，其他三局，南北朝均屬門下省之掌管，也就是說，隋煬帝一方面直接剝離太僕的職能，另一方面則將門下省內與皇帝有關的具體事務也剝離，重新組織了一個專掌皇帝家務的殿內省。三局之來自門下，門下之所得則又來自於九卿。也就是說，魏晉南北朝時期，九卿所掌的皇帝家務職能很多都歸入了門下機構。

從漢到唐，尚書機構的日益發展壯大對九卿職權的侵奪已經是眾所周知，從三公九卿到三省六部體制的轉變，學界也著重於宰相權力的變遷與三省制衡體制的形成這些問題上，對於九卿以及六部的研究其實並不多。我們現在並不是要來解決這些問題，而是要探討除了當時人以及現代研究者都注意到的尚書對九卿的影響之外，其實三省中的另一省——門下省，在其形成的過程中，對九卿權力也發生了影響。作為九卿本來職掌的家務職能，在唐代多數劃歸了殿中省，而殿中省這類機構的設置，是直至隋煬帝時期方才成立，以前其中的大多數機構則一直是由門下省掌管的，這就要求探討一下魏晉南北朝時期門下省掌管的與皇帝事務有關的那部分職能。在漢代，「如果就後代特定含義，即以侍中、黃門侍郎為省之正副長官的門下言，應該說，整個兩漢都沒有產生（儘管已有某些職掌的萌芽）」〔註35〕，但這並不妨礙我們考察一下東漢時期侍中、黃門侍郎的職掌，《續漢書志‧百官三》：

> 侍中，比二千石。本注曰：無員。掌侍左右，贊導眾事，顧問應對。
> 法駕出，則多識者一人參乘，餘皆騎在乘輿車後。
> 黃門侍郎，六百石。本注曰：無員。掌侍從左右，給事中，關通中
> 外〔註36〕。

侍中、黃門侍郎等官員本是文屬於少府的機構，從其職掌來看，都是掌侍左右，即侍奉在皇帝的周圍，祝總斌先生認為侍中等官員權力的發展是為了避免日益擴大的尚書職權出現錯誤〔註37〕。我們所關心的則是侍中等權力的發展對九卿職務的影響。如上所引，侍中、黃門侍郎侍奉在皇帝周圍，除了平省尚書奏事以外，必然涉及到皇帝日常的生活起居等事，可以說，侍中、黃門侍郎的職能從一開始就包含了處理皇帝家務的一面。《後漢書‧孝獻帝紀》

〔註35〕 祝總斌：《兩漢魏晉南北朝宰相制度研究》第八章第一節《「門下」之義和禁中範圍的演變》，第 240 頁。

〔註36〕 《續漢書志》二六，第 3593 頁。

〔註37〕 《兩漢魏晉南北朝宰相制度研究》第八章第二節《漢代的侍中寺——門下省的前身》，第 263～264 頁。

「初令侍中、給事黃門侍郎員各六人」條注曰：

> 《續漢志》曰：「侍中，比二千石，無員。」《漢官儀》曰：「侍中，
> 左蟬右貂，本秦丞相史，往來殿內，故謂之侍中。分掌乘輿服物，
> 下至褻器虎子之屬。武帝時，孔安國爲侍中，以其儒者，特聽掌御
> 唾壺，朝廷榮之。至東京時，屬少府，亦無員。駕出，則一人負傳
> 國璽，操斬蛇劍，參乘。與中官俱止禁中。」又曰：「給事黃門侍郎，
> 六百石，無員。掌侍從左右，給事中使，關通中外。」〔註38〕

孔安國爲侍中，掌御唾壺爲儒者所榮的故事非常有名，但勞幹先生認爲不確，
指出此孔安國當是因晉有孔安國爲侍中而致誤〔註39〕。此段材料說孔安國之
事或容有誤，但不妨礙說明侍中之職掌中實包含皇帝日常衣食起居等相關事
務。至西晉，成立門下省，據祝總斌先生考證，晉代的門下三省包括門下省、
散騎省和侍中省三個部分，而侍中省之名雖不見記載，但確實存在，也是這
個侍中省與我們討論的問題最有關係，祝先生指出：

> 如存在侍中省，則與門下省的區別何在？我以爲，在西晉，區別就
> 在門下省所置官吏爲侍中、給事黃門侍郎、舍人、主事、令史。掌
> 管侍從左右，省尚書事等等，限於漢魏以來侍中、給事黃門侍郎本
> 身的事務。而侍中省則不同，所置均隸屬侍中的機構，職掌是有關
> 宮中、殿中生活方面的事務。由於這些事務卑微、瑣碎，無關大局，

〔註38〕《後漢書》卷九，第367～368頁。
〔註39〕勞幹：《論漢代的內朝與外朝》就此問題辨析道：「按此節不經，當爲淺人妄
增，章懷誤引耳。乘輿御物乃少府所掌，不由侍中……是乘輿御物於少府屬
官之中，各有主者，固不煩侍中爲之。況侍中在武帝時本以加於郎大夫之親
近者，其人多爲文學材力之臣，與少府無涉；東漢改屬少府，然以儒者爲之，
其職尤尊；安得前漢侍中遽與少府事乎？抑乘輿御物可掌者多矣，筆簡飲膳
之屬無一不可掌，豈侍中必褻器虎子之屬始得而掌，偶得掌御唾壺，朝廷始
以爲榮乎？……至於孔安國亦未嘗爲侍中……然《漢書》所言安國事尚有未
可遽信者，即令《漢書》可信，《漢書》言安國之《古文尚書》久未得立於學
官；若安國誠得爲侍中，旦暮見天子，則其古文不必待至巫蠱時始上矣。按
晉武帝時會稽孔安國曾爲侍中，唾壺事或從此而訛，以致混兩孔安國爲一
人……詳《漢官儀》。此文自『本秦丞相史』起至『朝廷榮之』止，無一語不
誤，應仲遠通達古今，料不至此。此必六朝《漢官儀》卷子中，淺人或加旁
注，鈔胥者誤爲正文，遂爲李賢所據，俗語不實，流爲丹青，此之謂也。」（收
入《中央研究院歷史語言研究所集刊》第13冊，第233頁）。按，此段考孔
安國未嘗爲侍中較具說服力，但侍中本掌侍從左右，少府雖各有主者，並不
礙侍中掌皇帝身邊日常事務。

有關官吏地位又不高，所以其機構、人員，雖官志、史傳均不載，但有的仍可考證而得。例如，《唐六典》卷十一、《通典·職官八》俱稱曹魏設殿中監，晉宋因之。掌殿中親近供御之事。然《宋書》、《晉書》均不載。這個機構我以為即屬侍中省〔註40〕。

祝先生的視點與我們不同，但他的考證對我們的研究非常有幫助，他認為曹魏所設殿中監隸於侍中省堪稱卓見。兩晉門下之侍中省職掌宮中、殿中生活方面的事務，於政權決策固然無大關係，但卻確確實實地分割了九卿的職能。侍中省的設立，由兩漢侍中、黃門侍郎本掌侍從左右的職能發展而來，是其內在理路；同時，外部的契機也造成了門下之侍中省侵奪九卿的職能，這個契機就是東晉的南渡與桓溫的省官併職議。《宋書·百官志下》：

公車令，一人。掌受章奏。秦有公車司馬令，屬衛尉，漢因之……晉江左以來，直云公車令。

太醫令，一人。丞一人。……至二漢屬少府。

太官令，一人。丞一人……至漢屬少府。

驊騮廄丞，一人。漢西京為龍馬長，漢東京為未央廄令，魏為驊騮令。自公車令至此，隸侍中〔註41〕。

這四個官署本皆屬於九卿所部，公車令屬衛尉，東晉渡江省衛尉；太醫令屬宗正，哀帝時桓溫改革省宗正；太官令屬光祿勳，桓溫省光祿勳；驊騮廄丞屬太僕，東晉渡江省太僕。因此說東晉的渡江和桓溫的省官併職促成了九卿的一部分職能向門下之侍中省轉移，而且，宋齊並不全置九卿，使得這些官署逐漸地固定在門下省，之所以劃歸門下，而不劃入其他機構，就是因為門下本有掌皇帝事務的這項職能〔註42〕。南朝時期，門下三省合而為一，侍中省之職能全歸門下〔註43〕，由此，門下遂掌與皇帝有關的諸事而奪九卿職掌。

〔註40〕《兩漢魏晉南北朝宰相制度研究》第八章第三節《兩晉的門下省》，第268～272頁。

〔註41〕《宋書》卷四○，第1243～1244頁。

〔註42〕南齊制度當同於宋代，但據《南齊書》卷一六《百官志》載：「公車令一人。太官令一人，丞一人。大醫令一人，丞一人。內外殿中監各一人。內外驊騮廄丞各一人。材官將軍一人，司馬一人。屬起部，亦屬領軍。」（第322頁）。似乎公車令、太官令、太醫令、殿中監、驊騮廄丞五官都屬於尚書起部，這是不對的，祝總斌曾有考證，仍為應屬門下省（見《兩漢魏晉南北朝宰相制度研究》，第278～280頁）。我在「光祿」一節也有所考證，結論與祝先生一致。

〔註43〕《兩漢魏晉南北朝史宰相制度研究》，第277～278頁。

即使到了梁武帝設十二卿，這些原來當屬於九卿的職能部門也沒有回歸，《隋書・百官志上》記梁制：

> 門下省置侍中、給事黃門侍郎各四人，掌侍從左右，擯相威儀，盡規獻納，糾正違闕。監令嘗御藥，封璽書。……公車、太官、太醫等令，驛騶殿丞〔註44〕。

這些機構仍在門下省統轄之下。北朝在孝文帝改革以後，「門下僅有一省，亦即仿劉宋後期、南齊以下制度，門下省既掌政事，又掌殿內生活供奉」〔註45〕，門下之掌殿內生活供奉明顯是仿自晉宋南朝的制度。既然南北朝之門下掌殿內生活供奉同出於晉宋以來制度之演變，那麼隋代也就不過是在南北朝發展基礎上地另設專門機構以掌皇帝之生活。

　　魏晉南北朝時期，尚書之與九卿，權責混淆，是置尚書廢九卿，還是置九卿廢尚書一直是官制改革的議題之一。但很少注意到，門下省的發展對九卿權責的影響。門下省之發展，固然以制衡尚書權力為最主要的議題，但漢代以來的門下之侍中等官員，兩晉以來的門下省本有掌皇帝生活的一部分職權，東晉渡江與桓溫改制恰好又給予了一個契機，九卿大半被省，其本身所掌皇家私務之職能又不能被廢，所以劃歸本就有此項職能的門下是最順理成章的。這部分部門與職權漸固定在門下，再也沒有回歸原九卿統屬。這部分職能的脫離九卿，使九卿所有的「家臣」色彩大為降低，而經過魏晉南北朝的發展演變，門下之主要職能又並不在私務方面，所以隋煬帝遂專門設立殿內省以負責皇帝起居事務，唐承之為殿中省，可以說，殿中省完全是為皇帝服務的家臣，而九卿則成為在尚書省之下負責各部門具體事務的「朝臣」。

第二節　九卿在官僚系統內的地位及其變化

一、九卿作為中央要官的地位

　　九卿，在兩漢是地位極高的官員，在中央職官中，僅次於官秩萬石的三公。《通典・職官七・總論諸卿》：

> 漢以太常、光祿勳、衛尉、太僕、廷尉、大鴻臚、宗正、大司農、

〔註44〕《隋書》卷二六，第 722 頁。按本卷校勘記【二】按：所舉各部令丞都屬門
　　　　下省，依文例，「公車」上應有「統」字（第 749 頁）。所見甚是。

〔註45〕《兩漢魏晉南北朝宰相制度研究》，第 295 頁。

少府謂之九寺大卿。後漢九卿而分屬三司，多進爲三公，各有署曹
掾史，隨事爲員。九卿有疾。使者臨問，加賜錢布〔註46〕。

從「多進爲三公」和「有疾，使者臨問，加賜錢布」兩條可以看出兩漢九卿
的地位。自曹魏創九品官人之法，官分九品，九卿所在品級，據《通典》所
載歷代官品表可知：曹魏九卿在第三品；晉列卿在第三品；宋列卿在第三品；
梁官品分十八班，以班多者爲貴，十二卿分在從九班到十四班上；陳十二卿
復在第三品；北魏孝文帝所定職令，九卿在第三品；北齊九卿在正三品〔註
47〕。可見，除梁時依十八班制將九卿區分高下比較明顯外，其餘各朝，九卿
均在三品官之列。這說明魏晉南北朝時期，九卿地位較少變動，一直處在一
個比較高的官僚等級上。雖然魏晉南北朝時期，隨著尚書、侍中、中書監、
令等天子近密官員地位的上升，九卿地位有所下降〔註48〕，但因其品秩較高，
很多人仍以獲得九卿地位爲榮耀，而且九卿官名在很多時候都用來作爲贈
官，以示對亡故官員的寵榮。

九卿作爲一個系統，在漢代與三公相對，是只有天子所在中央朝廷才能
置備的官員，漢初諸侯王雖然一時置眾官如朝廷，但很快就遭到了中央的削
減，《漢書·百官公卿表上》：

諸侯王，高帝初置，金璽盭綬，掌治其國。有太傅輔王，內史治國
民，中尉掌武職，丞相統眾官，群卿大夫都官如漢朝。景帝中五年
令諸侯王不得復治國，天子爲置吏，改丞相曰相，省御史大夫、廷
尉、少府、宗正、博士官，大夫、謁者、郎諸官長丞皆損其員。武
帝改漢內史爲京光尹，中尉爲執金吾，郎中令爲光祿勳，故王國如
故。損其郎中令，秩千石；改太僕曰僕，秩亦千石。成帝綏和元年
省內史，更令相治民，如郡太守，中尉如郡都尉〔註49〕。

漢初諸侯王之群卿大夫都官如漢朝，到了景帝時就省諸官，如廷尉、少府、
宗正，都是九卿一系的官員，博士也是屬於太常的，武帝時又減損郎中令祿

〔註46〕《通典》卷二五，第 690 頁。

〔註47〕《通典》卷三六《職官一八》載「魏官品表」，第 991 頁；《職官十九》載「晉
官品表」，第 1003 頁、「宋官品表」，第 1007 頁、「梁官品表」，第 1010～1011
頁；《職官二十》載「陳官品表」，第 1033 頁、「後魏官品表」，第 1037～1038
頁、「北齊官品表」，第 1046 頁。

〔註48〕祝總斌：《兩漢魏晉南北朝宰相制度研究》，第 167～169 頁。

〔註49〕《漢書》卷一九上，第 741 頁。

秩，通過削弱郎中令的權力達到削減諸侯王的護衛力量的目的。而且諸侯王不臨國，成帝時令相治民，諸王衣食諸稅而已。這麼做的原因很複雜，這裏不擬贅述，但其中可以看出一點，是使諸侯王朝廷不得上比於中央朝廷。兩漢四百年，在王廷不得比於朝廷這一點上，是始終堅持不變的，不過這種狀況在漢末改變了。漢末大亂，連番混戰之後，曹操終於獲得對漢獻帝的控制權，「挾天子以令諸侯，奉王命以討不庭」，權勢薰天，建安十八年（213年），漢獻帝命曹操爲魏公，《三國志‧魏書‧武帝紀》：

> （建安十八年）秋七月，始建魏社稷宗廟……十一月，初置尚書、侍中、六卿〔註50〕。

到了建安二十一年（216年），冊命曹操爲魏王，同書同卷注引《魏書》曰：

> 始置奉常宗正官〔註51〕。

到了建安二十二年（217年），魏國置衛尉〔註52〕。所以，洪飴孫在《三國職官表》裏說：

> 案《武紀》，建安十八年始置六卿，蓋有郎中令、太僕、大理、大農、少府、中尉凡六，其奉常、衛尉、大鴻臚、宗正皆二十一年始置，延康元年紀注即有九卿矣〔註53〕。

按，衛尉爲建安二十二年始置，洪氏偶誤〔註54〕。所謂的「延康元年紀注即有九卿矣」，指的是漢獻帝準備禪位時，魏王國群臣的上表，據《三國志‧魏書‧文帝紀》注：

> 相國華歆、太尉賈詡、御史大夫王朗及九卿上言曰〔註55〕。

是當時魏國確已經置九卿官，而且九卿是一個泛稱，所以包含了中尉，不過東漢嚴格意義上的九卿也確實全部設置了。這改變了漢代王廷不得同於漢廷的慣例，也只有曹操這樣的「周文王」才有此權力，《三國志集解‧魏書‧武紀》「（建安十八年）十一月，初置尚書、侍中、六卿」條注引趙一清曰：

> 此魏國之官也，故曰初置……至六卿者，按漢以太常、光祿勳、衛

〔註50〕《三國志》卷一，第42頁。
〔註51〕《三國志》卷一，第49頁。
〔註52〕《三國志》卷一《魏書‧武帝紀》注引《魏書》，第49頁。
〔註53〕《三國職官表》，收入《後漢書三國志補表三十種》，第1330～1331頁。
〔註54〕洪飴孫在衛尉條就考衛尉初置在建安二十二年（217年），上揭《後漢書三國志補表三十種》，第1360頁。
〔註55〕《三國志》卷二，第72頁。

尉、太僕、廷尉、大鴻臚、宗正、大司農、少府爲九卿，王國省廷
尉、少府、宗正三卿，此漢舊儀也。然裴《注》於二十一年引《魏
書》曰：「始置奉常、宗正官。」二十二年引《魏書》曰：「初置衛
尉官。」斯時九卿咸備其職。且所省者，亦非廷尉、少府，故始建
國即以大理鍾繇爲相國，大理，廷尉也。十九年《注》，魏送貴人有
少府，則漢代王國所省之三卿，儼然在列，蓋始猶存謙益之名，繼
有帝制自爲之漸，隨意置省，元不拘拘於漢舊儀也〔註56〕。

同書同卷「《魏書》曰：初置衛尉官」條注引趙一清曰：

合前歲所置二卿，於是九卿官備，與朝家相埒矣〔註57〕。

是趙氏亦以爲魏國置九卿已經違反漢代舊規，魏國備置九卿，是與「朝家相
埒」，即已經超過了諸侯王應有的待遇，而直接以帝室規模自居，可見九卿之
設爲朝廷專有權力，諸侯王國如曹氏之魏王國本應依漢代舊規，不置廷尉、
少府、宗正三卿，但曹操顯然以帝王自居，所以隨意置省。而一江之隔的孫
吳，要到孫休永安二年（259年）方備置九卿，《三國志·吳書·三嗣主傳》：

（永安二年）三月，備九卿官〔註58〕。

洪飴孫考論曰：

後主亮永安二年備九卿官。案：吳前有太常、郎中令、衛尉、廷尉、
宗正、少府六卿，惟無太僕、大鴻臚、大司農。然則三卿皆此年所
置〔註59〕。

永安二年距孫權稱帝的黃龍元年（229年）已經有三十年之久，公卿百僚眾職
早定，而此時方備九卿官員，就是因爲九卿是中央朝廷專有，不設九卿便「猶
存謙益之名」，而且，在此之前的吳國據洪飴孫所考只有六卿，而六卿之資料
上引只相當於漢朝諸侯王的規模，要改變這種雖稱帝卻依然給人以諸侯自居
的感覺，備置九卿諸官是措施中重要的一步。

二、九卿的固定化過程

西漢以來，由於尚書的不斷參與機務，發展壯大，勢必與傳統的三公九

〔註56〕盧弼：《三國志集解》卷一，第51頁。
〔註57〕《三國志集解》，第60頁。
〔註58〕《三國志》卷四八，第1158頁。
〔註59〕《後漢書三國志補表三十種》，第1364頁。按：後主亮誤，當爲景帝休，永
安是景帝年號。

卿參與國政的制度有所衝突，整個魏晉南北朝時期，尚書與九卿的關係一直在梳理之中，權責相互混淆，但總的趨勢是尚書地位漸上而九卿地位漸下。但也有人不甘於尚書之作爲權力中樞、政本所在，省官併職之議遂起。《晉書·裴秀傳》：

> 初，秀以尚書三十六曹統事準例不明，宜使諸卿任職，未及奏而薨〔註60〕。

同書《劉頌傳》：

> 古者六卿分職，冢宰爲師。秦、漢巳來，九列執事，丞相都總。今尚書制斷，諸卿奉成，於古制爲重，事所不須，然今未能省并。可出眾事付外寺，使得專之，尚書爲其都統，若丞相之爲。惟立法創制，死生之斷，除名流徙，退免大事，及連度支之事，臺乃奏處。其餘外官皆專斷之，歲終臺閣課功校簿而已。此爲九卿造創事始，斷而行之，尚書書主，賞罰繩之，其勢必愈考成司非而已〔註61〕。

裴秀以爲當使諸卿任職，而劉頌以未能省併，主張九卿專任各自職事於下，尚書監察、考校於上。劉頌的主張頗似唐代尚書與諸卿之關係，但當時只是建議，並未能夠實施，恐怕也與尚書獨當宰相之權，權力過重有關〔註62〕，尚需要九卿來分割一部分政權。及至東晉，據《晉書·王彪之傳》：

> 今內外百官，較而計之，固應有并省者矣。六卿之任，太常望雅而職重，然其所司，義高務約。宗正所統蓋鮮，可以并太常。……凡餘諸官，無綜事實者，可令大官隨才位所帖而領之，若未能頓廢，自可因缺而省之。委之以職分，責之以有成，能否因考績而著，清濁隨黜陟而彰。雖緝熙之隆、康哉之歌未可，使庶官之選差清，蒞職之日差久，無奉祿之虛費，簡吏寺之煩役矣〔註63〕。

此次省官併職，並非專門針對九卿，但九卿確在省併之列，而尚書卻隻字未提，王彪之針對的是那些「無綜事實者」的官職，可見九卿中亦有有名無實的官員。其實，晉自渡江，於九卿中已省衛尉、太僕、鴻臚諸卿，考其史實，確係有名無實所致〔註64〕，而尚書之侵奪權力也是重要的原因之一。兩晉時

〔註60〕《晉書》卷三五，第1041頁。
〔註61〕《晉書》卷四六，第1303頁。
〔註62〕《兩漢魏晉南北朝宰相制度研究》第六章第二節，第167～193頁。
〔註63〕《晉書》卷七六，第2008～2009頁。
〔註64〕參見本書分論相關各節考論。

期的這些意見，遂由權臣桓溫加以實現，《太平御覽・職官部一・總敘官》引《桓溫集略・表》：

> 今天下分崩，喪亂殄瘁，雖道隆中興，而戶口雕寡。近方漢時，不當一郡之民，民戶既少，則勢不多而當。必同古制，百官備職，實非大易。隨時之宜，且設官以理務，務寡則官省。官省以國治，則職顯而人清……宜從權制，併官省職。愚謂門下、三省、秘書、著作，通可減半。古以九卿綜事，不專尚書，故重九棘也。今事歸內臺，則九卿爲虛設之位。唯太常、廷尉職不可闕，其諸員外、散官及軍府參佐，職無所掌者皆併。若車駕郊廟籍田之屬，凡諸大事於禮宜置者，臨事權兼，事訖則罷。職既併則官少而才精職理，則無害民而治道康矣〔註65〕。

桓溫的目標很明確，就是要併官省職，具體到九卿，因「事歸內臺」導致了「九卿爲虛設之位」，是東晉尚書奪九卿職權甚明。事實上，在桓溫的主持下，除了職不可闕的太常和廷尉，其他諸卿均被省併〔註66〕，不過，晉孝武帝時又復置了一些，衛尉則是劉宋孝武帝孝建元年（454年）復置，太僕、鴻臚二卿歷東晉宋齊都是有事權置、無事則省〔註67〕。可見桓溫這次省官併職對於九卿來說，影響深遠，到蕭齊爲止，尚未恢復全部的九卿常置官員，直至蕭梁。梁武帝的天監改革，對九卿而言，是一次重大的事件，《隋書・百官志上》：

> 諸卿，梁初猶依宋、齊，皆無卿名。天監七年，以太常爲太常卿，加置宗正卿，以大司農爲司農卿，三卿是爲春卿。加置太府卿，以少府爲少府卿，加置太僕卿，三卿是爲夏卿。以衛尉爲衛尉卿，廷尉爲廷尉卿，將作大匠爲大匠卿。三卿是爲秋卿。以光祿勳爲光祿卿，大鴻臚爲鴻臚卿，都水使者爲太舟卿，三卿是爲冬卿。凡十二卿，皆置丞及功曹、主簿〔註68〕。

梁武帝不僅恢復了全部九卿官員，而且還加置了太府、大匠、太舟三卿，構成了十二卿的一個系統。大匠卿是由將作大匠所改，太舟卿是由都水使者所

〔註65〕《太平御覽》卷二〇三，第979～980頁。
〔註66〕《晉書》卷二四《職官志》，第735～737頁。
〔註67〕《宋書》卷三九《百官志上》，第1230、1233頁；《南齊書》卷一六《百官志》，第318頁。
〔註68〕《隋書》卷二六，第724頁。

改，都是前代已有官員改名而來〔註69〕。廣義上來說，將作大匠本是諸卿之一，所以《梁書・武帝紀中》：

> （天監七年）五月己亥，詔復置宗正、太僕、大匠、鴻臚，又增太府、太舟，仍先爲十二卿〔註70〕。

就只將太府、太舟算作新增的卿，而大匠不算，但需要指明的是，東漢時期，大匠是不在九卿之列的。而太府之設是爲了專管錢帛，如分論所述。梁武帝之創，在於十二卿之數，十二卿之設不見經典，但漢代卻有這種說法，《太平御覽・職官部・敘卿》：

> 韋昭《辨釋名》曰：漢置十二卿，一曰太常，二曰太僕，三曰太（疑衍）衛尉，四曰光祿，五曰宗正，六曰執金吾，七曰大司農，八曰少府，九曰大鴻臚，十曰廷尉，十一曰大長秋，十二曰將作大匠。
>
> 辨云：漢正卿九，一曰太常，二曰光祿勳，三曰衛尉，四曰太僕，五曰廷尉，六曰鴻臚，七曰宗正，八曰司農，九曰少府，是爲九卿〔註71〕。

對於九卿與十二卿之辨，詳見緒論部分提到的伊藤德男氏的大作，此處不贅。梁武帝將卿員固定爲十二，雖然卿官與漢代有所不同，但不能說絲毫沒有十二卿說的影響。若果然如此，梁武就以漢代規則自居，不僅恢復九卿，還要恢復到十二卿。我們上面引用的《桓溫集略》提到桓溫併官省職的理由是「宜從權制」，所謂權制，就是非平常法，因爲「今天下分崩，喪亂殄瘁，雖道隆中興，而戶口雕寡」。而梁武帝的復置十二卿，說明卿官的設置已經不是權制。武帝不僅恢復常制，而且還更進一步，以統一王朝的規模自居。雖然當時天下仍然分崩，梁武的這一創制卻說明其志不小，即使是在設官分職上，也要上承兩漢，不以半壁江山爲礙。所以，《北齊書・杜弼傳》載：

> 高祖曰：「弼來，我語爾。天下濁亂，習俗已久。今督將家屬多在關西，黑獺常相招誘，人情去留未定。江東復有一吳兒老翁蕭衍者，專事衣冠禮樂，中原士大夫望之以爲正朔所在。我若急做法網，不相饒借，恐督將盡投黑獺，士子悉奔蕭衍，則人物流散，何以爲國？

〔註69〕 《唐六典》卷二三《將作都水監》「將作監：大匠一人，從三品」條注；「都水監：使者二人，正五品上」條注，第593～594、598～599頁。

〔註70〕 《梁書》卷二，第47頁。

〔註71〕 《太平御覽》卷二二八，第1082頁，括號爲筆者所加。參見〔東漢〕劉熙撰、〔清〕畢沅疏證，王先謙補：《釋名疏證補》，第311、315頁。

爾宜少待，吾不忘之。」〔註72〕

相對於宇文泰的「常相招誘」，蕭衍只要「專事衣冠禮樂」，就已經使敵國
士大夫望之有如正朔而頗爲心折，影響之巨可見一斑。這其中當然包括十
二卿的創制，喚起士子們對漢代一統帝國的無限遐想。但這終究是衣冠禮
樂，不是刀槍劍戟，所以後人頗不以爲然，《群書考索續集・官制門・寺監
總論》：

> 梁武帝方循漢制，增爲十二卿，而有春夏秋冬之名，是果非觀美之
> 具耶？（今九寺止存太常、宗正、大理、司農、太府，以入禮刑戶
> 部亦可耳。今二監止存國子、將作、軍器，以入工部亦可也。然太
> 常、大理自漢以來，多與禮部刑部兼存者，禮刑事重體大，故中興
> 獨不併省也。）〔註73〕

蕭梁與南宋處境相似，劃江自保，南宋半壁江山，併官省職之議再起，《群書
考索》作者論寺監，仍然糾葛於九寺與尚書的關係，就立論而言，不外是東
晉桓溫的老調重彈，卻可以看到一統王朝與半壁江山之間在設官分職上面的
差異。梁武帝的增爲十二卿，在南宋人看來，僅是「觀美之具」，但從當時，
至少在高歡看來，這一系列的動作卻頗具威脅性。

北朝則與南朝不同，北魏初期制度不明，從太和前令來看，《魏書・官氏
志》：

> 太常、光祿勳、衛尉，右三卿……右從第一品下
> 太僕、廷尉、大鴻臚、宗正、大司農、少府，右六卿……右第二品
> 上〔註74〕。

明確是將原九卿分成兩個等級，三卿和六卿，而像大長秋卿、將作大匠等漢
代諸卿之列的官員則是單列，不屬於這兩個系統。三卿和六卿品秩都極高，
不過這只是前期制度，太和二十三年（499年）復次職令，就要比前期制度整
齊劃一的多，《魏書・官氏志》：

> 太常、光祿、衛尉，右三卿。
> 太僕、廷尉、大鴻臚、宗正、大司農、太府，右六卿……右第三品

〔註72〕《北齊書》卷二四，第347～348頁。
〔註73〕〔宋〕章如愚輯撰：《群書考索續集》卷三五，第1076～1077頁。括號內爲原注。
〔註74〕《魏書》卷一一三，第2978、2979頁。

〔註75〕。

雖然也區分三卿和六卿之別，但品秩一樣，均爲第三品，這與漢代九卿品秩
均爲中兩千石，魏晉宋都是第三品，處於同一等級的狀況就一致了，北魏孝
文帝由於王肅北奔，接受江左文化，陳寅恪先生早有名論〔註76〕，九卿由不
同品秩變爲同一品秩也可佐證陳先生觀點。北魏後期制度中，大長秋卿、將
作大匠仍然單列，是非九卿之明證。另外可以注意的一點就是，後期職令中
的太府取代了前期之少府，是因北魏以少府改太府之故，這與南朝不同，因
爲太府職能與少府不同，北魏寧可以新置之太府包含少府也不願破壞九卿數
目的成例，可見九卿之作爲一個整體，在孝文帝看來，是漢晉舊規中不應該
破壞的職官系統。在這一點上，孝文帝並沒有像東晉宋齊那樣，有事則權置，
無事則省，而是始終如漢代般常置，說明孝文雖接受南朝制度，但其心中始
終將北魏放在一個大一統王朝的規模之上。

　　北齊九卿制度同於北魏，所謂「後齊制官，多循後魏」〔註77〕。《隋書‧
百官志中》：

　　　　太常、光祿、衛尉、宗正、太僕、大理、鴻臚、司農、太府，是爲
　　　　九寺。置卿、少卿、丞各一人。各有功曹、五官、主簿、錄事等員
　　　　〔註78〕。

全同於北魏後職員令所載九卿，且指明這「是爲九寺」。而國子、長秋、將作、
昭玄四部門雖也稱寺，但不在九卿之列。在九卿之中，也是分成前三卿和後
六卿，與北魏相同，品秩都在第三品〔註79〕。北周「初據關內，官名未改魏
號」，是初依北魏制度，《隋書‧百官志中》：

　　　　及方隅粗定，改創章程，命尚書令盧辯，遠師周之建職，置三公三
　　　　孤，以爲論道之官。次置六卿，以分司庶務〔註80〕。

依《周禮》設官分職，與漢魏制度無關，王仲犖先生精研北周制度，其建置
職掌具見王先生所論，此處不贅。

　　隋唐制度有三源，一曰北魏、北齊，二曰梁、陳，三曰西魏、北周，而

〔註75〕　《魏書》卷一一三，第 2995 頁。
〔註76〕　《隋唐制度淵源略論稿》「二、禮儀」，第 15 頁。
〔註77〕　《隋書》卷二七，第 751 頁。
〔註78〕　《隋書》卷二七，第 755 頁。
〔註79〕　《隋書》卷二七，第 765 頁。
〔註80〕　《隋書》卷二七，第 770～771 頁。

在三源之中，西魏、北周之源遠不如其他二源重要〔註81〕。按《隋書·百官志下》：

> 高祖既受命，改周之六官，其所制名，多依前代之法。置……太常、
> 光祿、衛尉、宗正、太僕、大理、鴻臚、司農、太府、國子、將作
> 等寺……分司統職焉。
>
> 太常、光祿、衛尉、宗正、太僕、大理、鴻臚、司農、太府等九寺，
> 並置卿少卿各一人〔註82〕。

雖有十一寺，但國子、將作不在九寺之列甚明。隋煬帝時，或有感於九卿制度自漢代以來名實不符，遂進行改革，《隋書·百官志下》：

> 煬帝即位，多所改革。……分太府寺爲少府監。改內侍省爲長秋監，
> 國子學爲國子監，將作寺爲將作監，并都水監，總爲五監〔註83〕。

改不在九卿之列的諸寺爲監，雖然只是改變了官名，卻從名號上將九寺與諸監分別開來，特別是從太府寺分出了少府監，少府本在九卿之列，但自北魏以來，太府實際取代少府進入九卿行列，所以即使分出，也只能屈居監位，而不得擠入九寺變成十寺。九卿作爲一個習慣上的內涵寬鬆的職官組合稱謂最終演變成爲一個固定的卿官組合稱謂，是由北朝來完成的。

三、尙書與九卿的關係

上文在論述九卿的固定化過程中已經涉及到了尙書與九卿的關係問題。從西漢中期以後，尙書漸掌政柄，對「三公九卿」的體制產生了強烈的衝擊。西漢尙書本不過是少府屬下的小官，東漢雖漸勢大，但仍文屬於少府。尙書臺之正式成爲宰相機構發生在魏晉南北朝時期，就這一點，祝總斌先生《兩漢魏晉南北朝宰相制度研究》已經做了詳細的論證。隨著尙書勢力的漸大，先是作爲宰相的三公權力遭到削弱、剝奪，最終成爲虛銜以優寵大臣。相對於三公，九卿的權力雖然也遭到了很大的削弱，但並未成爲虛銜，只是不再參與政務，漸成事務機關。在整個魏晉南北朝時期，尙書與九卿的關係一直糾纏不清，從上引兩晉時期人的討論可以看出，到底是廢尙書存九卿，還是廢九卿存尙書一直存在爭議。桓溫雖然靠手中權力強行廢罷省併九卿，但仍

〔註81〕《隋唐制度淵源略論稿》「一、緒論」，第3～4頁。
〔註82〕《隋書》卷二八，第773、775頁。
〔註83〕《隋書》卷二八，第793頁。

然承認太常、廷尉二職不可廢。而且在他死後不久，九卿又有一部分得到了恢復，至梁武帝更遍置群卿，甚至突破了九卿規模。這都說明九卿之職不可或缺。其實，尚書省雖然成為宰相機構，但以尚書省的規模，雖有二、三十曹，幾百吏員，但是依靠這一點人是不能夠處理龐大的國家事務的。所以，九卿雖與尚書在權力上糾纏，但其龐大的員吏系統卻是處理諸多事務不能缺少的。

即使到了隋朝，九寺與尚書關係仍然未理清，《隋書·盧思道傳》：

> 頃之，遭母憂，未幾，起為散騎侍郎，奏內史侍郎事。於時議置六卿，將除大理。思道上奏曰：「省有駕部，寺留太僕，省有刑部，寺除大理，斯則重畜產而賤刑名，誠為未可。」〔註84〕

當時所議的六卿，並非是掌天子六軍的六卿或者是《周禮》的六卿，從盧思道所說省、寺來看，這裏的六卿只能是九寺中的六寺之卿。從「將除大理」一語來看，在協調尚書與九寺的關係上，隋文帝仍然想用廢官的辦法。不過，這與南朝的省官併職不同。首先這裏議置六卿，雖然不知道是九卿中的哪六卿，但有一點可以明確，這六卿或許是為了對應尚書省的吏、禮、兵、都官、度支、工六部，也就是說，文帝是想要理順尚書與九寺的關係，以六寺對應尚書六部，所以盧思道上奏才會將省、寺對應稱呼。其次，尚書省和九寺的關係雖然尚未理清，但是尚書省六部與九寺存在對應關係是沒有疑問的。也就是說，唐代的尚書與九寺下行上承的關係其實在隋文帝時就已經提上日程進入討論，但當時尚未形成共識，這個任務留給了唐朝。

唐代尚書六部與寺監的關係，嚴耕望先生《論唐代尚書省之職權與地位》一文發前人之覆：

> 漢代國家政令，丞相總其綱，而九卿分掌之。尚書乃皇帝之秘書機關，非直接行政機關。漢季、魏、晉以下，尚書漸奪九卿之職權，直接參預行政……，而九卿沿置不廢，與尚書皆承君相之命，推行政務，故職權常至重複混淆，不能辨析。
>
> （唐）則尚書六部之職是「掌政令」，以「行制命」；而九寺諸監之職是「掌諸事」，以「行政令」。即尚書六部上承君相之制命，製為政令，頒下於寺監，促其施行，而為之節制；寺監則上承六部之政

〔註84〕《隋書》卷五七，第 1403 頁。

> 令，親事執行，復以成果申於尚書六部。故尚書六部爲上級機關，
>
> 主政務；寺監爲下級機關，掌事務。〔註85〕。

嚴先生推測隋時尚書六部與寺監之關係或已如唐，但從以上分析來看，至少隋文帝時，這個問題尚在討論調整之中，還沒有付諸實施。煬帝時是否已經有如唐代制度，不得而知，但唐代尚書六部與寺監之關係爲下行上承則無疑問。嚴先生曾依據玄宗開元朝制度，作唐代行政系統圖，據之，彼時九寺與六部之對應關係乃一目了然〔註86〕。

　　所以，魏晉南北朝時期，尚書與九卿的關係是中央職官中亟待解決的問題，但是在這四百年的時間裏也並未有效地解決，直至隋代，方開始理清兩者的關係，最終由唐代來完成。

〔註85〕嚴耕望：《論唐代尚書省之職權與地位》，收入《嚴耕望史學論文集》，第 261、262 頁。

〔註86〕《嚴耕望史學論文集》，第 308 頁。

結　語

　　胡適之先生在 1936 年致羅爾綱先生一封討論清代軍制的信中有如下一段
話，很可以作爲研究制度史的一個基本指導思想，他說：

　　　研究制度的目的是要知道那個制度，究竟是個什麼樣子；平時如何

　　　組成，用時如何行使；其上承襲什麼，其中有何種新的成分，其後

　　　發生什麼。如此才是制度史〔註1〕。

本文所研究的對象是魏晉南北朝時期的九卿制度，屬官制，也是制度史的一
種。胡適之先生爲制度史研究所樹立的標準，筆者雖不能至，卻心嚮往之。
從漢三公九卿制到唐三省六部制，是中國古代官制史上的一大變化。關於這

〔註1〕　羅爾綱：《師門五年記》「六、煦煦春陽的師教」，收入氏著：《師門五年記・
　　　　胡適瑣記（增補本）》（第 46 頁）。其實，胡適的這種思想是老師杜威實驗主
　　　　義哲學在學術研究上的表現，胡適自己稱之爲「歷史的方法」，他在 1921 年 6
　　　　月 30 日的日記裏用自己的話記杜威哲學的方法時說：「早起爲北大作歡送杜
　　　　威的演說。大意謂杜威不曾給我們什麼關於特別問題的特別結論……他只給
　　　　了我們一個方法使我們自己去解決一切特別的問題。他的方法分兩步：（1）
　　　　歷史的方法——『祖孫的方法』。他從來不把一個制度或學說看作一個孤立的
　　　　東西，總把他看作一個中段：一頭是他所以發生的原因，一頭是他自己發生
　　　　的效果；上頭有他的祖父，下面有他的子孫。捉住了這兩頭，他再也逃不出
　　　　去了！這個方法的應用，一方面是很忠厚寬恕的，因爲他處處指出一個制度
　　　　或學說所以發生的原因，指出他的歷史背景，故能瞭解他在歷史上占的地位
　　　　與價值，故不致有過分的苛責。一方面，這個方法又是最嚴厲的，最帶有革
　　　　命性質的，因爲他處處拿一個學說或制度所發生的結果來評判他本身的價
　　　　值，故最公平，又最厲害，這種方法是一切帶有評判（critical）精神的運動的
　　　　一個重要武器。」胡頌平編著：《胡適之先生年譜長編》第二冊，「民國十年」
　　　　（第 459～460 頁）。由此可見，胡適對於制度史研究的意見，也是「歷史的
　　　　方法」的一個表現。

一變化，以往的研究主要集中在宰相制度的變遷與三省制衡格局的形成上，本文則試圖通過考察九卿制度的演變，包括諸卿屬官省併、機構分合及職能轉移等，在前人的基礎上，從一個較新的角度，細緻入微地展示了這一重大變化的具體過程。嚴耕望先生曾揭示唐代尚書作爲政務部門主政、九卿作爲事務部門主事，二者間下行上承的關係。本文則旨在理清魏晉南北朝時期九卿與尚書之間的複雜關係，企圖再現唐代二者間下行上承關係逐步形成的歷史軌跡。同時試圖究明漢唐間九卿職官性質的演變，具體地說，也就是九卿怎樣從漢代以管理皇帝家務的「家臣」爲主逐步發展演變到唐代以職掌邦國政務的「朝臣」爲主。另外，具體考證了九卿原有的爲皇帝服務的機構、功能轉移到了何處，而且特別注意到轉移過程中諸卿之間、九卿與門下省之間的微妙關係，這些前人似乎尚不多及。以上研究取向及目標在本文寫作中並沒能完全貫徹和達到，但筆者仍力圖在前人基礎上，通過實證研究，提出一些獨立的意見，藉以求得各位專家的不吝指正。

西漢初年其實並沒有什麼嚴格的九卿制度，九卿只是一個概念性的名詞，卿官可以是九個、十二個或其他數目，只是一種表示官僚體制內等級的名號。自漢元帝以後，儒家大盛，其中被視爲往古先聖所制定的「三公九卿」體制不僅在理論層面上，而且在職官形式上都亟須固定下來，這種要求日益迫切，及至王莽的復古改制，遂第一次在形式上實現了這種充滿儒家理想的制度。以後被東漢光武帝繼承了下來，而且形成了太尉、司徒、司空三公，每公下轄三卿這樣的體制。這種公、卿的配合，是不是完全爲了適應「三公九卿」的學說，還是其間另有邏輯關係，我對兩漢制度還缺乏足夠的認識，不敢妄下斷語。不過，從本文所挑取進行研究的諸卿看來，至少可以說，在魏晉南北朝時期，九卿之間是並沒有什麼太大聯繫的，他們只是一個個各有其職能的相互獨立運作的部門，諸卿之間權責並不必然相關，其中太常地位雖較其他諸卿爲高，但也僅是品秩上的高低，而無相互統攝的關係。

魏晉南北朝時期，諸卿之中，太常作爲掌管禮儀的官員，廷尉作爲掌管司法審判的官員，鴻臚作爲掌管外交的官員變化均不太大。

太常系統比較穩定，下屬職官變動不大。因爲它本身雖然掌管禮儀祭祀，卻並非是實權、核心部門，所涉事務多爲禮儀的討論與施行。但太常一官，或因「國之大事、在祀與戎」的傳統，在九卿中地位一直頗高，任太常人員有機會升任如司空、丞相等高官，而且常被用來作爲追贈的官銜。兩晉時期，

太常內部設立國子學，與傳統的太學分掌教育，目的在於分士庶，別貴賤，就是將貴族教育與一般士庶教育區分開來。至隋代，將國子學改稱國子監，遂脫離太常管轄，完成了教育與宗教禮儀事務的分離。在其外部，東晉設立祠部尚書（即後代的禮部尚書）一職，也掌禮儀祭祀等事，這就與太常的原有職能發生了衝突。祠部尚書與太常職能雖有重疊，但魏晉南北朝時期並沒有發現祠部尚書直接領導太常的史料，領導太常的多是以整個尚書臺的名義，而並非是某個具體的尚書，體現了尚書系統與九卿系統仍在調整磨合的階段。

廷尉專掌法律，任職廷尉與屬下職官的人員都需要有相應的法律知識。與太常一樣，魏晉南北朝時期的都官尚書（即後代的刑部尚書）也並未直接領導廷尉。廷尉有事，則由尚書臺集議或由尚書令、僕招集相關人員會議討論，直至隋代，尚有廢大理（廷尉）的議論。刑部之與廷尉的對應關係是到唐代才確定下來的。

鴻臚所掌為外交（包括周邊少數族政權）、諸侯封拜、贈賵等禮儀事。魏晉南朝變化不大，北朝雖然一度將宗教事務劃歸鴻臚管理，也是因為涉及西域番僧的關係，即具有蠻夷的性質。隋唐鴻臚掌官員贈賵等事，與漢代鴻臚掌諸侯贈賵等事雖有不同，也是由於歷經四百年官重爵輕的緣故。

光祿在魏晉時期宿衛職能不斷削弱，管理宮廷雜務的職能卻不斷增強。到了南朝更變成了虛職，北朝則將光祿定位成管理外朝宴會的機構，在太官一職的處理上頗費心思。

衛尉由司宮城宿衛之官變為掌器械、文物之官，究其原因，在於魏晉時期，領、護等護衛帝王的禁衛力量發展壯大，嚴重削弱了衛尉的原有職能。

光祿、衛尉職掌的變化，很大程度上並非是自身演變的結果。兩官職掌宿衛宮廷，保衛皇帝。他們職能的削弱都在漢魏之際，究其原因，是存在鄴的曹操霸府與在許昌的漢朝廷兩套官僚機構。曹操雖未稱帝，但已是無冕之王，漢廷只是傀儡擺設。但操始終未突破大義名分，不得其名而欲行其實，就必須要有自己的官僚系統來行使職權。光祿、衛尉職司保衛皇帝安危，自然在曹操削弱之列。而曹操自身又不能設這兩個官職，為了保護自身的安全，操設虎豹騎等親軍以司護衛，後來發展成領、護軍系統。這為以後曹丕所繼承，成為魏國職司皇帝護衛的主要力量，取代了原來光祿、衛尉的職能。

司農由司錢帛糧食之官變為專司糧食之官，這應當與漢魏之際的戰亂頻

繁，從而首重糧食有關。而魏晉南北朝時期，朝廷仍然有大筆的錢帛出入，魏晉時期管理錢帛的機構很多都是皇帝的私庫，但這些庫藏之間統屬關係曖昧不明。及至南北朝，商品貨幣經濟的發展使錢幣的流通大爲增加，這從國家的鑄幣事業中也可以看出來。所以設立一個專管錢財的機構，與大司農分職，並將零碎的財政機關置於統一的領導之下，成爲當務之急，這就是南北朝時期太府創立的背景。

宗正在魏晉南北朝時期只管理皇族的圖籍，並非如兩漢般對宗室有較大的權力。兩晉時期設立的宗師對於宗正的權力產生了比較大的影響。宗師就是宗室的「中正」，他對宗室的教育與選舉具有相當大的發言權，北魏道武帝在設立宗師之初就明言是仿中正制度的，目的就在於辨宗黨、別人才。隨著中正制度的衰弱直至廢除，仿中正制的宗師制到了唐代就不再看到了。

太僕所掌輿馬本包括御用和國用兩個部分，南朝時期，一方面太僕不再掌車，另一方面國用與御用區分開來，北朝形式上雖然仍沿漢魏舊制，車馬均在太僕轄下，但將御用與國用區分開來則是承南朝制度。

少府在諸卿之中，是皇室「家臣」色彩最濃的一個官員。西漢時期管理著帝室的財政，東漢雖然將財政權統歸司農管轄，但少府所掌仍然以宮廷事務爲主。魏晉時期，將東漢文屬少府的機構劃出，而劉宋時期少府屬下尚方令從掌御用刀劍的製造到掌軍國刀劍的製造，這種突破帶動了少府突破家臣的色彩，也被隋唐所繼承。

引起卿官職掌變化的因素包括幾個方面。

第一，來自尚書諸官對九卿職權的侵奪。關於這一點，前人著述很多，概括而言，魏晉南北朝時期，官僚體制尚處於一個調整時期，尚書與九卿的關係處於一個調整的狀態，二者權責並不是很明確。漢代三公九卿的格局，特別是東漢以來的慣性，使九卿權責明確，而西漢以來尚書權力的發展日益挑戰這個格局，加上近四百年的分裂，使漢魏制度對於當時的割據政權在相當長的時期內都具有巨大的吸引力。所以，在這一個時期內，到底是廢尚書存九卿，還是廢九卿存尚書的問題屢屢被人提及，但始終不能廢一存一，始終是兩者並存，表明二者關係亟待理清，但總的傾向仍是尚書諸官對九卿職權的侵奪。

第二、門下省與九卿的分工。漢代九卿有很濃重的家臣色彩，即除掌管國家事務之外，還掌管大量的宮廷事務。但是魏晉南北朝時期，九卿職能的一大轉變就是漸漸脫離宮廷事務的管理而轉向專管國務，即完成了其從家臣

到朝臣的轉變。究其轉變的原因，很重要的一點就是門下省對於宮廷事務的管理。本來門下省的侍中、黃門侍郎等官員就有掌管皇帝私務那方面的職能，以東晉過江和桓溫省官併職爲契機，卿官大量被省，其中的很多事務被分配到其他部門，而門下省掌管的幾乎全是皇帝事務那方面的職責，梁武帝雖然遍置十二卿，但並沒有將這部分職能回歸給諸卿所有，而是繼續由門下省承擔。北朝則採南朝前期制度，所以從北齊制度來看，門下之掌管宮廷事務與南朝同。至隋煬帝分門下置殿內省，專管皇帝事務，可以說，對魏晉南北朝時期九卿掌管宮廷事務方面的職能做了一個總結，也使九卿家臣的色彩大爲減低。

　　第三、時代的因素。這裏所說的時代的因素，比如三國時期曹魏王國時期的官制。對於這一點，只是我在研究時的初步考慮，還沒有一個比較完整的解釋，提出來作爲今後學習與研究的一個方向。眾所周知，曹操進封魏公、以後進封魏王，並有封地作爲魏王國的領地。在魏王國內，曹操遍置百官，擁有自己的官僚機構，也是當時實際統治北中國的官僚集團。但曹操始終不曾突破大義名分，許昌的漢朝廷在漢獻帝之下仍然維持著徒具虛名的漢家百官。九卿是惟有皇帝才可設置的官員，所以曹操一開始並未全部設立，以示帝、王有別，但是實際的事務卻是由曹操屬下的機構來辦理，所以曹操不得不另置官員以負責原九卿的一部分事務。以光祿、衛尉爲例，兩官在漢代原是保衛皇帝安全的警衛官員，現在曹操不能置，所以另設虎豹騎，以後又有領軍、護軍來司保衛君主的職能。這樣，光祿、衛尉的職能遭到了削弱與替代，這並不是光祿、衛尉職能自身演變的結果，而是時代的因素，即權臣掌控朝廷的結果，這樣的兩套官制體系使曹丕稱帝時不得不以九品官人法作爲審查漢廷官吏的一個手段〔註2〕，這種矛盾不僅使資格審查不可避免，而且也使一些卿官的職能發生了很大的改變。

　　唐代對卿官在魏晉南北朝時期的發展做了一個總結，嚴耕望先生《論唐代尚書省之職權與地位》一文對此已經有很好的概括。尚書省居於全國行政中樞的地位，九卿作爲實際負責事務的部門實行尚書省所頒發的命令，掌管全國各方面的事務；從門下省中分出的殿中省取代九卿掌管皇帝的宮廷事務。九卿由漢代的國務、家務不分，政務、事務不分，變成了唐代的主掌國務、事務的官僚機構系列。

〔註2〕　宮崎市定：《九品官人法の研究——科舉前史》，第91～92頁。

主要參考文獻

1、史料部分

1. 〔漢〕班固撰、〔唐〕顏師古注：《漢書》，北京，中華書局，1982 年。
2. 〔清〕王先謙撰：《漢書補注》，北京，中華書局據清光緒二十六年虛受堂刊本影印，1983 年。
3. 〔宋〕范曄撰、〔唐〕李賢等注：《後漢書》，北京，中華書局，1965 年。
4. 〔清〕王先謙撰：《後漢書集解》，北京，中華書局據一九一五年虛受堂刊本影印，1984 年。
5. 〔晉〕陳壽撰：《三國志》，北京，中華書局，1975 年
6. 盧弼撰：《三國志集解》，北京，中華書局，1982 年。
7. 〔唐〕房玄齡等撰：《晉書》，北京，中華書局，1974 年。
8. 〔清〕吳士鑒、劉承幹注：《晉書斠注》，北京，中華書局，2008 年。
9. 〔梁〕沈約撰：《宋書》，北京，中華書局，1974 年。
10. 〔梁〕蕭子顯撰：《南齊書》，北京，中華書局，1972 年。
11. 〔唐〕姚思廉撰：《梁書》，北京，中華書局，1973 年。
12. 〔唐〕姚思廉撰：《陳書》，北京，中華書局，1972 年
13. 〔北齊〕魏收撰：《魏書》，北京，中華書局，1974 年。
14. 〔唐〕李百藥撰：《北齊書》，北京，中華書局，1973 年。
15. 〔唐〕令狐德棻撰：《周書》，北京，中華書局，1971 年。
16. 〔唐〕李延壽撰：《南史》，北京，中華書局，1975 年。
17. 〔唐〕李延壽撰：《北史》，北京，中華書局，1974 年。
18. 〔唐〕魏徵、令狐德棻撰：《隋書》，北京，中華書局，1973 年。
19. 〔宋〕歐陽修、宋祁撰：《新唐書》，北京，中華書局，1975 年。

20. 〔東漢〕劉熙撰、〔清〕畢沅疏證、王先謙補：《釋名疏證補》，北京，中華書局，2008 年。

21. 〔晉〕常璩撰，任乃強校注：《華陽國志校補圖注》，上海，上海古籍出版社，1987 年。

22. 〔晉〕陸翽撰，黃惠賢輯校：《輯校〈鄴中記〉》，武漢大學歷史系魏晉南北朝隋唐史研究室編：《魏晉南北朝隋唐史資料》第九、十期合刊，武漢，武漢大學學報編輯部，1988 年。

23. 〔南朝宋〕劉義慶撰、〔南朝梁〕劉孝標注，余嘉錫箋疏：《世說新語箋疏》，上海，上海古籍出版社，1993 年。

24. 〔梁〕蕭統編、〔唐〕李善注：《文選》，上海，上海古籍出版社，1986 年。

25. 〔唐〕虞世南撰：《北堂書鈔》，收入董治安主編：《唐代四大類書》，影印南海孔氏三十有三萬卷堂校注重刊本，北京，清華大學出版社，2003 年。

26. 〔唐〕徐堅等撰：《初學記》，北京，中華書局，2004 年。

27. 〔唐〕歐陽詢撰，汪紹楹校：《藝文類聚》，上海，上海古籍出版社，1999 年。

28. 〔唐〕杜佑撰，王文錦、王永興、劉俊文、徐廷雲、謝方點校：《通典》，北京，中華書局，1988 年。

29. 〔唐〕李林甫等撰，陳仲夫點校：《唐六典》，北京，中華書局，1992 年。

30. 〔宋〕司馬光編著、〔元〕胡三省音注：《資治通鑒》，北京，中華書局，1956 年。

31. 〔宋〕孫逢吉撰：《職官分紀》，北京，中華書局，1988 年。

32. 〔宋〕李昉等編：《太平御覽》，北京，中華書局據上海涵芬樓影印宋本複製重印，1960 年。

33. 〔宋〕洪適撰：《隸釋·隸續》，北京，中華書局，1986 年。

34. 〔清〕紀昀等撰：《歷代職官表》，上海，上海古籍出版社，1989 年。

35. 〔清〕嚴可均校輯：《全上古三代秦漢三國六朝文》，北京，中華書局，1958 年。

36. 〔清〕錢大昕撰，陳文和主編：《嘉定錢大昕全集》第二冊《廿二史考異（上）》，南京，江蘇古籍出版社，1997 年。

37. 〔清〕趙翼撰，王樹民校正：《廿二史札記校正》，北京，中華書局，1984 年。

38. 〔清〕洪飴孫撰，劉祜仁點校：《三國職官表》，收入《二十四史研究資料叢刊·〈後漢書〉〈三國志〉補表三十種》，北京，中華書局，1984 年。

39. 〔清〕楊晨撰：《三國會要》，北京，中華書局，1956 年。

40. 〔清〕梁章鉅撰：《三國志旁證》，收入《續修四庫全書》第 274 冊，上海，上海古籍出版社，1995 年。

41. 〔清〕孫星衍等輯，周天游點校：《漢官六種》，北京，中華書局，1990 年。

42. 〔清〕姚振宗撰：《隋書經籍志考證》，收入《二十五史補編》第四冊，北京，中華書局，1955 年。

43. 〔清〕孫詒讓撰，王文錦、陳玉霞點校：《周禮正義》，北京，中華書局，1987 年。

44. 〔清〕孫希旦撰，沈嘯宸、王星賢點校：《禮記集解》，北京，中華書局，1989 年。

45. 〔清〕阮元校刻：《十三經注疏》，北京，中華書局，1980 年。

46. 國家圖書館善本金石組編：《先秦秦漢魏晉南北朝石刻文獻全編》，北京，北京圖書館出版社，2003 年。

47. 趙超撰：《漢魏南北朝墓誌彙編》，天津，天津古籍出版社，1992 年。

48. 羅新、葉煒撰：《新出魏晉南北朝墓誌疏證》，北京，中華書局，2005 年。

2、著作部分

（1）中文

1. 陳寅恪著：《隋唐制度淵源略論稿》，北京，三聯書店，2001 年。

2. 陳寅恪著：《金明館叢稿初編》，北京，三聯書店，2001 年。

3. 萬繩楠整理、陳寅恪著：《陳寅恪魏晉南北朝史講演錄》，合肥，黃山書社，1987 年。

4. 呂思勉著：《秦漢史》，上海，上海古籍出版社，2005 年。

5. 呂思勉著：《兩晉南北朝史》，上海，上海古籍出版社，2005 年。

6. 呂思勉著：《呂思勉讀史札記》，上海，上海古籍出版社，2005 年。

7. 呂思勉著：《中國制度史》，上海，上海教育出版社，2002 年。

8. 王國維著、羅振玉整理：《王國維遺書》，第一冊，上海，上海古籍書店據商務印書館 1949 年版影印，1983 年。

9. 唐長孺著：《魏晉南北朝史論叢（外一種）》，石家莊，河北教育出版社，2000 年。

10. 唐長孺著：《魏晉南北朝史論拾遺》，北京，中華書局，1983 年。

11. 唐長孺著：《魏晉南北朝隋唐史三論》，武漢，武漢大學出版社，1993 年。

12. 唐長孺著：《山居存稿》，北京，中華書局，1989 年。

13. 余嘉錫著：《余嘉錫文史論集》，長沙，岳麓書社，1997 年。

14. 王仲犖著：《魏晉南北朝史》，上海，上海人民出版社，上冊 1979 年，下冊 1980 年。

15. 王仲犖著：《北周六典》，北京，中華書局，1979 年。

16. 周一良著：《魏晉南北朝史論集》，北京，北京大學出版社，2010 年 2 版。

17. 周一良著：《魏晉南北朝史札記》，北京，中華書局，1985 年。

18. 湯用彤著：《隋唐佛教史稿》，《湯用彤全集》第二卷，石家莊，河北人民出版社，2000 年。

19. 陳直著：《兩漢經濟史料論叢》，北京，中華書局，2008 年。

20. 程樹德著：《九朝律考》，北京，中華書局，1963 年。

21. 楊樹達著：《漢代婚喪禮俗考》，上海，商務印書館，1933 年。

22. 嚴耕望著：《嚴耕望史學論文集》，上海，上海古籍出版社，2009 年。

23. 嚴耕望著：《中國地方行政制度史・秦漢地方行政制度》，上海，上海古籍出版社，2007 年。

24. 嚴耕望著：《中國地方行政制度史・魏晉南北朝地方行政制度》，臺北，中央研究院歷史語言研究所，1963 年。

25. 劉俊文主編：《日本學者研究中國史論著選譯》，第四卷，北京，中華書局，1992 年。

26. 曾資生著：《中國政治制度史（一、二）》，《民國叢書》第四編第 20 冊，上海，上海書店影印，1992 年。

27. 曾資生著：《兩漢文官制度》，《民國叢書》第五編第 24 冊，上海，上海書店影印，1996 年。

28. 白鋼主編、孟祥才著：《中國政治制度通史（秦漢卷）》，北京，人民出版社，1996 年。

29. 白鋼主編、黃惠賢著：《中國政治制度通史（魏晉南北朝卷）》，北京，人民出版社，1996 年。

30. 劉岱總主編、鄭欽仁主編：《中國文化新論 制度篇 立國的宏規》，臺北，聯經出版事業公司，1982 年。

31. 柳曾符、柳定生選編：《柳詒徵史學論文續集》，上海，上海古籍出版社，1991 年。

32. 安作璋、熊鐵基著：《秦漢官制史稿》，濟南，齊魯書社，1984 年。

33. 陳仲安、王素著：《漢唐職官制度研究》，北京，中華書局，1993 年。

34. 楊鴻年著：《漢魏制度叢考》，武漢，武漢大學出版社，2005 年。

35. 毛漢光著：《兩晉南北朝士族政治之研究》，中國學術獎助委員會叢書之十七，臺北，商務印書館，1966 年。

36. 汪征魯著：《魏晉南北朝選官體制研究》，福州，福建人民出版社，1995

年。

37. 田餘慶著：《東晉門閥政治》，北京，北京大學出版社，2005 年。

38. 田餘慶著：《秦漢魏晉史探微》，北京，中華書局，2004 年。

39. 何茲全著：《讀史集》，上海，上海人民出版社，1982 年。

40. 黃留珠著：《秦漢仕進制度》，西安，西北大學出版社，1985 年。

41. 閻步克著：《察舉制度變遷史稿》，瀋陽，遼寧大學出版社，1997 年。

42. 閻步克著：《閻步克自選集》，桂林，廣西師範大學出版社，1997 年。

43. 閻步克著：《樂師與史官——傳統政治文化與政治制度論集》，北京，三聯書店，2001 年。

44. 閻步克著：《品位與職位——秦漢魏晉南北朝官階制度研究》，北京，中華書局，2002 年。

45. 吳宗國主編：《中國古代官僚政治制度研究》，北京，北京大學出版社，2004 年。

46. 祝總斌著：《兩漢魏晉南北朝宰相制度研究》，北京，中國社會科學出版社，1998 年。

47. 卜憲群著：《秦漢官僚制度》，北京，社會科學文獻出版社，2002 年。

48. 黎虎著：《漢唐外交制度史》，蘭州，蘭州大學出版社，1998 年。

49. 徐復觀：《兩漢思想史》第一卷《周秦漢政治社會結構之研究》，上海，華東師範大學出版社，2001 年。

50. 張金龍著：《魏晉南北朝禁衛武官制度研究》，北京，中華書局，2004 年。

51. 嚴耀中著：《北魏前期政治制度》，長春，吉林教育出版社，1990 年。

52. 全漢昇著：《中古自然經濟》，臺北，稻香出版社，2003 年。

53. 高明士著：《中國中古政治的探索》，臺北，五南圖書出版股份有限公司，2006 年。

54. 俞鹿年著：《北魏職官制度考》，北京，社會科學文獻出版社，2008 年。

55. 高敏主編：《魏晉南北朝經濟史》，上海，上海人民出版社，1996 年。

56. 黃惠賢、陳鋒主編：《中國俸祿制度史》，武漢，武漢大學出版社，1996 年。

57. 曹勝高著：《漢賦與漢代制度》，北京，北京大學出版社，2006 年。

58. 蔡宗憲著：《中古前期的交聘與南北互動》，臺北，稻鄉出版社，2008 年。

59. （日）堀毅著：《秦漢法制史論考》，北京，人民出版社，1988 年。

60. （日）內藤湖南著，夏應元監譯：《中國史通論》，北京，社會科學文獻出版社，2003 年。

61. （日）川勝義雄著，徐谷芃、李濟滄譯：《六朝貴族制社會研究》，上海，

上海古籍出版社，2007 年。

（2）日文

1. 市村瓚次郎著：《東洋史統》，東京，富山房，1935 年。

2. 加藤博士還曆記念論文集刊行會編：《加藤博士還曆記念東洋史集說》，東京，富山房，1941 年。

3. 和田清編著：《支那官制發達史》，東京，汲古書院，1942 年。

4. 玉井是博著：《支那社會經濟史研究》，東京，岩波書店，1942 年。

5. 加藤繁著：《支那經濟史考證》上卷，東京，東洋文庫，1952 年。

6. 鎌田重雄著：《秦漢政治制度の研究》，東京，日本學術振興會，1962 年。

7. 吉田虎雄著：《魏晉南北朝租稅の研究》，東京，大安株式會社，1966 年。

8. 岡崎文夫著：《南北朝に於ける社會經濟制度》，東京，弘文堂，1967 年。

9. 瀧川政次郎著：《法制史論叢》第一冊《律令格式の研究》，東京，角川書店，1967 年。

10. 仁井田陞博士追悼論文集編集委員會編：《仁井田陞博士追悼論文集》第 1 卷《前近代アジアの法と社會》，東京，勁草書房，1967 年。

11. 西村元祐著：《中國經濟史研究・均田制度篇》，京都，京都大學文學部內東洋史研究會，1968 年。

12. 《岩波講座　世界歷史 4・古代 4　東アジア世界の形成》，東京，岩波書店，1970 年。

13. 西嶋定生著：《秦漢帝國》，《中國の歷史 2》，東京，講談社，1974 年。

14. 內田吟風著：《北アジア史研究　鮮卑柔然突厥篇》，京都，同朋舍，1975 年。

15. 宮川尚志著：《六朝史研究——政治・社會篇》，京都，平樂寺書店，1977 年。

16. 牧野巽著：《牧野巽著作集》第一卷《中國家族研究（上）》，東京，御茶の水書房，1979 年。

17. 大庭脩著：《秦漢法制史の研究》，東京，創文社，1982 年。

18. 仁井田陞著：《補訂　中國法制史研究・刑法》，東京，東京大學出版會，1980 年。

19. 仁井田陞著：《唐令拾遺》，東京，東京大學出版會，1983 年。

20. 礪波護、川勝義雄編：《中國貴族制社會の研究》，京都，京都大學人文科學研究所，1987 年。

21. 中村圭爾著：《六朝貴族制研究》，東京，風間書房，1987 年。

22. 宮崎市定著：《宮崎市定全集》第 6 卷《九品官人法の研究——科舉前史》，

東京，岩波書店，1992 年。

23. 宮崎市定著：《宮崎市定全集》第 7 卷《六朝》，東京，岩波書店，1992 年。

24. 中國中世史研究會編：《中國中世史研究 續編》，京都，京都大學學術出版會，1995 年。

25. 山田勝芳著：《秦漢財政收入の研究》，東京，汲古書院，1993 年。

26. 渡邊義浩著：《後漢國家の支配と儒教》，東京，雄山閣，1995 年。

27. 川本芳昭著：《魏晉南北朝時代の民族問題》，東京，汲古書院，1998 年。

28. 冨谷至著：《秦漢刑罰制度の研究》，京都，同朋舍，1998 年。

29. 松丸道雄等主編：《世界歷史大系‧中國史 2‧三國——唐》，東京，山川出版社，1996 年。

30. 松丸道雄等主編：《世界歷史大系‧中國史 1‧先史——後漢》，東京，山川出版社，2003 年。

31. 清木場東著：《帝賜の構造——唐代財政史研究‧支出編》，福岡，中國書店，1997 年

32. 池田溫編：《日中律令制の諸相》，東京，東方書店，2002 年。

33. 渡邊義浩著：《三國政權の構造と「名士」》，東京，汲古書院，2004 年。

34. 三崎良章著：《五胡十六國の基礎の研究》，東京，汲古書院，2006 年。

35. 中村圭爾著：《六朝江南地域史研究》，東京，汲古書院，2006 年。

36. 水間大輔著：《秦漢刑法研究》，東京，知泉書店，2007 年。

3、論文部分

蔡興海

1. 《秦代九卿制度考》，《大陸雜誌史學叢書》第二輯第一冊《三代秦漢魏晉史研究論集》，臺北，大陸雜誌社，1967 年。

陳仲安

2. 《麴氏高昌時期門下諸部考源》，唐長孺主編：《敦煌吐魯番文書初探》，武漢，武漢大學出版社，1983 年。

陳群

3. 《南朝國子學考略》，《北京電子科技學院學報》第 12 卷 3 期，2004 年。

胡秋銀

4. 《桓溫併官省職考釋》，《武漢大學學報（人文社會科學版）》第 53 卷 4 期，2000 年。

康樂

5. 《從西郊到南郊——拓跋魏的「國家祭典」與孝文帝的「禮制改革」》，王健文主編：《臺灣學者中國史研究論叢·政治與權力》，北京，中國大百科全書出版社，2005 年。

勞榦

6. 《秦漢九卿考》，《勞榦學術論文集》甲編，臺北，藝文印書館，1976 年。

7. 《論魯西畫像三石》，《中央研究院歷史語言研究所集刊》第 8 本第 1 分，北京，中華書局影印，1987 年。

8. 《論漢代的内朝與外朝》，《中央研究院歷史語言研究所集刊》第 13 本，上海，商務印書館，1948 年。

李文才

9. 《魏晉南北朝時期的華林園——以洛陽、建康兩地爲中心論述》，《魏晉南北朝隋唐政治與文化論稿》，北京，世界知識出版社，2006 年。

劉軍

10. 《北魏宗正考論》，《許昌學院學報》2007 年 6 期。

陸德富

11. 《西漢工官制度諸問題研究》，《文史》2009 年第 3 輯。

牟發松

12. 《内藤湖南和陳寅恪的「六朝隋唐論」試析》，《史學理論研究》2003 年 3 期。

13. 《〈吳地記〉考》，《文史》2008 年 1 輯。

14. 《魯褒〈錢神論〉的産生與當時的商品貨幣經濟》，《江淮論壇》1985 年 5 期。轉載於《複印報刊資料·魏晉南北朝隋唐史》1985 年 11 期。

15. 《南北朝交聘中所見南北文化關係略論》，武漢大學歷史系魏晉南北朝隋唐史研究室編：《魏晉南北朝隋唐史資料》第十四輯，武漢，武漢大學出版社，1996 年。

16. 《唐代的南朝化傾向再論》，《南京曉莊學院學報》2007 年 4 期。

聶崇岐

17. 《中國歷代官制簡述》，《宋史叢考》，北京，中華書局，1980 年。

饒宗頤

18. 《新莽職官考》，《饒宗頤史學論著選》，上海，上海古籍出版社，1993 年。

沈剛

19. 《漢代宗正考述》，《社會科學戰線》2002 年 1 期。

孫毓棠

20. 《漢代的太常》,《孫毓棠學術論文集》,北京,中華書局,1965 年。

熊德基

21. 《九品中正制考實》,《六朝史考實》,北京,中華書局,2000 年。

嚴耕望

22. 《北魏尚書制度考》,《中央研究院歷史語言研究所集刊》第 18 冊,上海,商務印書館,1948 年。

23. 《唐代文化約論》,《大陸雜誌史學叢書》第一輯第四冊《秦漢史及中古史前期研究論集》,臺北,大陸雜誌社,1960 年。

楊樹藩

24. 《兩漢尚書制度的研究》,《大陸雜誌史學叢書》第二輯第一冊《三代秦漢魏晉史研究論集》,臺北,大陸雜誌社,1967 年。

袁剛

25. 《漢官宗正寺的組織學分析》,《河北科技大學學報(社會科學版)》2002 年 6 月 2 卷 2 期。

張廣達

26. 《內藤湖南的唐宋變革說及其影響》,榮新江主編:《唐研究》第十一卷《唐宋時期的社會流動與社會秩序研究專號》,北京,北京大學出版社,2005 年。

張頷

27. 《檢選古文物秦漢二器考釋》,《山西大學學報》(哲社版),1979 年第 1 期。

張興成

28. 《兩晉宗室管理制度述論》,《文史哲》2001 年 2 期。

(日)松本幸男

29. 《曹植の悲劇的生涯について》,《立命館文學》1957 年 6 號。

(日)越智重明

30. 《西晉の封王の制》,《東洋學報》第 42 卷 1 號,1959 年。

(日)矢野主稅

31. 《狀の研究》,《史學雜志》第 76 編 2 號,1967 年。

(日)山田勝芳

32. 《後漢の大司農と少府》,《史流》第 18 號,1977 年。

(日)金子修一

33. 《魏晉より隋唐に至る郊祀・宗廟の制度について》,《史學雜誌》第 88 編第 10 號,1979 年。

（日）川合安

34. 《桓溫の「省官併職」政策とその背景》，《集刊東洋學》第 52 號，1984年。

35. 《南朝財政機構の發展について》，東北大學文學會《文化》，第 49 卷 3・4 號，1986 年。

36. 《梁の太府創設とその背景》，弘前大學人文學部《文經論叢・人文學科篇 Ⅷ》第 23 卷第 3 號，1988 年。

（日）海野洋平

37. 《梁武帝の皇子教育》，《集刊東洋學》，第 75 號，1996 年。

（日）小嶋茂稔

38. 《『後漢書』所見諸侯王列侯關連記事窺管──後漢の諸侯王・列侯について》，池田溫編：《日中律令制の諸相》，東京，東方書店，2002 年。

（日）堀內淳一

39. 《馬と柑橘──南北朝間の外交使節と經濟交流》，《東洋學報》第 88 卷第 1 號，2006 年。

馬彪

40. 《新莽末における舊劉氏宗室の再生をめぐる》，《アジアの歷史と文化》第十一輯，山口，山口大學アジア歷史・文化研究會，2007 年。

〈美〉包弼德

41. 《唐宋轉型的反思：以思想的變化爲主》，劉東主編：《中國學術》第三輯，北京，商務印書館，2000 年。

後　記

　　本書是我的博士論文，自己並不是很滿意，但總算對自己十年的大學生活有了交代。

　　我最應該感謝的是我的家人。我的外祖父是 49 年前的大學生，一生信奉「唯有讀書高」的格言，從小就「逼」我讀書認字。現在還清楚地記得，小時候講讀《左傳》，在我昏昏欲睡時，戒尺「無情」地落在我身上的畫面。他直到臨終，仍然不忘叮囑我去讀《抱朴子》的《刺驕》、《尚博》、《安貧》三篇與《顏氏家訓》的《勉學》篇，說可以為人為學。我的父母含辛茹苦養育我長大，時至今日，年已而立，尚未給家裏賺過一分錢。他們沒有怨言，學費、生活費不斷地供給我，為得只是讓我安心讀書，他們僅僅希望我能快樂地生活，做自己想做的事。

　　我的老師牟發松教授是我碩士和博士的導師。他是一個典型的知識分子，將讀書治學視為一個學生應盡的義務。當我看到自己論文上密密麻麻的修改，從字詞到標點，我覺得自己是幸運的。我想，對於老師最好地回報，就是繼續在這條路上前進，繼續讀書做學問。

　　我本科時的導師張承宗教授一直關心我的學習和生活，他不僅在本科時為我開「小灶」，而且把我推薦給陸振岳教授，請陸先生教我經學、目錄學的知識。他對我的愛護是無私的。本科時的班主任楊大春老師也一直關心我，他不僅長得像胡適，而且我始終覺得他為人也像胡適，寬容大度，希望學生找準目標，不懈努力。

　　2008 年 3 月開始的一年間，經牟老師推薦，我可以在日本國立九州大學文學部東洋史研究室留學一年。指導教授川本芳昭先生對我關愛有加，不僅

指導我如何學習日本的學術成果，而且將我的一篇習作刊登在九州大學的東洋史論集上，並資助我參加東京的學術會議。京都大學的谷川道雄教授不僅親自賜教，而且惠贈大作，前輩心意，使我感激。東洋史研究室的戶川貴行、藤野月子、福永善隆、稻住哲朗等學長不斷幫助我找尋資料，對我的論文提出意見。

上海師範大學的嚴耀中教授，上海大學的朱子彥教授，華東師範大學歷史系古代史教研室的莊輝明教授、陳江教授、章義和教授、孫競昊教授、黃愛梅副教授審閱了論文，提出了很多修改意見。

復旦大學的馮賢亮教授、中國人民大學的曹剛華老師一直給予我各方面的幫助，他們是我的老師，也是我的朋友。

臺灣中正大學的李昭毅、林靜薇學長與我志趣相投，不斷幫助我購置港臺方面的書籍，深致謝意。

我的師兄李磊老師、同門潘泠、劉先維、周鼎等也給予了我各方面的支持。

在本書修改過程中，得到我的妻子陳琳琳和岳父、母在物質與精神上的幫助、鼓勵，使我可以心無旁騖，安心治學，在此深致謝意。

臺灣花木蘭文化出版社慷慨允諾出版本書，北京聯絡處楊嘉樂女士耐心解答相關問題，在此謹表感謝。

誠摯地希望撥冗閱讀本書的讀者指出錯誤
我的 E-mail：liuxiao1981184@163.com，敬請不吝賜教。